医事法講座 第 8 巻

再生医療と医事法

JN249743

A Series of Medical Law *VOL. 8*

医事法講座

第**8**巻

再生医療と医事法

甲斐克則 編

Katsunori Kai (Ed.)

Regenerative Medicine and Medical Law

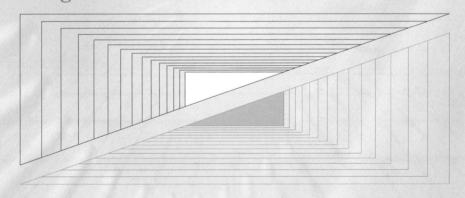

信山社
SHINZANSHA

『医事法講座』発刊にあたって

企画責任者　甲　斐　克　則

　人間が生きていくうえで，医療を抜きにしては語れない時代になっている。同時に，歴史的にみても，医療は，利用を誤ると人権侵害をもたらす可能性を内在している。そこには，一定限度で適正な法的・倫理的ルールが求められる。とりわけ21世紀になり，バイオテクノロジー社会ないしポスト・ゲノム社会を迎えて，医療と法をめぐる諸問題が多様な展開を見せているだけに，医事法学に課せられた任務は，今後ますます増大するものと思われる。医と法は，人間社会を支える両輪である。

　欧米では，それに対応すべく，医療と法に関する研究書が長年にわたりシリーズで刊行されている。しかし，日本では，学問的蓄積は相当に増えたものの，学会誌『年報医事法学』を除けば，まだそのような試みはない。そこで，この度，信山社より『医事法講座』を刊行することになった。医事法学自体，民法や刑法のように実定法として体系が完結しているわけではないので，「何巻で完結」というスタイルをとらないことにした。いわば開かれた学問として，ある程度の体系性を考慮しつつも，随時，医療と法に関する重要問題を取り上げて，医事法学の深化を図りつつ，その成果を社会に還元して適正な医療を確保する一助となることが，本講座の企画趣旨である。本講座が末長く続き，日本の医事法学がさらに発展することを切に祈念する次第である。

2009年　秋

『医事法講座 第8巻 再生医療と医事法』の企画趣旨

甲 斐 克 則

『医事法講座 第8巻 再生医療と医事法』がようやく刊行される。再生医療は，医事法学にとってまさに最先端の問題領域であり，必ずしも議論が熟しているわけではない。しかし，その重要性に鑑みて，進展著しい再生医療を念頭に置きつつ，国内外の再生医療をめぐる法と倫理，および研究ならびに臨床面の諸問題に焦点を当てて，医事法の喫緊の重要課題にチャレンジしようと本巻を企画した。とりわけ今回の内容は，主に再生医療の問題に造詣の深い各分野の専門家の方々にご執筆をお願いした。

第1章の甲斐論文は，再生医療と医事法の関係について，いわば総論的に問題の所在を示している。特に，法規制のあり方を中心に据えて，いわゆる再生医療関係3法の位置づけと今後の課題を示している。

第2章の澤論文は，再生医療の最前線に立つ専門家が臨床現場での現状について論じている。これによって，現在の再生医療の進展状況が理解できるであろう。第3章の阿久津論文も，再生医療研究の最前線に立つ専門家として，鋭い視点から現状と課題を呈示している。

第4章の奥田論文は，再生医療に造詣の深い生命倫理のスペシャリストが医事法との関連性を視野に入れて再生医療の生命倫理上の問題に深く切り込んでいる。第5章の一家論文は，新進気鋭の医事法研究者が，再生医療等安全確保法に鋭く切り込み，その意義と問題性を見事に析出している。また，第6章の佐藤（大）論文は，損害保険の実務経験を活かして大学で教鞭を取った後に本社に帰り，損害保険の実務の経験と理論を織り交ぜつつ，再生医療に伴う被験者補償の問題について詳細に論じており，本巻の特徴の一端を示している。

第7章の三浦論文は，再生医療の研究の最前線にいる専門家として，日本と共に再生医療の最先端を行くアメリカの再生医療の現状と課題について的確に論じている。第8章の佐藤（雄）論文は，医事法の専門家としてこの種の

問題に長年取り組んでこられた著者が，イギリスにおける再生医療の現状と課題について明晰な分析を試みている。第9章の神馬論文は，若手の医事刑法の専門家として，特にドイツに状況について知見の豊富さをいかんなく発揮して，ドイツにおける再生医療の現状と課題について明晰な分析を試みている。第10章の小出論文は，フランスの生命倫理に造詣の深い哲学・生命倫理の専門家として，フランスにおける再生医療の現状と課題について力感溢れる分析を試みている。第11章の松山論文は，再生医療の研究に長年関わって来られた著者が，日本における再生医療の現状と課題について総括的な分析と提言を試みている。

　本巻でも4名の医学・医療の専門家に加わっていただいたことにより，最先端の再生医療の問題状況がよく理解できるほか，医事法および哲学・生命倫理の専門家の入念な分析・検討がバランスよく記述されており，内容全体の厚みが増した。

　以上のように，本巻も，『医事法講座』にふさわしく，再生医療に関する多彩な分野の専門家による本格的研究成果が盛り込まれており，法律関係者や再生医療研究者・臨床現場の関係者のみならず，この問題に関心を寄せる読者は，大いに示唆を得るであろう。本巻も，多くの方々に読まれることを期待したい。最後に，ご多忙な中，貴重な論稿をお寄せいただいた執筆者の方々に心から謝意を表したい。

2017年10月

医事法講座 第8巻
再生医療と医事法

【目　　次】

◆◆◆ 『医事法講座』発刊にあたって ◆◆◆

〈巻頭言〉
『医事法講座 第8巻 再生医療と医事法』の企画趣旨 (vii)

1 再生医療と医事法の関わり ………………………… 甲 斐 克 則 … 3

2 再生医療の最前線 (1) ………………………………… 澤 　 芳 樹 … 17

3 再生医療の最前線 (2) ………………………………… 阿久津英憲 … 33

4 再生医療の倫理的問題 ……………………………… 奥田純一郎 … 45

5 再生医療安全性確保法に関する考察 …………… 一 家 綱 邦 … 63

6 再生医療と補償の問題 ……………………………… 佐 藤 大 介 … 97

7 米国における再生医療の規制の動向とヒト ES 細胞の
　 医療応用の現状 ……………………………………… 三 浦 　 巧 … 121

8 イギリスにおける再生医療の現状と課題 ……… 佐藤雄一郎 … 135

9 ドイツにおける再生医療の現状と課題 ………… 神 馬 幸 一 … 149

10 フランスにおける再生医療の現状と課題 ……… 小 出 泰 士 … 173

11 日本における再生医療の課題と今後の展望 …… 松 山 晃 文 … 203

医事法講座 第8巻『再生医療と医事法』

〈執筆者紹介〉（執筆順）

甲 斐 克 則（かい　かつのり）　　　早稲田大学大学院法務研究科教授

澤　　芳　樹（さわ　よしき）　　　大阪大学大学院医学系研究科教授

阿久津英憲（あくつ　ひでのり）　　国立研究開発法人国立成育医療研究
　　　　　　　　　　　　　　　　　センター研究所，再生医療センター
　　　　　　　　　　　　　　　　　生殖医療研究部部長

奥田純一郎（おくだ　じゅんいちろう）上智大学法学部教授

一 家 綱 邦（いっか　つなくに）　　国立がん研究センター研究支援セン
　　　　　　　　　　　　　　　　　ター生命倫理部生命倫理・医事法室長

佐 藤 大 介（さとう　だいすけ）　　損保ジャパン日本興亜総合研究所
　　　　　　　　　　　　　　　　　（株），主任研究員（元大分大学経済
　　　　　　　　　　　　　　　　　学部教授）

三　浦　　巧（みうら　たくみ）　　国立医薬品食品衛生研究所再生・細
　　　　　　　　　　　　　　　　　胞医療製品部室長

佐藤雄一郎（さとう　ゆういちろう）東京学芸大学教育学部准教授

神 馬 幸 一（じんば　こういち）　　獨協大学法学部准教授

小 出 泰 士（こいで　やすし）　　　芝浦工業大学工学部人文社会科目教
　　　　　　　　　　　　　　　　　授

松 山 晃 文（まつやま　あきふみ）　国立研究開発法人医薬基盤・健康・
　　　　　　　　　　　　　　　　　栄養研究所難治性疾患研究開発・支
　　　　　　　　　　　　　　　　　援センターセンター長

医事法講座 第8巻

再生医療と医事法

1 再生医療と医事法の関わり

甲 斐 克 則

Ⅰ　序

Ⅱ　再生医療に関する現行の法制度的枠組と倫理的枠組

Ⅲ　再生医療とインフォームド・コンセントの役割

Ⅳ　再生医療の研究推進と被験者・被害者保護
　　　── メディカル・デュープロセスの法理確立へ

Ⅴ　結　語

I　序

　ポストゲノム社会を迎えて，再生医療に向けた基礎研究が進展し，今やその臨床応用が行われつつある。確かに，幹細胞研究[1]，ES 細胞研究，iPS 細胞研究[2]等の分野で，特に山中伸弥教授が iPS 細胞の発明によりノーベル賞を受賞して以後，再生医療分野における日本の研究は，世界をリードしている。しかし，再生医療全般を概観すると，その臨床応用をさらに健全なものにするには，法的ルールおよび倫理的ルールの整備をより十全なものにしていく必要がある。歴史的にみても，例えば，医薬品の開発は，被験者保護およびリスクとの戦いであり，ルールのない時代，あるいはルールがあってもそれを遵守する体制が整っていない時代にあっては，国内外を問わず，数々の苦い事件も発生した。ポストゲノム社会にあっては，再生医療やゲノム創薬等を適正に推進するために，そのような事態を招くことのないよう，被験者の保護と健康被害の救済に十分制度的に配慮しておく必要があるし，確固としたリサーチ・ガバナンス体制を確立すべく，国家の政策としてのバイオポリティクスを展開する必要がある。しかし，一部で，残念ながら，例えば，安全性が確立されていない技術を「再生医療」の名を用いて海外から患者を集めるなどして提供し，被害をもたらしたり（2012 年），医療機関が他人の臍帯血を国に無届出で患者に投与していた事案（2017 年）等，法的・社会的ルールを逸脱した事案が散見される。それが，再生医療全体に不信感を与えることを懸念せざるをえない。バイオテクノロジー，バイオメディスン，ライフサイエンスの健全な発展と国民・人類の福祉，さらにはグローバル社会における健全なバイオエコノミーに貢献することを目指すべく，医事法学も，再生医療の専門家と連携して，そのような課題を担うべく，研究を深化させなければならない[3]。

（1）　中辻憲夫『幹細胞と再生医療』（丸善出版，2015 年）等参照。

（2）　八代嘉美『増補　iPS 細胞 —— 世紀の発見が医療を変える』（平凡社，2011 年），朝日新聞大阪本社科学医療グループ『iPS 細胞とは何か —— 万能細胞研究の現在』（講談社，2011 年），朝日新聞科学医療部『iPS 細胞大革命 —— ノーベル賞　山中伸弥教授は世界をどう変えるか』（朝日新聞出版，2012 年）等参照。

　本巻は，上記のような目的で企画したものであるが，各章において，再生医療の研究の最前線で活躍しておられる専門家，医事法学および生命倫理の専門家，さらには保険実務の専門家が，まさに最先端の諸問題について貴重な論文が寄稿されている。そこで，本章では，その冒頭で，再生医療と医事法の関わりについて，大局的見地から論じることにより，以下の章の総論的ないし導入的役割を果たしたいと思う。まず，再生医療関係 3 法を中心とした再生医療に関する現行の法制度的枠組と倫理的枠組を抽出し，つぎに，再生医療とインフォームド・コンセントについて論じ，最後に，再生医療の研究推進と被験者・被害者保護のバランスを図るべく，「メディカル・デュープロセスの法理」について論じることにしたい。

II　再生医療に関する現行の法制度的枠組と倫理的枠組

（1）　一般法

　最先端の生命科学と法に関わる領域である再生医療の分野は，法的に十分に整備されていない点が多い。もちろん，伝統的な刑法典上の規定（殺人罪（刑法 199 条），傷害（致死傷）罪（刑法 214 条，215 条），業務上過失致傷罪（刑法 211 条 1 項）等）に抵触すれば，刑罰での対応もありえようが，それは稀有であろう。また，通常想定される不法行為に基づく民事法上の損害賠償（民法 709 条）も考えられるが，想定外のリスクの場合には，適用が困難であろう。そのような中，「再生医療」の名を語り，安全性の裏付けもないまま海外から患者を呼び寄せて営利を図る医療機関が出現して事故を起こしたりして，大きな問題となったことから，法的責任追及の間隙を埋めるべく，いわゆる再生医療関係 3 法が成立した。「ヒト幹指針」（正式名称は「ヒト幹細胞を用いる臨床研究に関する指針」（平成 18 年 7 月 3 日；平成 22 年 11 月 1 日全部改正，平成 25 年 10 月 1 日全部改正））と呼ばれた倫理指針方式からハードな法規制に転換したことは，医事法上，いかなる意味を有するか，を検討し

（3）　第 44 回日本医事法学会大会 2 日（2014 年 11 月 30 日開催）のシンポジウムでは，再生医療の問題が取り上げられた。「シンポジウム／再生医療の規制はどうあるべきか」年報医事法学 30 号（日本評論社，2015 年）109 頁以下参照。本巻は，このシンポジウムの内容をさらに掘り下げ，その後の展開をも加味することを企図している。

なければならない。

（2）　再生医療関係3法

再生医療関係3法とは，2013年に成立した「再生医療を国民が迅速かつ安全に受けられるようにするための施策の総合的な推進に関する法律」（（平成25年法律第13号）：以下「再生医療推進法」という。）および「再生医療等の安全性の確保等に関する法律」（平成25年法律第85号：以下「再生医療等安全性確保法」という。）と2012年に薬事法が改正されて名称変更された「医薬品，医療機器等の品質，有効性及び安全性の確保等に関する法律」（昭和35年法律第145号：以下「薬機法」という。）のことを指称する[4]。

（3）　再生医療推進法

再生医療推進法は，「再生医療を国民が迅速かつ安全に受けられるようにするために，その研究開発及び提供並びに普及の促進に関し，基本理念を定め，国，医師等，研究者及び事業者の責務を明らかにするとともに，再生医療の研究開発から実用化までの施策の総合的な推進を図り，もって国民が受ける医療の質及び保健衛生の向上に寄与することを目的とする。」（1条）ものであり，基本理念（2条），国の責務（3条〜5条），基本方針（6条），法制上の措置等（7条），先進的な再生医療の研究開発の促進（8条），再生医療を行う環境の整備（9条），臨床研究環境の整備等（10条），再生医療製品の審査に関する体制の整備等（11条），再生医療に関する事業の促進（12条），人材の確保等（13条），安全面及び倫理面の配慮等（14条），14箇条と附則1箇条から成る。同法は，いわば再生医療の基本法ともいえる性格であり，制裁規定は含まれていない。1条の目的規定と共に，14条に，「国は，再生医療の迅速かつ安全な研究開発及び提供並びに普及の促進に関する施策の策定及び実施に当たっては，医師等，研究者及び事業者による活動の確保に留意しつつ，再生医療の特性に鑑み，安全性を確保するとともに生命倫理に対する配慮をしなければならない。」と規定していることからも看取できるよ

（4）　これらの法律制定ないし改正の経緯と概略については，一家綱邦「再生医療関係3法——新たな医療を規律する新たな法と倫理の考察」京都府立医科大学雑誌123巻8（2014年）553頁以下，同「再生医療関係3法の概要と医事法学のアプローチ——シンポジウム企画趣旨説明を兼ねて」前掲注(3)年報医事法学30号（2015年）109頁以下，松山晃文「再生医療のこれまでとこれから」同誌155頁以下参照。

うに，安全性の確保と生命倫理への配慮が根底に置かれている。

（4） 再生医療等安全性確保法

これに対して，再生医療安全確保法は，「再生医療等に用いられる再生医療等技術の安全性の確保及び生命倫理への配慮（以下「安全性の確保等」という。）に関する措置その他の再生医療等を提供しようとする者が講ずべき措置を明らかにするとともに，特定細胞加工物の製造の許可等の制度を定めること等により，再生医療等の迅速かつ安全な提供及び普及の促進を図り，もって医療の質及び保健衛生の向上に寄与することを目的とする。」（1条）ものであり，全64箇条，附則13箇条から成る。第6章（59条～64条）には罰則規定も設けられており，（刑事）規制的色彩が強い。

何よりも，再生医療技術等を，高リスクの第1種（ES細胞，iPS細胞，被投与者以外の細胞の移植投与（他家移植）），中リスクの第2種（培養した自己の幹細胞の移植投与（自家移植）等），低リスクの第3種（加工した体細胞を用いた医療），という具合に3種類に分類している点に特徴がある。また，そこには，事前規制の徹底ともいえる規制方式を採用している点も大きな特徴であり，判例法理を参照しつつ事後的処理を基調としていた従来の医事法の基本方式の転換を図っている，ということもできる。全体の構造等については，本巻の別稿[5]に譲ることとし，ここでは，刑事規制の内容を簡潔に押さえておきたい。

まず，「厚生労働大臣は，再生医療等の提供による保健衛生上の危害の発生又は拡大を防止するため必要があると認めるときは，再生医療等を提供する病院又は診療所の管理者に対し，当該再生医療等の提供を一時停止することその他保健衛生上の危害の発生又は拡大を防止するための応急の措置をとるべきことを命ずることができる。」（22条）という規定（緊急命令）に違反すると，3年以下の懲役もしくは300万円以下の罰金に処されるか，または併科される（59条）。

また，第一種再生医療等提供計画不提出・必要事項不記載・虚偽記載（4条1項違反），変更後の第一種再生医療等提供計画不提出・必要事項不記載・虚偽記載（5条1項違反），第一種再生医療等提供計画変更措置命令違反（8

（5） 本巻所収の一家綱邦論文（第5章）ほか参照。

条1項違反），第一種再生医療等の提供制限違反（9条違反），再生医療等提供計画確認違反（13条違反），改善命令違反（23条2項違反），立入検査等違反（24条違反），審査委員による守秘義務違反（29条違反）に対しては，1年以下の懲役または100万円以下の罰金に処される（60条1号～7号）。

　さらに，特定細胞加工物の製造の許可（35条1項）違反，緊急命令（47条）違反，改善命令等（48条1項および2項）違反，許可の取消し等（49条）違反に対して，6月以下の懲役または30万円以下の罰金に処される（61条）。その他，62条に規定する犯罪も63条に規定する犯罪も，虚偽記載や虚偽報告等の類型であり，64条は両罰規定である。

　総じて，本法が規定する犯罪類型は，事前規制としての行政規制を柱としつつ，それに従わない場合には，真正不作為犯として処罰するところに，取締規定としての本法の基本的性格が表れている。本法については，すでに，「『生命倫理への配慮』とは具体的にどのようなことを検討し，どのような対応策を個々の提供施設は講じることが求められるのだろうか。」[6]という危惧の念，あるいは，「非常に分かりにくい法律であり，法律の文言を見ただけでは問題の所在が見えにくい。」[7]という批判や，「同法の規制は，医療内容に関して正面から行政の事前規制を行う点で従来の規制方式と大きく異なり，患者に生命リスクを負わせかねない規制となっている上に，個別の医療内容の決定に医療機関管理者が介入しうることを前提とする点で医事法の基本構造を大きく変容させうるものであった。」[8]という批判がある。さらには，憲法的観点から，「新法は，どのような規制をおこないたいのか，その目的・手段関係も不明確であって，手段としての規制の実体的基準（許される／許されない再生医療等の基準）について法律の規律が不十分である。そのため，行政の判断（省令）で『生命倫理への配慮』として法規制になんでも詰め込めるおそれがあり，憲法上の疑義がある。」[9]という根本的批判もある。

（6）　一家・前掲注(4)「再生医療関係3法」560頁。

（7）　辰井聡子「再生医療等安全性確保法の成立・再論」年報医事法学30号（2015年）117頁。なお，同「再生医療等安全性確保法の成立 —— 医療・医学研究規制を考えるための覚書」立教法務研究7号（2014年）151頁以下参照。

（8）　米村滋人「医療の一般的規制と再生医療安全性確保法」年報医事法学30号（2015年）144頁。

（9）　中山茂樹「患者の保護と医療を受ける権利・学問の自由」年報医事法学30号

以上の批判を克服するのは容易でない。そうすると，近い将来，同法の見直しをする時期が来るかもしれない。その意味でも，法規制のあり方について検討を継続しておく必要がある。

（5） 薬 機 法

薬機法と再生医療との関係はどうであろうか[10]。旧薬事法になかった「再生医療等製品」が薬機法に加わったが，それにより，再生医療等製品の特性を踏まえた規制方式や制度が設けられた。留意すべきは，遺伝子治療も対象に含まれることになった点である（同法2条9項）。また，「均質でない再生医療等製品にあっては，有効性が確定され，安全性が認められれば，特別に早期に，条件及び期限を付して製造販売承認を与えること」が可能となった[11]。さらに注目すべきは，再生医療の専門家から，「再生医療等製品の製造にあたっては，……GCTP（Good Gene, Cellular, and Tissue-based Manufacturing Practice）という考えが導入された」点であり，「これは，低分子医薬品のように『正しい物を作る』という考えから，『正しく物を作る』という考えへの転換を意味し，製造管理に注意深いマネジメントが必要との観点からの導入であり，製品の初期開発から製造販売が終了するまでの全期間にわたり製品の品質に対するリスクについて適切な手続きに従い評価，管理等を行い，製品の製造手順及び品質の継続的改善を促進する主体的な取り組みとして，『品質リスクマネジメント』がしめされたことも特筆すべき事項である。」[12]という評価がなされている点である。また，私も理事として参加している日本レギュラトリーサイエンス学会は，再生医療等製品の製造販売に関する指針を公表して，安全性確保に注意を喚起している[13]。いずれにせよ，同法により，再生医療等製品の製造販売に関する安全性が確保されることが期待される。

（2015年）132頁。

(10)　詳細については，一家・前掲注(4)「再生医療関係3法」557頁以下，松山・前掲注(4)157頁以下参照。

(11)　松山・前掲注(4)157頁参照。

(12)　松山・前掲注(4)159頁。

(13)　一般社団法人・レギュラトリーサイエンス学会監修『再生医療等製品製造販売指針』（じほう，2017年）参照。なお，同監修による別冊として，『要指導・一般用医薬品製造販売承認基準・申請実務の手引き』（じほう，2017年）も参照されたい。

（6）　倫 理 指 針

　なお，倫理指針として，ES 細胞については，「ヒト ES 細胞の使用に関する指針」（平成 22 年 5 月 20 日改正）および「ヒト ES 細胞の樹立及び分配に関する指針」（平成 22 年 5 月 20 日改正）があり，また，iPS 細胞については，「ヒト iPS 細胞又はヒト組織幹細胞からの生殖細胞の作成を行う研究に関する指針」（平成 22 年 5 月 20 日）があり，一定の倫理規制を行っている。その意味では，倫理指針は今なお重要な役割を果たしているといえる。

Ⅲ　再生医療とインフォームド・コンセントの役割

（1）　再生医療研究とインフォームド・コンセント

　再生医療は，前述のように 3 種に分かれ，医療として承認されるものと臨床研究の対象となるものが含まれる。特に後者の再生医療研究において，臨床応用の場合の，インフォームド・コンセント（十分な情報提供と被験者の自発的承諾）は，重要な意義を有する[14]。

　薬機法に則って医薬品の治験という形式で行われるのであれば，第Ⅰ相（臨床薬理：副作用の強い抗癌剤などを除き「正常な自発的に志願した」少数の被験者を対象に新薬の安全性と薬理作用の確認），第Ⅱ相（200 人以内の限定された数の患者を対象に新薬の有効性と相対的安全性を証明するために実施），第Ⅲ相（一定数の患者群と対照群に対し実験計画に基づく比較試験を実施し，市販前における新薬の有効性と安全性を確認），市販後の第Ⅳ相（市販後の医薬品監視（モニタリング））の枠内で対応可能である[15]。しかし，そこまで行くにはなおほど遠い。プラセボ投与も，当面はできないであろう。そもそも，予想される副作用ないし感染等のリスクの内容が不明確である（逆にいえば，想定外のリスクもありうる）現状では，リスク・ベネフィットの衡量も含め，被験者にインフォメーションを与える場合にはより慎重でなければならない。

---

(14)　この点については，甲斐克則「臨床研究とインフォームド・コンセント」甲斐克則編『医事法講座第 2 巻　インフォームド・コンセントと医事法』（信山社，2010 年）145 頁以下，特に 163-165 頁参照。

(15)　この点の詳細については，甲斐克則『被験者保護と刑法〔医事刑法研究第 3 巻〕』（成文堂，2003 年）75 頁以下参照。

以上のことは，医薬品以外の再生医療等製品についても，実験的治療と基本的に同様なルールで考えるべきであろうが，いずれにせよ，後述の被験者の救済をセットで考えておかなければならない。

（2）　再生医療とバイオバンク

再生医療また，iPS 細胞の臨床応用も含め研究を続けるには，バイオバンクが必要であり，その制度設計も十分に念頭に置く必要がある[16]。バイオバンクの構築とインフォームド・コンセントの関係も，別途考えておく必要がある。包括的同意等の広義のインフォームド・コンセントで対応すべきか否か，重要な検討課題である。結論からいえば，インフォームド・コンセントも画一的ではありえないので，一定程度の広義のインフォームド・コンセントの有効性を模索すべきものと思われる。

いずれにせよ，現行法では対応不十分な領域であり，被験者の人権に配慮した，そして被験者に対する補償を組み込んだ新たなルールの確立が望まれる。

（3）　再生医療臨床研究におけるインフォームド・コンセントによる正当化と限界

医学研究者にとっては，どのような手続を踏んでおけば自己の研究行為ないし医療行為が法的責任を免れるか，気になるところであろう。

インフォームド・コンセントは，確かに，重要な柱である。しかし，インフォームド・コンセントにも限界がある。有効な承諾があれば，多くの場合，法的にも正当化されるが，有効な承諾があるためには，被験者側の承諾に瑕疵（錯誤や強制）がないこと，承諾能力があることが不可欠である。当面は，承諾能力のない患者に対する臨床応用は控えるべきであろう。後者については，別途ルールが必要である。

リスクとベネフィットの説明およびその衡量も，法的に重要である。リス

---

(16)　町野朔＝辰井聡子編『ヒト由来試料の研究利用——試料の採取からバイオバンクまで（ライフサイエンスと法政策）』（上智大学出版，2009 年），町野朔＝雨宮浩『ライフサイエンスと法政策　バイオバンク構想の法的・倫理的検討』（上智大学出版，2009 年）等参照。ドイツのバイオバンク構想については，Gassner/Kersten/Lindermann/Limder/Rosenau/Schmidt am Busch/Schroth/Wollenschläger, Biobankgesetz: Augsburg-München-Entwurf, Mohr Siebeck, 2015 が参考になる。

クの方が高い場合，インフォームド・コンセントだけでは正当化は困難であり，「危険（リスク）の引受け」論を持ち出しても，刑法上，その法的位置づけに関しては違法性阻却か責任阻却か，争いがあるので，注意を要する。特に副作用や感染のリスクの説明は，常に最新の情報提供となるよう，諸外国の動向にも留意しておく必要がある。

　また，被験者が緊急を要する患者の場合，とりわけ他に代替手段がない状況下で「すがる思い」で被験者になることが想定される。緊急性および補充性（他に代替手段がない）という要件も法的には重要であるが，それだけで適正な被験者である，と即断してはならない。これは，被験者リクルートの問題であるが，厚労省および学会等で，適正な被験者選定のルールを策定して，混乱を来さないような配慮が必要である。

　刑法的には，しかし，インフォームド・コンセント，緊急性，補充性，リスクとベネフィットの衡量により，「正当化事由の競合」として正当化が可能である，と考える[17]。仮に違法性が残っても，責任阻却（免責）は可能である。そして，正当化ないし免責を担保するためには，後述の「メディカル・デュープロセスの法理」を確立する必要がある。その中に被験者被害補償制度を盛り込むのが妥当である。さらにそのためには，倫理委員会の整備をして，審査に耐えられる体制を構築しておく必要もある。それを実現するには，生命倫理基本法を作り，さらに（臨床研究法とは異なる）臨床研究基本法を作ることが重要な課題だと思われる。これにより，被験者も研究者も共に「安心して」再生医療の臨床研究に参加できるであろう。

IV　再生医療の研究推進と被験者・被害者保護
―― メディカル・デュープロセスの法理確立へ

（1）　再生医療研究と被験者・被害者保護

　再生医療研究において，臨床応用の場合に被験者に被害が生じた場合，その救済策は，重要な意義を有する。

　かつて，私は，その一環として，再生医療臨床研究で生じた健康被害の補

---

(17)　甲斐・前掲注(15)62頁参照。

償制度の在り方に関して，法学，医学，社会学の第一線の専門家と共に，国内外の動向を踏まえて共同研究を行ったことがある[18]。その基本的スタンスは，被験者保護と研究の促進のバランスを図り，研究者の自律を尊重したルール作りを目指すことにあった。すなわち，まずは専門の研究者の倫理に委ね，それで不十分な場合には法規制を考えるが，その場合でも，まずは民事規制，つぎに行政規制，そして最後に刑事規制を考える，というものであった。これによって，有益で促進すべきものは促進し，明らかに有害で厳格に規制すべきものは規制し，さらに効果がなお断定できないものについては一定の条件を付して様子をみるという柔軟な対応ができる，と考えたのである。その基本姿勢は，現在でも変わらない。その視点からみると，再生医療関係3法が成立し，施行されている現状は，なお「過渡期」であると理解せざるをえない。

（2）　再生医療とメディカル・デュープロセスの法理

　今後，再生医療研究を推進していくには，「メディカル・デュープロセスの法理」の適用が有効であるように思われる。これは，かねてより私が提唱している理論である。すなわち，「メディカル・デュープロセスの法理」とは，医療，とりわけ人体実験・臨床試験・実験的治療のようなものについては，社会的観点も加味して，適正手続による保障がなければ，当該医療行為は違法である，とする法理である。具体的には，実験段階から個々の被験者・患者に対するインフォームド・コンセントはもとより，ベネフィットとリスクの冷静な衡量を行い，また，その前段階として彼らに熟考期間（カウンセリングも含む）があったか，安全性等について倫理委員会（これも独立した審査機関であることが望ましい）の適正な審査を受けているか，人類に多大な影響を与えうるもの（例えば，先端医療技術の新規なものや遺伝子関係のもの）については，プライバシーを侵害しない必要な範囲で情報公開をし，社会的合意・承認を得ているか等をチェックして，そのいずれかでも欠けていれば，当該医療行為は違法であり，そのようにして得られたデータに基づく学術論文の公表を禁止したり，それ以後の研究費を凍結する等の行政処分を

---

(18)　『再生医療臨床研究で生じた健康被害の補償制度の在り方に関する研究』厚生労働科学研究費補助金・厚生労働科学特別研究事業　平成20年度総括研究報告書（主任研究者：甲斐克則）（2009年）。

し，悪質なものについては民事責任，場合によっては刑事責任を負わせよう
とするものである[19]。

　換言すれば，再生医療のみならず，生命科学と法に関わるルールをバイオ
ローと呼ぶことができるであろうが，それを担保するのが，「メディカル・
デュープロセスの法理」である。これは，前述のように，医療，とりわけ臨
床研究・実験的治療のようなものについては，インフォームド・コンセント
を前提として，リスク・ベネフィットの衡量，緊急性，補充性（他に代替手
段がない），被験者に対する補償[20]といった実体法的側面のほか，社会的観
点も加味して，倫理審査を経る等の適正手続による保障がなければ，当該医
療行為は違法である，とする法理である。これによって，メディカル・リ
サーチおよびリサーチ・ガバナンスにおけるコンプライアンス体制確立が可
能となり，さらに，適正ルールが臨床研究・臨床試験・ライフサイエンスを
促進することになり，信頼に基づく社会の協力体制が確立されることになる
であろう[21]。将来的には，生命倫理基本法のような柱となる基本法を作るこ
とが望まれる。

V　結　語

　以上，再生医療と医事法の関わりについて論じてきたが，本章はあくまで

---

(19)　詳細については，甲斐・前掲注(15) 7 - 8 頁，Katsunori Kai, Proposal of the Legal
　　　Doctrine of Medical Due Process, in Gunnar Duttge und Makoto Tadaki (Hrsg.),
　　　Aktuelle Entwicklungslinien des japanischen Strafrechts im 21. Jahrhundert,
　　　(2017,Mohr Siebeck) SS. 131-136; Katsunori Kai, Legal Doctrine of Medical Due
　　　Process as a Fundamental Model of Medical Law, World Association for Medical Law:
　　　News Letter, June 2015, pp. 1 - 2 参照。
(20)　被験者に対する補償も重要であり，この点の実務的観点を踏まえた研究として，本
　　　巻第 6 章の佐藤大介「再生医療と補償の問題」参照。
(21)　甲斐克則「比較法的観点からみた先端医療・医学研究の規制のあり方──ドイツ・
　　　スイス・イギリス・オランダの議論と日本の議論」甲斐克則編『医事法講座第 1 巻 ポ
　　　ストゲノム社会と医事法』（信山社，2009 年）191 頁以下参照。最近問題となっている
　　　ゲノム編集をめぐる問題でも，このような思考は有益であると思われる。この点につい
　　　ては，甲斐克則「『生命科学と法』の最前線──ヒトゲノム編集とミトコンドリア置換
　　　を中心に」早稲田大学法務研究論叢 2 号（2017 年） 1 頁以下参照。

本巻全体の導入部であるので，読者は，以下の各章において展開されるさらなる個々の問題を熟読し，最先端の問題状況と解決策を共に模索していただきたい。その際に，再生医療の問題を医事法の中の法律問題としてのみ探究するには限界があることも自覚する必要がある。むしろ，生命倫理とのコラボレーションも重要であることを強調しておきたい。なぜなら，前述のように，再生医療等安全性確保法の文言の中には，すでに「生命倫理への配慮」が盛り込まれているからであり，その内実を具現化するにも，生命倫理とのコラボレーションは，不可欠だからである[22]。また，iPS 細胞の法的位置づけについて，人でもない，物でもない，新たな人体構成体としての法的地位を付与すべきではないか，という課題も残る[23]。本巻が今後の日本における再生医療の展開に寄与するものとなることを期待したい。

----

(22) 再生医療に関する生命倫理学者の問いかけとして，大林雅之『生命の問い —— 生命倫理と死生学の間で』（東信堂，2017 年）33 頁以下参照。また，医事法と生命倫理とのコラボレーションの重要性を説くものとして，甲斐克則『〈講演録〉医事法学へのまなざし —— 生命倫理とのコラボレーション』（信山社，2018 年刊行予定）参照。

(23) 人体構成体の法的位置づけについては，甲斐克則『臓器移植と刑法〔医事刑法研究第 6 巻〕』（成文堂，2016 年）3 頁以下で方向性を出しているので参照されたい。

2 再生医療の最前線 (1)

澤　芳樹

Ⅰ　はじめに

Ⅱ　組織工学とは

Ⅲ　基盤技術の進歩

Ⅳ　再生医療の臨床応用

Ⅴ　細胞シート移植による心筋再生治療技術の開発

Ⅵ　iPS 細胞による心筋再生治療

Ⅶ　再生医療に関する規制改革

Ⅷ　おわりに

　世界はいま，IT による加速度的な情報通信革命と地球規模化が進む一方で，爆発的人口増加，宗教や人種対立などによる抗争，食糧事情や地球環境の悪化など地球規模の危機的課題を抱えている。その中でも，日本社会は世界で最初に超高齢人口激減社会を迎え，その社会的経済的対応が世界から注目されている。特に重要なのは，医療やヘルスケアであり，その技術が日々進化する中で，より高い価値の創造が求められている。こういった中，失われた身体機能を取り戻すために，幹細胞等を利用して組織，臓器等を再生させることにより，難治性疾患・重篤疾患や QOL 改善が必要な疾患を克服する再生医療は，従来医療の一翼を担うことを世界中から期待されている。

　再生医療の Key Technology は，細胞開発であり，近年の幹細胞学の画期的進歩がその臨床応用として再生医療に大きく貢献しつつある。さらに，工学的技術を駆使して生体粗織を細胞と足場材料を使用して再生する組織工学（Tissue Engineering）も，もう一つの重要な科学技術である。特にわが国においては，これらの基礎研究のレベルは世界屈指であり，最近の幹細胞学，細胞移植技術や培養関連技術の進歩によって再生医療は臨床応用の段階に至っており，さらに山中伸弥先生の 2012 年の iPS 細胞に対するノーベル賞受賞は，わが国のみならず全世界の再生医療への期待に一層の拍車を掛けている。今後，普遍的な治療として一般化するには，アカデミア中心の研究開発から，企業への適正な技術移転による産業化の推進が重要な鍵を握っていると言っても過言ではない。

I　はじめに

　再生医療という言葉自体の起源や定義は未だ定かでないが，おそらくヒト ES 細胞が樹立された 1990 年代後半から 2000 年代にかけての頃にメデイアで盛んに取り上げられはじめて，この頃海外でも Regenerative Medicine という言葉が使われ始めた。日本再生医療学会が設立されたのも 2001 年であり，この頃から骨髄単核球細胞や間葉系幹細胞を使った臨床研究が行われ始めた。学会での定義では再生医療とは「失われた身体機能を取り戻すために，幹細胞等を利用して組織，臓器等を再生させることにより，難治性疾患・重篤疾患や QOL 改善が必要な疾患を克服する」とされている。それ以前は，

このような細胞を使った治療は、そのまま細胞治療や Stem cell therapy と呼ばれていた。一方、1990 年前半に組織工学すなわち "Tissue Engineering" を Vacanti らが最初に打ち立てた。その概念では、生体組織を細胞と足場材料を使用して再生する技術を指した。現在では、組織工学、幹細胞工学、遺伝子治療などの技術を用いて、組織・器官・臓器を再生する「再生医療」をふくめる場合が多い。ここでは、再生医療全般についての進展について概観する。2003〜2004 年の再生医療分野は、次第に医療分野における実践が大変進んだ一年であった。基礎研究の充実から一気に臨床応用の流れができ、臨床応用の可能性が証明されつつある。普遍的な治療として一般化するには未だしばらくの時間が必要であろうが、新しい治療法としての将来性を強く期待させるに十分な成果が得られつつある。組織工学関連の論文数は最近急激な増加を見せており、1996 年までは全部で 90 余報であったのが、2000 年で年間 300 報を超え、2002 年では 770 余報、2004 年には 1000 をこえる勢いとなっている。さらに最近は、幹細胞学の進歩、細胞移植の臨床応用そして関連技術（バイオリアクター、培養方法など）の進歩によって再生医療は臨床応用のレベルに至っており、さらに 2012 年の山中先生の iPS 細胞に対するノーベル賞は、この領域への期待に一層の拍車を掛けている。

II　組織工学とは

　疾患などで欠失あるいは減弱した身体機能を代替あるいは補強する人工臓器の開発は、工学技術の発展ともに目覚しい進歩を遂げ、20 世紀後半の医療を大きく変えた。実際、人工腎臓の進歩は、腎不全患者の QOL 向上に貢献してきた。さらに、人工心肺は心臓の手術を安全に遂行するのに欠かせない装置となっている。

　発展著しい人工臓器ではあるが、あくまで身体機能の代替、補強するための装置、機器に留まり、身体機能を一生涯代替可能であったり、また組織を再生しうるような人工臓器の開発までには至っていない。

　このような現状のなか、1993 年 Science 誌に、M.I.T.の Langer, R.と Harvard 大の Vacanti, J.P.が組織工学（ティッシュエンジニアリング）という概念を提唱した。彼らは、組織工学を、「生物学と工学を応用し、組織を修復し

表1：組織工学の3大要素

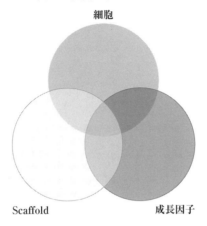

細胞

Scaffold　　　　成長因子

うる生物学的代替品を開発する研究分野」と定義した。つまり，3大要素として細胞と足場と増殖因子を用いて，生体から単離した細胞と，適切な足場材料，増殖因子とを組み合わせることで，新たな組織を構築するという考えである。この概念は，人工臓器を革新的に発展させるものとして，大きな期待を集めた。

図1：組織工学（ティッシュエンジニアリング）

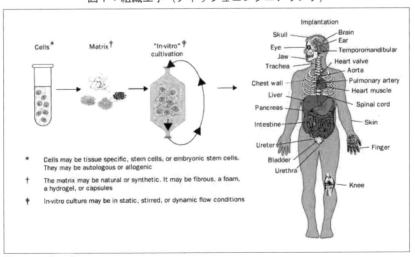

Tissue-engineering process

さらに組織工学は，発生生物学，幹細胞研究，遺伝子治療，DDS，バイオマテリアルなどの最先端技術の知見を取り込むことで，再生医療と呼ばれる，統合的に組織・器官の再生を目指す治療体系へと発展を遂げた。

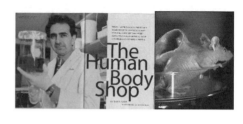

初期の組織工学は，組織の形状に合わせて成形加工した生分解性高分子材料に細胞を播種し培養系もしくは生体内で組織構造を再生させるというものであり，実際に皮膚，骨，軟骨，血管などの作製が試みられ，比較的単純な組織構造と生理学的機能を再生することは可能となった。

このように，骨，軟骨のような，細胞外マトリックス成分を豊富に含む組織を構築する手段として，初期の組織工学技術は大変有効な手段であった。しかし，心臓，肝臓，腎臓のように，複雑な組織構造と生理学的機能，そして豊富な血管網を有するし，細胞成分が主体の組織を構築するには，これまでの組織工学技術だけでは限界があり，新しい組織工学技術のブレイクスルーが必要である。

一方で，細胞移植は，血液疾患における骨髄移植として，すでに30年以上も前から行われており，すでに確立された医療となっている。さらに，糖尿病に対する膵島移植も，20年以上前に始めて行われ，現在臨床応用に向けて研究が進められている。しかし，骨髄移植であれば細胞1つ1つを，膵島移植であれば約2000個の細胞塊を移植するにとどまっており，組織構造を維持したまま多くの細胞を移植する場合には，臓器移植に頼るしかなく，ドナー不足の問題が常につきまとうのが日本の現状である。

このように細胞移植の問題を解決する手段としても，組織工学的手法による移植組織の構築は重要な技術となる。

Ⅲ　基盤技術の進歩

1　細胞ソース

　特筆すべき点は，わが国でヒト ES 細胞の開発がようやく始まり，その研究が進歩したことである。これを契機に，ES 細胞を用いた再生医療についての研究がいっそう進展することが期待される。ES 細胞は無限に近い増殖能をもち，また種々の細胞への分化能が高い。再生医療においてはきわめて高い注目を集める細胞であり，細胞源としての期待は高まるものの，組織への移植はまだ展望が開けておらずかなりの年月を要するものと思われ，逆にES 細胞から他の細胞への分化に関与する遺伝子の探索が進められている。一方，目的の細胞に分化するために必要な遺伝子の下流にマーカー分子を導入入し，これを目印にして目的細胞を分離する試みも報告されている。ES 細胞以外については，生体幹細胞の探索が続いてお r，心筋細胞においても幹細胞が存在することが Anversa や Schneider らによって報告され，今後の研究の進展が期待される。

2　DDS

　細胞と足場材料とを組み合せた組織工学において，生体組織が十分再生されない場合，細胞の増殖・分化を調節するタンパク質である細胞増殖因子あるいはそれらをコードしたプラスミド DNA などの遺伝子を利用する必要がある。しかしながら，これらの生理活性物質は生体内で速やかに分解，消失するため，その生理活性を保持したまま一定期間生体内で徐放化が可能なDDS が必要不可欠である。生体内では，多種多機能な細胞増殖因子が精緻に調節されながら細胞へ作用することによって，細胞の機能を調節していることから，多種類の細胞増殖因子を異なるタイミングで作用させることができれば，より生体を模倣した徐放化システムが構築できると考えられる。in situ での組織再生を目指した DDS 型の再生医療についても多くの報告があった。放出する薬物は，再生医療に関連する増殖因子および遺伝子である。目的も多様で，種々の増殖因子（bFGF，NGF，EGF，VEGF，PDGF）が対象

であり，遺伝子でも同様の広がりを見せている。徐放体の担体としてはコラーゲン，ゼラチン，フィブリンなど，従来から用いられている材料が多数を占める。最近の特徴としては，組織再生の対象となる臓器・組織が拡大している点が挙げられる。心臓，骨，神経，血管新生，膀胱，脂肪組織，軟骨などが対象となっている。

3　Scaffold

　現在，足場材料として研究されているバイオマテリアルは，ポリグリコール酸（PGA），ポリ乳酸（PLA），あるいはそれらの共重合体，L-乳酸-ε-カプロラクトン共重合体などの生体吸収性合成高分子，およびコラーゲン，ゼラチン，ヒアルロン酸などの天然高分子である。臨床応用の観点から，すでに再建外科治療で使用されているこれらのバイオマテリアルを用いて足場材料が作製されている。しかしながら，生体の細胞外マトリックスは，細胞の移動，増殖，分化などの細胞の機能制御に適した，多種多様な三次元構造とシグナルを伝達するメカニズムとを兼ね備えており，現在，このような高次機能をもつ足場材料は開発されていない。従って，足場材料の創製には多孔質足場材料の幾何学的構造は足場材料表面の物理化学的性質の制御のみならず，細胞の接着性とその生理活性との制御を可能とする細胞外マトリックス成分や細胞増殖因子などの生体成分をうまく複合化することも考えなければならない。これらが組織工学への応用を目指した新しいバイオマテリアルの研究に要求されている課題の1つであろう。

　原料に生分解性高分子を用いることは，再生医療用のScaffoldとして重要であるが，その吸収分解時の炎症反応も懸念されている。これらの問題点の多くは組織そのものではなく，細胞成分に由来することが多いことから，細胞を除去してコラーゲンを主体としたマトリクスとして利用することで，問題点を克服できることが期待される。このような考え方から，生物組織からの脱細胞化法が考案され，移植組織としての応用が検討されている。代表的な脱細胞化法は界面活性剤を用いた洗浄である。トリトンX-100やSDSの水溶液に組織を浸し，24〜48時間洗浄した後に緩衝液で洗浄して界面活性剤を除去して用いる。

4　細胞シート

一方，Scaffold を用いない組織工学技術による再生治療法として，岡野・清水・澤らは温度応答性培養ディッシュで心筋細胞または筋芽細胞を培養し，これらの細胞をシート状を保ったまま脱着させ，重層化した。ラットの心筋梗塞モデル作製2週間後にこれらの細胞シートを移植したところ，いずれの場合にも心拡張収縮能の向上，左室拡大の抑制が観察された。特に，心筋細胞シートではConnexin43の発現，血管新生を伴って生着し，心房刺激に同期してシート部分のパルスは追従した。また筋芽細胞シートもConnexin43の発現は認められないものの生着し，左室機能改善が観察された。心筋細胞シートは，移植前のコンディショニングに優れ，また，シート状であるために，移植後に細胞が散逸せず，効率の良い細胞デリバリーシステムを実現しており，細胞の移植法の考察という点でも興味深い。細胞シートを用いた研究は心筋細胞シート以外にも広範な広がりを見せており，前述の角膜，膀胱など対象臓器を広げつつある。

Ⅳ　再生医療の臨床応用

1　血管パッチと人工血管

新岡らは自己細胞を用いた組織工学（TE）血管の臨床応用を開始し，骨髄細胞（BMCs）を用いた再生血管の臨床について報告している。彼らは，L-乳酸-ε-カプロラクトン共重合体（PCL-PLA）からなるスポンジに，患者の自己BMCsを播種した再生血管を移植した。患者は成長期の小児で，最大26ヵ月のフォローアップ中，すべての患者において血栓形成，狭窄などの副作用は観察されなかった。スキャフォールドとして用いられている生分解性高分子は徐々に分解し，患者自身の組織と置き換わることが観察されている。

2　角膜上皮再生

西田，岡野，大和らは，上記細胞シート技術を用いて患者の健康な角膜輪

部を数ミリ程度採取し，これを培養してシート上に成長したものを再度患者に移植する治療方法を臨床応用し New England Journal に報告した。両目が患部の場合は，口腔粘膜の細胞を用いる。角膜は上皮，実質，内皮の三層構造をとっているが，角膜は比較的再生が容易であり，今後は Fieder 細胞として自己脂肪細胞を用いた臨床試験を開始予定である。一方，木下および新村らは，羊膜シートの上に角膜上皮細胞を播種し，シート上を被覆するまで培養して移植に用いている。

3　細胞移植

虚血性心疾患や糖尿病性末梢循環不全症の治療法として，自己細胞を患部に移植し，血行再建・組織再生を促進する医療が試みられている。自己細胞としては，骨格筋芽細胞あるいは骨髄由来幹細胞，血管内皮前駆細胞，末梢血単核球が用いられている。末梢循環障害に対する骨髄単核球投与のランダマイズスタディにおいて，細胞移植治療法の有用性が示され，この分野の研究が大きく進展しつつある。また，硬組織関連では人工関節の骨結合部に骨髄細胞を播種する治療法が臨床例を重ねている。再生医療技術を用いた人工虞膚の研究・臨床応用も続けられている。

V　細胞シート移植による心筋再生治療技術の開発

近年，重症心不全患者に対する心機能回復戦略として，細胞移植法が有用であることが報告されており，すでに自己骨格筋芽細胞による臨床応用が欧米で開始されている。我々も，自己骨格筋芽細胞と骨髄単核球細胞移植を併用すると，単独より心機能改善効果が高いことを証明し（J Thorac Cardiovasc Surg 2005；130(3)：646-653），大阪大学医学部付属病院未来医療センターにおいて臨床試験をすすめている。しかし，実際に細胞移植法により臨床的に心機能を充分に向上させるためには，直接心筋内注入による細胞移植方法では，移植細胞の 70-80％の細胞が失われ，その効果が十分に発揮できない点や，不整脈等の副作用，大量かつ安全な細胞源の確保，細胞外環境整備による移植細胞の定着等細胞移植による種々の問題の解決が不可欠である。これらの問題を解決し，バイオマテリアル技術を応用した組織工学的手法に

よる心筋再生治療を実現すべく，我々は，温度感応性培養皿を用いた細胞シート作製技術の心筋再生治療への応用を試みた。

　細胞シート工学により作製した筋芽細胞シートは，従来法である needle injection 法と比較して，組織，心機能改善効果が高いことが認められ，骨格筋筋芽細胞シート移植が，虚血性心疾患，拡張型心筋症など重症心不全の新たな治療法となりうることが示唆された。

図２：細胞シート工学を用いた心筋再生治療

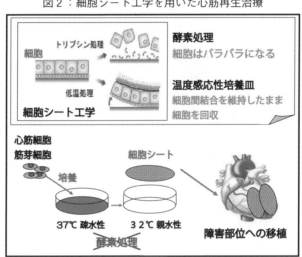

筋芽細胞シート移植による心拡大抑制効果
（イヌ高速ペーシングモデル）

コントロール　　　　　　筋芽細胞シート移植

　以上の結果から，我々は現在，大阪大学医学倫理委員会を経て大阪大学医学部付属病院未来医療センターにおいて，骨格筋芽細胞シート移植による心筋再生治療の臨床試験を以下のように実施した。2006 年 7 月に倫理委員会の承認を得て，左室補助人工心臓を必要とするような末期的拡張型心筋症患者に対する自己筋芽細胞シート移植を計画し，2007 年 5 月に第 1 例目に対しての臨床試験を開始した。患者は 55 歳の男性．2004 年より心拡大を指摘されていたが，2006 年に心不全が増悪し，左室補助人工心臓（LVAS）を装着した．しかし，自己心機能の回復が LVAS を離脱するほどには及ばず，本人の同意のもと，臨床試験に登録し治療を開始するに至った．2007 年 3 月に大腿部より筋肉を採取し約 1 ヶ月間の培養後，凍結．同年 5 月に再培養・シート化して，開胸下に細胞移植を行った．その後の患者の心機能は LVAS を離脱できるほどに回復し BNP も正常化し，同年 9 月に LVAS から離脱，12 月には退院となった．細胞シート移植後において，致死的不整脈をふくむ合併症は発生しなかった．退院後半年が経過したが，現在のところ心不全の再発を認めていない．以後 3 例の患者に同様の治療法を実施した。いずれの症例においても，筋芽細胞シートの機序がパラクライン効果と考えられる限りにおいては，心機能回復効果は患者の viability の残存程度によると思われた。一方，ヒト幹細胞指針に沿って人工心臓未装着の虚血性心筋症患者の自己筋芽細胞シート治療も 20 例に施行し，さらにテルモによる企業治験も終了し，現在日常診療への普及が期待されている。本治療法の適応を考える上で，不全心における Viability の残存程度の評価が重要で今後，症例を重ねつつで安全性および有効性を検討する予定である．

　そして，細胞シート工学をさらに発展させ，組織・器官の構築のための血管構築技術・組織培養技術を導入し，in vitro で血管網を付与した肉厚で高機能なバイオ心筋開発の研究を合わせて進めており，移植医療に変わるような新しい心筋再生治療の開発を目指している。

Ⅵ　iPS 細胞による心筋再生治療

　2007 年 11 月，山中伸弥教授らがヒト iPS 細胞の樹立に成功したニュースは世界中を駆け巡り，再生医療実現化に対する期待は大いに高まっている。

実際に，ヒト iPS 細胞の樹立が報道され，山中教授らが報告した雑誌「Cell」のオンラインサイトで閲覧できる，iPS 細胞から作製された心筋細胞が拍動している動画を見たときの衝撃は記憶に新しい。さらに山中教授は2012 年 10 月にノーベル生理学医学賞を受賞された。この快挙は，これまでの生命科学のメカニズムを説き明かす大変大きな発見であるとともに，これまで治療法が無かった難病の患者さんにも光が届く可能性が大いに期待され，発見から 8 年でのノーベル賞受賞となった。さらに，2014 年には神戸理研の高橋政代プロジェクトリーダーは，世界初の iPS 細胞を用いた網膜再生の臨床試験に成功し，さらに 2017 年には CiRA 由来の他家 iPS 細胞を用いた臨床試験も開始した。このように iPS 細胞の安全性検証等のもと各臓器への治療応用がいよいよ始まった。

　心臓再生治療開発において，前述のシート化する細胞源として筋芽細胞では，Responder は限られてくるし，その治療効果のメカニズムは，あくまでも筋芽細胞から分泌される成長因子等の影響が大きく，自己の組織修復能を賦活化し，心機能が改善させることにあり，失われた心筋組織を本格的に修復・再生するためには，やはり心筋細胞を補充することが必要で，iPS 細胞由来の心筋細胞による再生治療こそ"真"の心筋再生治療と呼べるのではないか考える。

　われわれはすでに，心筋細胞シートの移植のほうが，筋芽細胞シート移植より，さらに有効性が高いことを証明している。その点からも，より効果の高い細胞源の開発が必要で，特に，細胞シート技術により心筋細胞移植の場合 Gap-junction を温存した状態で移植が可能であることより，この Gap-junction を発現する細胞の開発が必要である。

　iPS 由来細胞シートは機序的に，心筋細胞シートと同様に電気的につながって，直接は駆動を伝え，心機能改善をもたらしうる可能性があるだけに，iPS 細胞への期待は大きく，京都大学山中教授との共同研究において iPS 細胞からの高効率の心筋細胞の分化誘導と Teratoma の発生抑制および，そのシート化と心不全モデルへの移植による成果が期待される（図 3）。心筋再生については，現在臨床応用を展開している筋芽細胞シートがサイトカイン療法であり，無効例が存在するが，これらの無効例に対しては心筋補充療法が必須と考えられる。我々は，すでにブタの心筋梗塞モデルに於いて，ヒト

図3：iPS 心筋再生治療

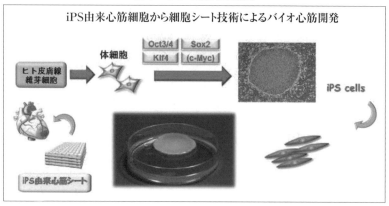

iPS 細胞由来心筋細胞シートが心筋梗塞や心機能を改善させることを証明した。すなわち iPS から拍動する治療用ヒト心筋細胞様細胞の高率な分化誘導に成功すると共に，未分化 iPS 細胞の除去法とそれに伴うレギュラトリーサイエンスが確立すれば，細胞シートによる再生治療も本格的になると考えられる。

Ⅶ　再生医療に関する規制改革

　2015 年に日本政府当局では，厚生労働省，文部科学省，経済産業省など省庁を中心にその縦の障壁を超えて議員立法による「再生医療推進法」，改正薬事法「医薬品医療機器等法」による再生医療の章立て，そして「再生医療等安全性確保法」などの再生医療関連の法制化が進んだ。従来の法規制では世界的にも，新しく技術開発された再生医療が薬事承認を受けるためには大きな隘路になっていたが，今回の再生医療推進法の下に改正された新しい医薬品医療機器等法にそった再生医療等製品の条件期限付き早期承認制度によって，柔軟な運用のもとに迅速な再生医療における製品化が期待される。一方，臨床研究や自由診療においても，被験者保護の観点から再生医療細胞治療は安全に行われなければならないことより，再生医療等安全確保法の遵守も期待されている。

Ⅷ おわりに

　再生医療の実現には，幹細胞生物学に加えて，組織工学の技術が必要不可欠である。本稿では，再生医療と組織工学について雑駁に述べてきたが，研究対象は多岐にわたり，医学，生物学，薬学，工学などの異分野の学際的な研究が必要である。最近では特に，自己細胞による再生治療が順調に臨床実績を積み重ねつつあるが，細胞ソース，動物血清の問題，iPS 細胞や ES 細胞や臍帯血の利用などの多くの解決すべき問題，あるいは新技術や規制の問題そして産業化の問題などまだまだ解決すべき問題が山積みである。その背中で，日本の再生医療に対する薬事法改正は大いに期待され，日本から世界に向けて再生医療の展開普及が進むことが期待される。

＜主な引用文献＞
（細胞シート移植による心筋再生治療）
　・Kondo H. Sawa Y. et al. Ann Thorac Surg
　・Memon IA. Sawa Y. et al. J Thorac Cardiovasc Surg 2005；**130**(3)：646-653
　・Miyagawa S. Sawa Y. et al. Transplantation. 2005；**80**(11)：1586-1595.
　・Memon IA. Sawa Y. et al. J Thorac Cardiovasc Surg 2005；**130**(5)：1333-41.
　・Kondoh H. Sawa Y. et al. Cardiovasc Res. 2006；**69**(2)：466-475.
　・Hata H. Sawa Y. et al. J Thorac Cardiovasc Surg 2006；

（iPS 細胞）
　・Takahashi K, Yamanaka S Cell 126：663-676, 2006
　・Kawamura M, Sawa Y et.al. Circulation. 2012 Sep 11；126（11 Su

3　再生医療の最前線 (2)

阿 久 津 英 憲

Ⅰ　はじめに

Ⅱ　わが国における再生医療の制度

Ⅲ　再生医療の原材料としての多能性幹細胞 —— ES 細胞と iPS 細胞

Ⅳ　おわりに

I　はじめに

　私たちのからだは，約250種類の37兆個もの細胞から成り立っている。始まりはたった一つの細胞，受精卵であり分裂を繰り返しながら胚となって様々な組織や臓器がつくられていく。発生を細胞レベルで考えるとき重要なのは，細胞は細胞から生み出されるということであり，細胞およびその関連物を臨床応用する重要な概念である。

　再生医療とは，病気やけがで機能不全になった組織や臓器を再生あるいは補助する医療であり，再生医療技術は創薬などへの応用も期待されている。再生医療で用いる細胞材料は大きく3つあげられる。胚性幹細胞（Embryonic Stem Cells; ES細胞），人工多能性幹細胞（Pluripotent Stem Cells; iPS細胞）そして体性細胞であり，iPS細胞と体性細胞では細胞の由来が自分自身の組織（自家）か他人の組織（同種）かも重要な情報である（図1）。再生医療が注目される理由は，難病を克服するという医療や生命科学研究の発展だけではなく，慢性疾患や高齢化に伴う疾患を治癒することによって社会保障費の抑制など医療経済的な観点と新たな産業を生み出す可能性が大いに期待されていることにもある。経済産業省は国内外の再生医療の将来市場規模を予測し，2020年に国内で950億円，国外で1兆円，2050年には国内2.5兆円，国外38兆円となると見込んでいる。さらに再生医療に関連する装置類や消耗品類，サービス類等の周辺産業の市場規模は2050年には国内1.3兆円，国外15兆円となり再生医療の発展は今後わが国にとって非常に大きな経済効果も期待できると報告している[1]。

　細胞増殖性の観点から，幹細胞は自己複製能を持つことになるが，全ての幹細胞が無限に増えるわけではなく，ES細胞やiPS細胞以外の幹細胞の増殖能には限りがある。からだの組織内に存在する様々な体性幹細胞は，それぞれの組織特有の特性を持ち組織の恒常性の維持に寄与している。体性幹細胞は，分化能と増殖能に制限のある細胞特性を有している一方で，分化多能性幹細胞であるES細胞とiPS細胞は，無限に細胞増殖する自己複製能を持ちかつあらゆる組織へ分化する能力を合わせ持つため，その応用が期待されている。まず，再生医療およびその開発を行うためのわが国での制度上の仕

図 1：再生医療の流れ

細胞調整・製造工程

培養　　保存　　移送

組織・細胞採取

品質・安全性の評価

細胞ソース		
	自家	同種
・**体性細胞** （骨髄幹細胞，脂肪幹細胞，間葉系幹細胞など）	○	○
・iPS 細胞	○	○
・ES 細胞	―	○

自家移植　　＝

同種移植　　≠

　再生医療に使用する細胞の由来は，患者自身に由来するか他者のものかで分けられる．細胞の種類としては，生体組織から直接得られる体性細胞と ES 細胞や iPS 細胞などの多能性幹細胞（Pluripotent Stem Cells）に分けられる．体性細胞による自家移植の場合は，一旦凍結保存する工程は想定されないが，同種体性細胞や ES 細胞および iPS 細胞の場合は凍結保存の工程が含まれる．

組みを概説し，次世代の再生医療として期待されている多能性幹細胞，特にES 細胞による再生医療の現状を述べつつ今後の課題についても言及していきたい。

II　わが国における再生医療の制度

　わが国では，再生医療の実用化を促進する制度的枠組みの整備が進み，二つの重要な法律が 2014 年 11 月 25 日に施行された。「再生医療等の安全性の確保等に関する法律」（再生医療等安全性確保法）は，臨床研究や自由診療として実施されてきた再生医療・細胞治療（がん免疫療法も含む）が対象となる[2]。再生医療等安全性確保法は，ES 細胞や iPS 細胞のような新規的な多能性幹細胞から同種体性細胞まで含まれる。人に対して与える影響（リス

ク）の程度に応じた三段階の提供基準，細胞培養加工施設の基準等を設け，安全な再生医療を迅速かつ円滑に社会へ提供するための法律である。一方，既存の治療法が無いまたは既存の治療法より高い効果が実証されたものが対象となるケースとして薬事法下で進む再生医療がある。再生医療の実用化に対応できるように薬事法が一部改正となり，再生医療製品の特性を踏まえた承認・許可制度が新設され，再生医療製品として新たに分類されることになった。その改正薬事法は，2014 年 11 月 25 日に「医薬品，医療機器等の品質，有効性及び安全性の確保等に関する法律」（医薬品・医療機器等法）として施行された。再生医療製品の早期承認制度が導入され，それらをより早く市場へ出す仕組みができあがり，世界に先駆けた革新的な制度である[3]。このようにわが国では，再生医療の実用化を制度上ダブルトラックで進めることが可能となっている。

Ⅲ　再生医療の原材料としての多能性幹細胞
—— ES 細胞と iPS 細胞

　ES 細胞は，胚盤胞の分化多能性細胞集団である内部細胞塊より直接，特定の細胞培養条件下で樹立される細胞である。つまり，受精からの発生過程で内部細胞塊の分化能（個体全てを生み出す状態）を背景に細胞株化された細胞ということになる。ヒト ES 細胞の樹立に関しては，受精胚を用いるため日本ではヒト ES 細胞樹立のためのヒト受精胚の取扱いは特定のガイドラインの下慎重に執り行われている[4]。ヒト ES 細胞樹立に対して国の許可を得ている組織は，京都大学ウイルス・再生医科学研究所（5 細胞株樹立）と国立成育医療研究センター（7 細胞株樹立）の 2 機関である[5]。ヒト ES 細胞の樹立には，不妊治療の過程で治療に用いられなくなった凍結保存胚を，適切なインフォームド・コンセント手続きを行い ES 細胞樹立に用いている。

　iPS 細胞は，ヒト胚以外の細胞に対して 4 つの転写因子（遺伝子名：Oct3/4，Sox2，Klf4，c-Myc）を導入し ES 細胞と同等の性質を持つ分化多能性幹細胞として京都大学の山中伸弥博士らが世界で初めて報告した[6],[7]。iPS 細胞を樹立する方法として，当初レトルウィルスベクターやレンチウィルスベクターを用いて転写因子を細胞に導入する方法が汎用されていたが，これら

のウイルスベクターを用いた遺伝子導入法では宿主細胞の核ゲノムにランダムな外来遺伝子挿入が起こることから，遺伝子変異を起こし腫瘍形成などの原因になることが指摘されてきた。そこで，より安全で安定的な iPS 細胞樹立方法の開発が世界中で活発に行われ，核ゲノムには影響を与えないエピソーマルベクターやセンダイウイルスベクターによる遺伝子導入やリプログラミング因子の mRNA を導入する方法などゲノムに傷をつけない方法でiPS 細胞が樹立できるようになってきた[8]。

　ES 細胞と iPS 細胞は，ユニークな細胞特性が基本的に同じであることから同じ応用分野での活用が期待され，共通の課題も存在する。一方で，生物学的および技術的な樹立背景が異なることから活用分野に若干の棲み分け傾向が認められる[9]。ES 細胞と iPS 細胞はともに正常な染色体核型を保ったまま不死化している細胞である。そのため，均一な細胞特性の観点からロット管理がしやすく，安定的で再現性が得られる研究開発に有用であり，さらに医薬応用の分野では再生医療製品製造上のバッチ管理や最終製品としてのロット管理を可能とする点が極めて重要である。一方で，体外培養系で細胞が増殖し続けることが可能なため細胞ゲノムの安定性に課題がある[10),11.)12]。同じ細胞株を長期間培養しなければならない時には，定期的なゲノム品質評価は必須であろう。希有な高い分化能力からくる懸念は造腫瘍性である。造腫瘍性に関しては大きく2つの観点がある。一つは，悪性化の懸念でありもう一つは，分化誘導後に混在する未分化細胞による腫瘍化（奇形腫形成）であり，細胞移植を想定した際移植部位によっては良性腫瘍であっても医療上致命的になり得る。ヒト ES 細胞の樹立は，1998 年に初めて報告されたが[13]，これまで悪性化の報告は1例もない。

1　ヒト ES 細胞の基礎から臨床へ ── 再生医療への準備

　1998 年以降，ヒト ES 細胞の性質や応用に関する基礎的研究が世界で進められていった。ES 細胞の特性や細胞培養環境に関する科学的データが蓄積されていった。そして，2010 年に世界で初めての多能性幹細胞による再生医療が，ES 細胞により行われた[14]。多能性幹細胞を利用した細胞移植による再生医療の成功のためには，a) 細胞から大量の正常な目的細胞が獲得できることと，b) 病気の進行を止めるか症状の改善または治癒を達成し，そ

図2：ヒト ES 細胞による細胞治療概略

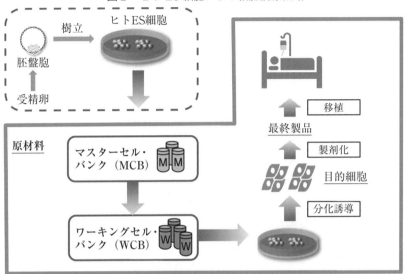

ヒト ES 細胞樹立から移植までの概略的な流れである．特定の対象疾患が決定した上で細胞バンクが構築される．マスターセルバンク化（MCB）による種々の特性解析と安全性の検査が行われる．実線の枠内でマスターセルバンク構築から最終製品製造までが再生医療製品製造において薬機法下での管理となる．

の効果が持続するために，移植した細胞が生体内で維持され適切な機能を果たすことが求められる。ヒト ES 細胞は，均一な細胞特性を持つことから，細胞を基にした再生医療製造上効果的にバッチ処理が取れることと，最終的に再生医療製品としてロット管理が比較的とりやすいという開発上の利点がある。ヒト ES 細胞による再生医療では，b）における特定の疾患に対する臨床応用の安全性と有効性を担保するための移植細胞を作り出す（製造）a）のプロセス構築が重要である（図2）。ヒト ES 細胞は非常に高い増殖能をもつ細胞であり，均一な特性でスケールアップが可能なため，細胞製造上細胞品質と安全性のバッチ管理が比較的容易である。ヒト ES 細胞を応用すれば，特定の細胞へ分化誘導することで治療に十分な量かつ品質が均一に担保された細胞を得ることが可能である。しかしこの前提として，分化誘導効率がよく治療の有効性が担保できる分化誘導体（最終細胞製品）の均一な品質が得られることが重要である。

2 ヒトES細胞による再生医療の現状

2010年に世界で初めて多能性幹細胞による再生医療としてヒトES細胞を用いた臨床試験が米国で始まった。ヒトES細胞から神経系の細胞であるオリゴデンドロサイト前駆細胞を分化誘導し，亜急性期の胸部脊髄損傷に対して移植する臨床試験である。現在までに，ヒトES細胞では網膜色素上皮細胞による若年性遺伝性黄斑ジストロフィー症（スタルガルト病）と萎縮型加齢黄斑変性症の網膜の難病2疾患に対する臨床試験が米国，英国と韓国で行なわれ，膵臓のβ細胞（インスリン分泌細胞）によるインスリン依存型糖尿病に対する臨床試験は米国とカナダで行なわれている（表1）[15), 16), 17)]。ヒトES細胞再生医療製剤開発の現状を報告する。

脊髄損傷に対する再生医療は，米国のバイオベンチャー企業Geron社がヒトES細胞を原材料として分化誘導したオリゴデンドロサイト前駆細胞株を移植用の最終製品とした臨床試験が開始された。現在，この臨床試験はGeron社からAsterias Biotherapeutics社へ引き継がれている[18)]。このヒトES細胞再生医療製品（AST-OPC1）を用いた臨床試験（フェーズ1/2a；"SCi star study"）は，受傷後14日から30日内の亜急性期胸部脊髄損傷患者の損傷部位へ移植する治療であり，フェーズ1として安全性が確認され（ClinicalTrials.gov Identifier: #NCT02302157）[19)]，現在までに13症例に行なわれている[18)]。2017年7月に，この臨床試験に対してFDAが受傷後21日から42日および移植細胞数を増やす治験の進展を承認した[18)]。眼科領域でも2011年には難治性眼疾患に対してヒトES細胞による新たな臨床試験が始まった。米国Advanced Cell Technology社（2014年よりOcata Therapeutics社へ名称変更，2016年にAstellas Pharma USが買収）は，ヒトES細胞由来網膜色素上皮細胞を若年性遺伝性黄斑ジストロフィー症（スタルガルト病：SMD）と萎縮型加齢黄斑変性症（DRY-AMD）の2疾患に対して2011年から臨床試験を実施している（SMD; ClinicalTrials.gov Identifier: #NCT01345006, DRY-AMD; ClinicalTrials.gov Identifier: #NCT01344993）[20), 21)]。ヒトES細胞から網膜色素上皮細胞を分化誘導し，移植に用いるヒトES細胞再生医療製品（MA09-hRPE）を作製する。MA09-hRPEによるSMDに対する臨床試験は英国と韓国でも行われている。現在までにMA09-hRPEによる臨床試験

表1：ヒト ES 細胞による再生医療の治験開発

開発者（国）	対象疾患	細胞ソース	治験進行段階
Asterias Biotherapeutics (CA, USA)*1	spinal cord injury	human-ESC-derived oligodendrocyte precursor cells	phase I/IIa
Astellas Pharma US (IL, USA)*2	Stargardt's macular dystrophy	human-ESC-derived RPE*4	phase I/II
Astellas Pharma US (IL, USA)*2	macular degeneration	human-ESC-derived RPE	phase I/II
Astellas Pharma US (IL, USA)*2	myopic macular degeneration	human-ESC-derived RPE	phase I/II
ViaCyte (CA, USA)	type I diabetes mellitus	human-ESC-derived pancreatic endoderm cell	phase I/II
Chabiotech Co. Ltd. (S. Korea) macular	macular degeneration	human-ESC-derived RPE	phase I/II
Pfizer (UK)	macular degeneration	human-ESC-derived RPE	phase I
Cell Cure Neurosciences Ltd. (Israel)	macular degeneration	human-ESC-derived RPE	phase I/II
Assistance Publique-Hopitaux de Paris (France)	heart failure	human-ESC-derived CD15+Isl-1+progenitor	phase I
BIOTIME (CA, USA)*3	macular degeneration	human-ESC-derived RPE	phase I/II
International Stem Cell Corp. (Australia)	Parkinson's disease	human parthenogenetic-derived neural stem cells*5	phase I/II

*1：Asterias Biotherapeutics 社は，Geron 社の臨床試験を引き継いで試験を続けている。

*2：Astellas Pharma US 社が Ocata Therapeutics 社を 2016 年に買収した。

*3：BIOTIME 社による臨床試験はイスラエルで行なわれている。

*4：RPE: retinal pigmented epithelial cell　網膜色素上皮細胞。

*5：human parthenogenetic-derived neural stem cells ヒト未受精卵を人為的に活性化（単為発生胚）し得られた胚盤胞から ES 細胞を樹立する。その単為発生胚由来 ES 細胞から神経幹細胞を作製。

（フェーズ1／2）は，SMDとDRY-AMDに2疾患に対して計38症例（英国でのSMD12症例を含む）が行われている。Ocata Therapeutics社によるヒトES細胞を用いた臨床試験の成果がLancet誌で報告された[22), 23)]。MA09-hRPE細胞の移植を受けたSMDとDRY-AMDそれぞれ9症例の計18症例に対する成果は，SMDの1例で重症の硝子体炎を起こし治療を中止した以外，移植手技と細胞自体の安全性に大きな問題はなく，さらに移植を受けた半数以上の患者視力で若干の改善が認められたと報告されている[23)]。DRY-AMDに対しては，米国の企業BIOTIME社が異なる製品製造コンセプトでヒトES細胞由来網膜色素細胞を製品化（OpRegen）し，臨床試験を米国とイスラエルで3症例行なっている[24)]。神経変性疾患であるパーキンソン病に対して，興味深い臨床試験がInternational Stem Cell社によりオーストラリアで行なわれている[25)]。ヒト単為発生胚（卵子ゲノムのみの2倍体胚）からES細胞を樹立し（ヒト単位発生－ES細胞），神経幹細胞を分化誘導することで再生医療へ応用する。ヒト単位発生－ES細胞由来神経幹細胞によるパーキンソン病モデル動物での安全性と有効性を確認し[26), 27)]，2016年にパーキンソン病に対する細胞治療が行なわれ（ClinicalTrials.gov Identifier: # NCT02452723）[28), 29)]，現在までに3人への移植がなされた。他に，フランスでは心筋梗塞，韓国では網膜変性疾患に対するヒトES細胞再生医療が進められている（表1）。

Ⅳ　おわりに

　再生医療等安全性確保法施行後2年6ヶ月経過し，第1種再生医療等計画が17件，第2種再生医療等計画が151件承認されている（平成29年5月31日付けまとめ）[30)]。この主なものは，体性細胞による再生医療やがん免疫療法などの細胞移植療法であると想定される。再生医療製品では，医薬品・医療機器等法下で保険収載されているのは4品目のみであり，社会が受取る再生医療とは再生医療等安全性確保法下の実施例が身近なものとなる。そのため，最近の再生医療等安全性確保法を逸脱する事例は，わが国における再生医学・医療の発展を阻害する非常に大きな問題である。再生医療は，新規的な医療であるからこそ安全性の確保はもとより，その研究開発の段階から社

会への透明性の確保と適切な説明責任は必須であると思われる。

参考文献

1 ）「再生医療の実用化・産業化に関する報告書　最終取りまとめ」（平成 25 年 2 月：経済産業省再生医療の実用化・産業化に関する研究会）：
http://www.meti.go.jp/press/2012/02/20130222004/20130222004-2.pdf

2 ）「再生医療等の安全性の確保等に関する法律」:
http://law.e-gov.go.jp/announce/H25HO085.html

3 ）「医薬品，医療機器等の品質，有効性及び安全性の確保等に関する法律」:
http://www.mhlw.go.jp/stf/seisakunitsuite/bunya/0000045726.html

4 ）「ヒト ES 細胞の樹立に関する指針」（文部科学省・厚生労働省告示第二号　平成 26 年 11 月 25 日）:
http://www.lifescience.mext.go.jp/files/pdf/n1430_01.pdf

5 ）文部科学省　生命倫理・安全に対する取組み:
http://www.lifescience.mext.go.jp/bioethics/hito_es.html

6 ）Takahashi K, et al: Induction of pluripotent stem cells from adult human fibroblasts by defined factors. Cell, 131: 861-872, 2007

7 ）Yu J, et al: Induced Pluripotent Stem Cell Lines Derived from Human Somatic Cells. Science, 318: 1917-1920, 2007

8 ）Schlaeger TM, et al: A comparison of non-integrating reprogramming methods. Nat Biotechnol 33: 58-63, 2015

9 ）Kobold S, et al: Human Embryonic and Induced Pluripotent Stem Cell Research Trends: Complementation and Diversification of the Field. Stem Cell Reports 4: 914-925, 2015

10）Martins-Taylor K and Xu RH: Concise review: Genomic stability of human induced pluripotent stem cells. Stem Cells 30: 22-27, 2012

11）Lamm N, et al: Genomic Instability in Human Pluripotent Stem Cells Arises from Replicative Stress and Chromosome Condensation Defects. Cell Stem Cell 18: 253-261, 2016

12）Merkle FT, et al: Human pluripotent stem cells recurrently acquire and expand dominant negative P53 mutations. Nature 545: 229-233, 2017

13）Thomson JA, et al: Embryonic stem cell lines derived from human blastocysts. Science 282 (5391): 1145-1147, 1998.

14）Priest CA, et al: Preclinical Safety of Human Embryonic Stem Cell-Derived Oligodendrocyte Progenitors Supporting Clinical Trials In Spinal Cord Injury. Regenerative Medicine 10: Posted online on 8 Sep 2015

15）Trounson A and DeWitt ND: Pluripotent stem cells progressing to the clinic.

Nat Rev Mol Cell Biol 17: 194-200, 2016

16) Trounson A and McDonald C: Stem Cell Therapies in Clinical Trials: Progress and Challenges. Cell Stem Cell 17: 11-22, 2015

17) Kimbrel EA and Lanza R: Current status of pluripotent stem cells: moving the first therapies to the clinic. Nat Rev Drug Discov 14: 681-692, 2015

18) http://asteriasbiotherapeutics.com/index.php

19) https://clinicaltrials.gov/ct2/show/NCT02302157

20) https://clinicaltrials.gov/ct2/show/NCT01345006?term=NCT01345006&rank=1

21) https://clinicaltrials.gov/ct2/show/NCT01344993?term=rpe + advanced + cell + technology&rank=1

22) Schwartz SD, Hubschman JP, et al. Embryonic stem cell trials for macular degeneration: a preliminary report. Lancet 379: 713-720, 2012.

23) Schwartz SD, Regillo CD, et al. Human embryonic stem cell-derived retinal pigment epithelium in patients with age-related macular degeneration and Stargardt's macular dystrophy: follow-up of two open-label phase 1/2 studies. Lancet 385: 509-516, 2015

24) http://www.biotimeinc.com/

25) http://internationalstemcell.com/

26) Gonzalez R, Garitaonandia I, et al. Proof of concept studies exploring the safety and functional activity of human parthenogenetic-derived neural stem cells for the treatment of Parkinson's disease. Cell Transplant 24: 681-690, 2015

27) Gonzalez R, Garitaonandia I, et al. Neural Stem Cells Derived from Human Parthenogenetic Stem Cells Engraft and Promote Recovery in a Nonhuman Primate Model of Parkinson's Disease. Cell Transplant. 2016 May 20. [Epub ahead of print].

28) https://clinicaltrials.gov/show/NCT02452723

29) Garitaonandia I, Gonzalez R, et al. Neural Stem Cell Tumorigenicity and Biodistribution Assessment for Phase I Clinical Trial in Parkinson's Disease. Sci Rep 6: 34478, 2016

30) 再生医療について　厚生労働省：
http://www.mhlw.go.jp/file/06-Seisakujouhou-10800000-Iseikyoku/0000150612.pdf

31) 「国民の皆様へのお知らせとお願い」日本再生医療学会（2017 年 7 月 1 日付け）：
https://www.jsrm.jp/news/1430/

4 再生医療の倫理的問題

奥田純一郎

Ⅰ　は じ め に

Ⅱ　再生医療を可能にする条件 —— 何が問題なのか？

Ⅲ　ELSI における「L」の位置づけ

Ⅳ　「胚の地位」論争 —— 法は何をなすべきか？

Ⅴ　「共犯関係」ならば常に「有罪」なのか？ —— iPS 細胞の倫理性

Ⅵ　全能性は反倫理的か？ ——「回復」の意味

Ⅶ　お わ り に

I　は じ め に

　再生医療（Regenerative medicine）は，「不可逆的な損傷により欠損した臓器・組織の機能・器質を，細胞・組織等の生体材料を用いて移植しその再生能力を活用し，機能を回復させる医療技術」と定義できる[1]。本章はこの再生医療に関する倫理的問題を検討する。

　プラナリアなどの原始的な生物や，部分的にはトカゲやイモリの尻尾など，自身の細胞・組織が「失われた機能を再生」する能力を先天的に有する生物種も自然界には存在する。しかし人間の細胞・組織は高度に分化し，こうした能力を失っている。従って細胞・組織や臓器が欠損状態や機能障害・不全に陥った場合には，その部分の回復は望みえない。よってこうした物理的・機能的欠損は，機械や装具によって補われるしかなかった。

　しかし人間も生物である以上，時間の経過に伴い身体が変化する。その結果，生体でない機械や装具は身体の変化に追い付けず，機能に不具合を生じてしまう。従って頻繁に調整することが必要となるが，これは生理学的にも経済的にも負担が大きい。加えて不具合に煩わされる本人への心理的な負荷も大きい。生体材料を用いることができれば身体の変化に適応でき，こうした不具合の心配がなくなる。この故にこそ再生医療の発展が期待され，現に不可逆的な機能損失に苦しむ人々に特に熱望される。上記の定義からすれば，

（1）　厚生労働省による定義では「生きた細胞を組み込んだ機器等を患者の体内に移植等すること又は内在性幹細胞を細胞増殖分化因子により活性化/分化させることにより，損傷した臓器や組織の自己再生能力を活性化することで失われた機能を回復させる医療（広義）」（多能性幹細胞安全情報サイト，http://www.nihs.go.jp/cbtp/sispsc/html/saisei.html），また独立行政法人再生医療支援機構ホームページによれば「さまざまな臓器，組織が欠損状態や機能障害や機能不全に陥った場合に，失われた機能を再生するために，細胞や組織を移植することが必要となります。臓器や組織機能を再建する医療技術を総合して「再生医療」と呼んでおります」とされる（http://www.saiseiiryo.or.jp/sorm/about_rm.html）。また，所謂「再生医療三法」の一つである医薬品，医療機器等の品質，有効性及び安全性の確保等に関する法律（通称，薬機法または改正薬事法）第2条9号において，再生医療等製品の定義という形で定義がなされている。
　しかしながら，本稿では後述するように，臓器移植を（一般的な見解とは異なり）再生医療の延長線上に捉えるので，定義を適宜修正した。

臓器移植も再生医療の一部と言い得るし，実際再生医療が注目される背景には，ドナーから提供される移植用臓器が圧倒的に不足しているという事情が大きい。再生医療は，ドナーからの提供を経ずに必要な臓器を供給することを可能にする。更に臓器移植では，患者とは別人であるドナーの臓器を提供されるため，移植を受けた患者＝レシピエントの身体（特に免疫機構）は移植された臓器を異物と認識してしまう。従って免疫の抑制を必要とするが，このことは患者の身体に別の悪影響（特に免疫不全による感染症防御力の低下）を生じうる。再生医療，特に自己の体細胞を素材にした再生医療であれば，こうした問題に対処する治療法を開発できる。

　しかし反面，その手法が通常考えられる生命の過程からはあまりにも逸脱しているため，再生医療は人々から懸念を抱かれている。それは技術的な困難さ・安全性への懸念だけではない。生体材料は直接使われるものの他，研究のために使われるものが「人の生命の萌芽」とされる胚（受精卵の成長したもの）由来であることが懸念を深めている。即ちこの胚の毀滅を伴う再生医療（およびその実現のための研究）は，それ自体が反倫理的ではないのかとの懸念を生じさせている。そもそも全能性を細胞レベルで追求することで，個人（ヒト個体）に定位していた「治療・回復」の観念が骨抜きになり，「医療」の意味が変質することの懸念も指摘されている。従って再生医療が国民の信頼を獲得し，何らの後ろめたさを感じることなくその実施による恩恵を国民が享受しうるためには，これらの懸念に答えることが求められる。

　そこで本章では，再生医療（及び，それを可能とする技術を開発する研究）を可能にする条件を技術と倫理の面から検討する。その上でそこにおける議論の内実を吟味し，再生医療が「医療」の名に値するか否か・法がどのように向き合うべきかを考察したい。

Ⅱ　再生医療を可能にする条件 ── 何が問題なのか？

　前述のように，物理的・機能的に不可逆的な欠損を生じた身体部位を，遺伝子や細胞レベルから再生させ健康なものを移植して回復させる再生医療は，人類の夢である。この再生医療を実現するための技術や素材（特に再生細胞）の開発に資する基礎研究には，大きな期待を抱かれている。しかしその実現

には，当該技術や素材が以下①〜③の条件を同時に満たすことが求められる。

①　多能性（必要とされる部位に分化可能であること）

②　免疫寛容性（移植した再生細胞・組織・臓器（以下，再生細胞等）を，身体が他者・異物と認識しないこと）

③　倫理的懸念の払拭（再生細胞等が「人間の尊厳」をはじめとする人類社会の基本的価値に反して作られたものでないこと）

　従来の技術では全てを同時に満たすことが困難であった。患者本人の体性幹細胞を用いた再生医療は②③の問題は生じないものの，既に分化が進んでおり①が十分でない。この①を獲得したのが胚性幹細胞（ES細胞）であるが，成長すれば独立した個人たりうる胚を毀滅して樹立されるため③に疑義がある。また胚は患者自身にとって遺伝子的には別の個体であり②も不十分である。患者自身の体細胞からクローン胚を作成すれば②を満たすES細胞が得られるが，胚の毀滅のみならず作成自体も③に抵触する。

　これらに対し，人工多能性幹細胞（iPS細胞）はヒトの体細胞に由来しており，②③を満たしつつES細胞と同等の①を獲得しているため，「期待」に応えられる存在として注目を浴びている[2]。しかしiPS細胞研究を推進しようとすれば，むしろパイロットスタディとしてES細胞研究が必要とされるという皮肉な事態（共犯関係）が生じている。盛永審一郎はこの共犯関係性に注目し，iPS細胞の研究や医療応用にも疑念を抱く[3]（後記Ⅴ）。加えて文部科学省の幹細胞研究倫理指針改定（更にその後の医学系研究指針や臨床研究法制定）により，その多能性を利用し生殖細胞への分化を容認し，その結果iPS細胞由来の別の個体がヒトとして生まれる可能性が出てきた。従って体細胞＝その人（患者本人）限りとは言えなくなり，体細胞に由来するiPS細胞にも倫理的懸念を向けられるようになった。特に大林雅之は，そもそも，再生医療の鍵となる多能性・万能性が，倫理的主体としての個人（ヒト個体）の特権性を危うくするとして，再生医療そのものに対して疑問を呈する[4]（後記Ⅵ）。このことは多能性を追求してきた再生医療自体の倫理性が

（2）　iPS細胞に関する解説は多くの本があるが，ここでは特に田中幹人編著『iPS細胞——ヒトはどこまで再生できるか？』（日本実業出版社，2008年）を参考にした。

（3）　盛永審一郎「iPS細胞の倫理的問題——皮肉な反作用としての共犯関係」医学哲学と倫理（日本医学哲学・倫理学会関東支部編）第7号（2010年）。

疑問視される・多能性自体が倫理的懸念を喚起することを意味している。この状況下で，法は再生医療にどう向き合うべきか？

　以下では，倫理的懸念に対する応答に関し，法（実定法に限らず，立法論や法的思考）に何が出来るか（あるいは，出来ないか）を検討する。特に再生医療の発展が ES 細胞と iPS 細胞を中心に担われていることに鑑み，両者に関する議論に焦点を当てたい。とりわけ，そこで論じられてきた「ヒト胚の法的（道徳的）地位」という「論争」の本来の意味を考え直し，より一般的に「生命倫理と法」を考える手がかりを探る。そのため，本章は再生医療の当否を直接論ずるのではなく，一見迂遠な道筋をたどる[5]。しかしそれは，再生医療に不可欠な技術・素材について避けて通れない懸念・疑問を検討するためにやむを得ない，再生医療の本質を問うために必要な行程である。

III　ELSI における「L」の位置づけ

　近時 Ethical, Legal and Social Issues （ELSI，エルシィ）という言葉がよく聞かれる。この語は「生命科学・医学研究を進めるに当たって社会との接点で生じる様々な問題の総称」と定義される。再生医療実現を目指す研究も ELSI の射程に入る。本章ではここでの「L」つまり法の位置づけ，特に「E」つまり倫理との関係について考えたい。それは「法と道徳（倫理）の関係」という法学上の重要問題の具体化であり，結局「法とは何か」という問題に帰結する。法はその外面性・強制力の強さから，多様な価値観を有する人々の共存という現代社会の要請に基盤を与える。しかし反面その強制力の強さの故に，特定の価値観と法が結びつく危険性・社会の存立基盤への致命的影響を危惧される。では再生医療において，問われる法のあり方とは何か？

（4）　大林雅之「先端医療技術における「回復」の意味 ── 再生医療と「全能性」をめぐって」比較思想研究 36 号（2009 年）。

（5）　なお，本章では再生医療を受ける者の同意の問題には，直接には触れない。この論点は「安全性・倫理性に懸念のある先端医療技術の利用一般の問題」として論じうるし，再生医療に固有の問題点を生じる訳ではない。また基本的にはインフォームド・コンセントが，真摯になされていれば足りる，という点でも「一般の問題」と共通である。従って本文で示すように，再生医療技術そのものの倫理性に焦点を当てて考察する。

　ここで注意を要するのは，一見価値中立的に見える言説に特定の倫理が密輸入されうること，それが法と結びつき翻って倫理の基盤となる（即ち，特定の価値観の強制になる）こと，往々にしてこれらのことに人々が無自覚であることである。これらは杞憂ではない。たとえば脳死臓器移植をめぐっては，「脳死は人の死か否か」という論点に関心が集中し，死者をドナーとすることの当否はほとんど議論されなかった。これは後述するように，法の思考様式が，その基盤であるべき人間の存在構造から切り離され，暴走したことに起因する。即ち，法的思考の根幹にある正義理念としての「等しきは等しく」[6]が濫用され，等しさを与える（死者か生者かという）「地位」の問題が，死者であれば物として扱うことを可能にする媒介変数として扱われた。これにより生物としてのヒトの生死の判断基準という科学的知見の陰に隠れ，本来論ぜられるべき問題が潜脱された。それは，科学的知見の意味を，当該知見を利用する社会の側で解釈し直した上で検討し採用するか否かを決する，という問題である。この文脈で言えば「脳死は人の死か？」を問う以前に「そもそも（脳死者・心臓死者を問わず）死者をドナーとして扱って良いか？」との問いかけに答えることである。

　再生医療に関して同様の事態が進行していると思わせるのが「胚の地位」論争である。上記「共犯関係」論によれば，胚の毀滅を伴わないが故に許容されるiPS細胞研究のために，胚の毀滅を避けられないES細胞研究を必要とすることは「共犯」であるとされる。即ちiPS細胞研究もまた，「主犯」たるES細胞研究の「胚の毀滅」という罪を共犯として負わざるを得ないことになる。また体細胞を誘導して多能性を推し進めたことにより，iPS細胞は胚と同等の能力を有するが故に，体細胞と胚・生殖細胞の区別を不可能にしたとも言われる。これらの見解は「胚の地位」の如何による差異を自明視することを前提にし，その上でこの差異を曖昧にするiPS細胞研究に倫理的懸念を表明している。しかしこの前提は正しいであろうか（「共犯関係」の比喩を援用するならば，そもそも「主犯」たるES細胞研究は「常に」有罪であるのか，また多能性を求めること自体が問題であるのか）？　そもそも「胚の地位」

─────────

（6）　この定式はアリストテレス『ニコマコス倫理学』にまで遡るが，現代における実践的含意を強調するものとして，井上達夫『共生の作法──会話としての正義』（創文社，1986年）。

論争で問われたものは何であるのか？

Ⅳ　「胚の地位」論争 —— 法は何をなすべきか？⁽⁷⁾

　胚の法的（あるいは倫理的）地位をめぐっては，「胚は『何時から』人となる（あるいは，人格を有する・人間の尊厳が備わる）のか？」という問いかけがなされる。同型の議論が（人工妊娠中絶の可否に関して）胎児や（逆方向ながら，前述の脳死臓器移植に関して）脳死者についてもなされ，「何時」に議論が集中している。これは当該対象の実体的資質，周囲との関係・文脈から切り離されて理解される内在的特性のみに注目して，その地位を定めようとする議論である。そしてその資質・特性が備わる時点に関心を集中する。この立場を「実体論」と呼ぼう。この立場は，法の外面性・価値中立性と親和的であり，特に「等しきは等しく」という理念に忠実であるかのように見える。しかしこれは，胚が将来成長して到達する，人間の存在構造を考えると妥当ではない。人間は文脈から切り離されて存在するのではなく，その対象に向けられる他者・社会の思い入れといった，関係性の中に生きる存在である。だとすれば，人間としての配慮を受ける（即ち「人間の尊厳」があるとされる）最初の時点を決するに当たっても関係性を無視することは失当である。同様のことは胎児や死者についても言える。では関係性のみでその対象の地位を定める立場を取るべきか？　この立場を，実体論に対して「関係論」と呼ぼう。フェミニズムの一部が特にこの立場に親和的であるが，この立場は別の問題をはらむ。即ち，周囲の者の愛着や憎悪，功利計算といった恣意的・偶然的な事情・理由により，その地位が左右されてしまう。これは差別意識など，不正な現状を追認することになりかねない。結局（実体論に傾きがちな）法も（関係論を強調する）倫理も，人間の存在様式・構造の中に位置づけられるべきものである。だとすれば，この人間の存在構造の全体的把握という問題を等閑視して，それぞれに固有の論理を極限まで推し進めてきたことが今日の議論の行き詰まりの原因である。

　では人間の存在論的地位・存在構造の中で，関係論はどのように位置づけ

（7）　ここでの議論は，拙稿「ヒト胚・生命倫理・リベラリズム」思想 965 号（2004 年）を元にしているが，その後の考察により実体論・関係論の内容・関係を若干変化させた。

られるか？　日々の生活の中で絶えず変動する関係を一挙に捉えて論ずるのは困難である。逆説的だが，死を迎える瞬間，それまで築かれたその人に関する関係が一挙に失われることで，その人間の存在構造の全体が把握されうる。ここではヴラジミール・ジャンケレヴィッチの著書『死』[8]での考察が参考になる。それによれば死は概念的には一つのものだが，人称の視角により異なる意味を持つ。まず私から見た「私」の死（一人称の死）は，想像の及ばぬ恐怖・自らは経験できない神秘・他の誰にも代替不可能であるが故に語り得ぬ不条理である。他方，私から見た「彼（抽象的な誰か）」の死（三人称の死）は，「人は必ず死ぬ」という客観的命題の当てはめ・統計学的な必然である。この二つの死の様相の断絶を埋めるのが，私にとってその固有名詞が重要な意味を持つ，かけがえのない存在である身近な他者としての「あなた」の死（二人称の死）である。この他者は，私が深い共感を覚えつつも，その死を私が替わる事のできない非対称性（人格の個別性）に阻まれ，だからこそその存在をかけがえのないものと私が認識する存在である。

　このジャンケレヴィッチによる死の諸意味の指摘は，死によって失われる生・自己（私）としての人間存在が，人称的視角によって多層的であること（生の多層性）の指摘でもある。自己は「私」としてのみならず，「あなた」「彼（誰か）」としても生きている。即ち人間は自らの存在構造の中に，自我（「私」の意思・一人称）のみならず他者（二人称）や社会（三人称）を内在させている。既に完成した「自己」としての人間存在が他者や社会と出会うのではなく，三つの人称的視角（存在の三つの層）全体をつなぐ規制理念，三つの層を貫く扇の要として存在しているのが「自己」である。こう理解する時，「私」の意思に偏重した「自己」理解では見落とすものが明らかになる。一面で自己は三人称的な考慮に基づく「平等な資格」を有する存在の上に成り立っており，その限りでは固有性はなく他の存在と対称的である。しかし自己は，その存在を他とは非対称的な（かけがえのない）ものとする，固有領域としての「自分」を形成する。自分は一人称的な自我と二人称的な他者から構成される，三人称からは不可知・不可侵の領域である。しかし自分において私を「自身のことの様に」思う他者も，人格の個別性・非対称性の故

（8）　Jankelevitch, Vladimir, La Mort, Flammarion, Editeur, 1966（邦訳，V・ジャンケレ
　　ヴィッチ著（仲澤紀雄訳）『死』（みすず書房，1978 年））。

に隔てられており，一人称と二人称の間には厳然たる壁がある。自身の生において私は他者を必要としつつも，その他者とは一体とはなり得ないし身代わりにもなれない。また固有名詞性における自分のかけがえのなさを主張するあまり，同時に三人称的存在でもあること＝普遍的資格への配慮を忘却することも，あってはならない。

　この存在構造を反映し，道徳も生の世界の層にそれぞれに対応した要請を持つ，三つの層から構成される世界となる。そして道徳的世界の三つの層も生の世界と同様，相互に作用し全体としての一体性を保つ。三人称の層は普遍性・平等に基づいて判断するが，その上に「かけがえのなさ」を担う固有領域たる自分があることに配慮した制約を受ける。二人称の層は，共感・一体性に基づいて判断するが，その相手の存在との非対称性に立ち止まり普遍的資格をも考慮する「『存在』への畏敬」が制約条件になる。これを図示すると以下のようになる。

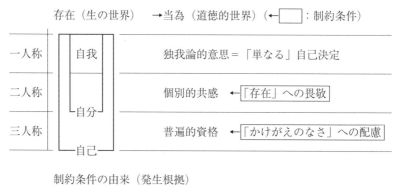

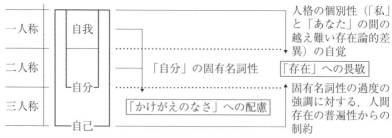

上記の人間存在の構造を背景に考えるならば，「『何時から』ヒト胚は人間

になるのか」という問いは適切ではないことが解る。なぜならこの問いは，ヒト胚が時間の経過に伴い備える属性のみに注目し，問いの中に実体論のみを（同時に関係論の排除をも）含意させている。言わば問いの中に既に答えを密輸入した不公正な問いである。このような問いかけへの答えを「線引き論」―連続的な受精卵・胚・胎児への成長プロセスの中に恣意的な境界を設け，その前後で扱いを異にする―として批判する井上達夫は，この問題を「葛藤論」として捉えなおし，未生の生命と女性の自己決定権との権利衝突においてその理由を問う(9)。本来の問題を直視する点で，井上の見解は優れている。しかしこの井上の立場は，衝突する権利・価値・利益によって胚を不安定な地位に置く点で問題がある。ここで人間存在の構造に着目すれば，従来の「線引き論」の線の引き方以外にも引き方がある，と発想を転換できる。人間存在は三人称的な「普遍的・平等な資格」としての存在（実体論）の上に一人称と二人称からなる固有領域としての自分を形成し（関係論），かけがえのない存在として「人間の尊厳」に相応しいものとなる。逆に固有領域としての自分を形成し得ない場合は，通常の（即ち，既に誕生した）人間と同様な意味での「人間の尊厳」は備わらない。それはどのような場合か？

　通常の生命誕生の過程を標準に考えよう。そこでは男女が合意に基づき性交し，精子と卵子が結合し受精卵・胚となり，母体の子宮に着床し，胎児の段階を経て出生する。この場合，性交の段階で，当事者たる男女は生命誕生につながり得る事を表象・認容している。この段階で既に受精卵→胚→胎児→新生児となる存在には二人称的な承認が与えられ，固有領域としての自分が形成されている。この承認は自己決定権の行使として保障される。逆に言えばこの二人称的な承認が付与されないのは，性交時に合意がなく，従って生命誕生について女性に自己決定権が保障されなかった場合のみである。この場合は胚・胎児には未だ「人間の尊厳」は備わっていない。従って女性に，性交時には欠けていた生命誕生に関する自己決定権の行使＝胎児への二人称

---

(9)　井上達夫「人間・生命・倫理」長尾龍一＝米本昌平編『メタ・バイオエシックス』（日本評論社，1987 年)，井上達夫「「生と死の法理」シンポジウム発言要旨――実体論・関係論・相補論」日本法哲学会編『生と死の法理（法哲学年報 1993)』（有斐閣，1994 年)。

的承認の付与・拒絶の機会を与えるべきであり，承認を得て初めて「人間の尊厳」が備わる（他方「望まない妊娠」の場合でも，性交が合意の上で為されたならば，それが生命誕生につながりうることを表象・認容しており，予想された事態の現実化に過ぎない。ならば胎児への二人称的承認を拒絶しうる正当な理由は存在しない）。従って胎児（あるいは胚）の法的地位についてのあるべき問いかけは，「何時から人間になるか」ではなく「如何なる理由がある場合は『人間の尊厳』が備わってないと言えるか」である。即ち「線引き」は横─胚の成長過程における特定の時点─においてではなく，縦─その胎児（あるいは胚）の成立に関る理由─によって為されるべきである[(10)]。

　こう考えると，胚という状態を自明のものと考えて「胚の地位」に関し議論を進めることは適切ではない。確かに重要な問題ではあるが，「胚の扱い方の可否，及びその理由」の問題は，これに還元されつくせない。後者の問題を考える上では，人間の存在構造を全体として把握する上記の枠組みに戻る必要がある。ではこの構造の中で，法が果たすべき役割は何か？　それは三人称の層に属する当為として，存在の全体を支えることである。また法の目的としての「正義」が時に「等しきは等しく」と表現されるのは，価値観の相違によらず共存を可能にするものとしての法の役割を示したものである。とすれば，「自分」に立ち入らず，そのかけがえのなさを外から守ることが，法の役割である。このことを忘却して実体論に偏り，関係論を捨象する誤りはあってはならない。また同時に，関係論として用いられる理由は実体論（三人称的性格）からも支持可能なものでなくてはならない。

V　「共犯関係」ならば常に「有罪」なのか？──iPS 細胞の倫理性

　以上より，「胚の毀滅」自体に常に倫理的懸念を抱かれるべきかは疑問である。ならば「共犯」たる iPS 細胞研究と不可分の ES 細胞研究は「主犯」だとしても「常に有罪である」とは言えない。従って盛永の主張とは異なり，

（10）　ここでの議論は，人工妊娠中絶の問題にも及ぶ。本文中の考察を踏まえるならば，人工妊娠中絶が許容されるのは強姦及び準強姦による妊娠の場合だけであり，それ以外に「中絶の自由・権利」は存在しない。従って胚（成長すれば胎児）の性質・能力は二人称的承認を拒絶する理由にならず，いわゆる選択的中絶は認められない。

主犯が無罪の場合は「共犯」もその医療応用も無罪となり得る。

ES 細胞の供給源としての胚は，その成立の経緯によって３つに分類される。即ち，生殖補助医療のために作成されたが，その目的に使われなかった胚（余剰胚），最初から研究に使う目的で卵子を受精させ，作成された胚（研究胚），研究胚と同様だが，卵子に体細胞核移植（クローン技術）を用いて作成された胚（クローン胚）である。

まず余剰胚について検討する。ここでの鍵は，胚の成立が必ずしも生命誕生への自己決定と，直接には結びついていない事である。確かに不妊治療を受ける男女が，合意に基づき，精子と卵子を体外受精により結合させ，胚を作成した。それ自体は生命誕生を意図して為した決定に基づく。しかし上記通常の過程と異なり，このままでは生命誕生に至らない。誕生に向かうためにはこの胚の子宮への移植が必要となる。ならば単に胚として人間となりうる能力を備えただけでは，人間の生命は始まったとは言えない。体外にある複数の胚は，それぞれが抽象的な生命誕生への望みを担ってはいても，特定・固有の存在としてはまだ認識されていない。即ち三人称的な資格はあるが二人称的な承認はなく，固有の「かけがえのない」存在には未だなり得ていない。図示すると以下のようになる。

胚の存在（生の世界）　→当為（道徳的世界）

一人称		（かけがえのなさは，潜在的に有するに留まる） …未だ「自分」を形成できていない
二人称		→二人称的承認を経て初めて「自分」を形成する
三人称		普遍的資格＝「ヒト」に由来する配慮

複数ある胚の内から子宮に移植する胚を特定し，それを「人間の生命として誕生させる」という決定[11]を経て，初めて胚に二人称的な承認が付与され

---

(11)　この決定に際し，胚の性質・能力を考慮すること＝着床前診断は許容してはならない。それは人工妊娠中絶に際し，選択的中絶を許容しない＝二人称的承認拒絶の理由として認められない，という趣旨（前掲注(10)）がここにも及ぶからである。

固有領域としての自分が形成され，「人間の尊厳」が備わる。そしてこの決定によって初めて，他の価値との考量を許さない絶対的な保護が与えられる＝不可侵の生命権を有する主体となる，と解すべきではないか。このことは同時に，「人間の生命として誕生させる」という決定を経ない胚は，ヒトに由来する物質として特別な配慮に値するとしても，未だ「人間の尊厳」を備えた主体にはなっていない事を意味する。従って廃棄の他，研究利用のための加工や毀滅も許容しうる。

　他方研究胚やクローン胚は，余剰胚とは成立の意図が異なる。研究胚・クローン胚とは，独立したヒトになりうる存在を，研究という他人の使益に奉仕すべく，人間として扱わないためだけに誕生させられる存在である。それは誕生の時点から「他人のための手段としてのみ扱」われ，「同時に目的として」は扱われることのない，奴隷的な存在である。ヒトという種に関してかかる奴隷的存在を作り出す行為が，科学技術の正当な使用とは言い難い（加えてクローン胚については，それ自体が倫理的懸念の対象である）。従って研究胚やクローン胚は，余剰胚では肯定された三人称的性格さえ持たず，研究利用を論ずる以前に作成行為自体が違法であると理解されるべきである。

　以上より ES 細胞研究も，余剰胚由来のそれを用いる場合は「無罪」として許容されるし，「共犯」たる iPS 細胞研究も，その臨床応用＝再生医療への利用も同様に許容されると解すべきである。

Ⅵ　全能性は反倫理的か？ ──「回復」の意味

　一方，多能性・全能性自体に由来する問題として，生殖細胞や胚と体細胞の区別の曖昧化に関する懸念があった。確かにこれを無制限に認めることは，体細胞由来の iPS 細胞から胚まで分化・誘導させ個体産生まで至るとすれば，クローン作成と同じ結果になる恐れがある（それが技術的に可能かは不明）。しかしこの場合も，かかる誘導を行う＝自己と同じ遺伝形質の個体を敢えて作ること自体が，「かけがえのなさ」への配慮という三人称における制約条件に抵触する。それは法の役割からして禁止すべき行為である。だとすれば，これは使い方の問題に過ぎず，その懸念から iPS 細胞研究自体・医療応用を禁止するとしたら，角を矯めて牛を殺すことになる。

　以上より，iPS細胞研究への対応につき，法は人間存在の中に場を占めることを想起し，過剰な恐怖や嫌悪感に振り回されることも科学の進歩の悪用に盲目になることもせず，その適切な役割を果たすべきである。それはELSI一般について法が対処する場合と同じである。

　ではELSI一般の問題として，iPS細胞研究はどう評価されるであろうか？　この研究成果の主たる還元先と想定されるのは医療の場であるので，医療と法の関係の中核となる価値を評価基準として押さえる必要がある。

　従来，医師は聖職者・法律家と並ぶ専門職として，高い専門性に由来する職能自治，裁量権を法的にも認められてきた。しかし人の生死や重要な生活利益に関わる専門性のある職業は，今やこの三者に限られない。では何故今なお医師には特権性が認められるのか，その知識（医学）や営み（医療）を法がどう評価するが故に，特別なものと認識されるのか？

　結論から言えば，法が医学・医療を，自らと同じく「三人称的視点に立ちつつ，各人のかけがえのなさを守る営みを支える学問」と評価しているからである。医師は専門的知識を武器に患者の病に向き合う。しかしそれは，患者が「かけがえのない存在として生きること」に奉仕するものである。逆に言えば，「かけがえのなさ」を否定する営みは，いかに医療の体裁を纏っていても，法が特権性を承認する医療としての実質を失っている。

　こう考えるとき，iPS細胞を利用した再生医療は，一般的な見方とは逆に医療の「王道」に則したものと言える。その患者のかけがえのなさの表現の一つである免疫を否定せず，自身の持てる治癒可能性を最大限に発揮させる再生医療の努力は，法が期待する医療の姿に叶っている（生殖細胞への分化・誘導は「その人」限りでないことから疑問も残るが，生殖もまたその人の有する機能であり，その回復という点では正当化も可能である）。むしろ免疫を否定することで初めて可能になり，他人を死体にすること（そして患者の臓器の供給源とすること）を余儀なくする，死体臓器移植こそ「かけがえのなさ」を否定する邪道な医療ではないか。移植医療の輝かしい成果に幻惑されて邪道に走った医学・医療，それを許した法学（生命倫理学も？）こそ，批判されるべき「共犯関係」にあったのではないか。iPS細胞という成果は，単なる機能回復ではない，医学・医療のあるべき姿を思い出させる契機となった。この契機を生かし，今度は輝かしい成果に幻惑されて暴走することのないよ

う，慎重に歩を進める営みを不当に阻害せず見守ること，それこそが法と法学の役割であるように思われる。

この点に関連して，医療の目的としての「かけがえのなさ」と再生医療そのものの意義に関する，大林の前記見解を検討する。大林は再生医療の前提となる細胞レベルでの全能性・多能性の獲得が「回復」という概念の根本的な書き換えになるとし，その倫理的含意から再生医療自体に懸念を示す。大林によれば，再生医療によってもたらされる「回復」とは，細胞レベルで全能性を獲得することを前提に，その細胞から生体材料を用いて機能を得ることであり，このことにより個体のレベルに定位したこれまでの医療の語彙が変質する恐れがある。即ち，「死・生・回復」などの医療にかかわる言葉はこれまで個体の同一性に即して語られてきたが，再生医療の登場により，こうした語彙は細胞や遺伝子のレベルに定位することとなる。その結果，個体としての人間＝個人に与えられてきた特権的な性格が後景化し，生命倫理を支えてきた価値である人間の尊厳などの共通理解を危うくしかねない，と言う。

大林の理解を敷衍すれば，再生医療によって細胞・遺伝子レベルでの「回復」を施した個体は，治療前の個体と同一性があるのか，との危惧が生じうる（若干文脈を異にするが，昨今話題のゲノム編集技術を用いた遺伝病治療を行うと，「治療」前後で遺伝子配列の同一性はなくなるのと同様である）。すると再生医療における「治療・回復」が準拠する目標は，生物としてのヒト一般に期待される「正常な」機能であって当該個体のそれではない。これは生命倫理学が疑問視してきた，人間を「個性を持った人格」ではなく「抽象的な生物としてのヒト一般」と同視すること（あるいは機械論的な理解）に回帰するものではないか[12]？　大林自身がこの問題の理解には宗教的な前提に立ち入らなくてはならないと明言しているように，この問いかけへの真摯な回答には宗教を含む深い文明論的な考察を必要とするものかも知れない。

しかしより限定的に，上記の「医療の目的」に照らして考察することも可能である。即ち医療によって維持される「かけがえのなさ」とは何か，という問題として，大林の問題提起を理解する方向である。大林の危惧は，再生

---

(12)　大林の問題提起を同様に理解するものとして，小出泰士「本シンポジウムの概要」比較思想研究 36 号（2009 年）。

医療が「その人らしさ＝その個人（ヒト個体）の本来ある状態の回復」という医療本来の目的を超えて，生物としてのヒト一般に期待される「正常な」機能を得ること，言い換えれば「正常なヒト」であることの強制になる恐れがある，と解釈しうる。一例を挙げれば，遺伝性疾患による機能不全を有する者は，その疾患を抱えて生きていることが「その人らしさ」（あるいは「かけがえのなさ」）の現れであり，その疾患を根源的に治療することは，本来の医療としての役割を超えてしまう。そこに踏み込むには，種としてのヒトの改変さえも人間が行うことを許容しうるか，という宗教的な問いかけへの回答がなくてはならない，ということである。この問題提起は，近代医学がヒトとしての「正常さ」を規範として設定し追及したことに疑問を投げかけたミシェル・フーコーやジョルジュ・カンギレムにも通じる。では医療において「かけがえのなさ」を目標とすれば，再生医療を疑問視する大林と同じ結論に立たざるを得ないのか？

　結論から言えば，そうではない。大林の延長上に「かけがえのなさ」を理解することは誤りであると思われる。確かに遺伝性疾患も当該個人の独自性を支える，遺伝形質の一つである。それを自らの運命・アイデンティティの一要素として積極的に受け入れて生きる人もいるし，その覚悟は崇高とさえ言える。しかし同様の遺伝性疾患に苦しむ全ての人にその覚悟を求めるのは酷である。そもそも医療が三人称の層を本籍地とする以上，標準として「正常さ」を定めることはやむを得ない。と言うのもそれなくして，回復させる機能の水準を定めることはできず，標準の拒絶は医療という営み全般の否定につながりかねない。運命への介入を全て否定するなら，それが遺伝的・先天的要因によるのか環境的・後天的要因によるのかで，有意な区別はつけ難い。また三人称の層における制約条件としての，「かけがえのなさ」への配慮も，一人称・二人称の層からなる「自分」が三人称の層の外にあること・三人称が全てでないことに由来することを想起すべきである。遺伝形質の独自性は確かに「その人」の「かけがえのなさ」を裏付けているが，それは「かけがえのなさ」の全てではない[13]。むしろ遺伝形質の独自性が与える

(13)　従って，遺伝的疾患を自らの「かけがえのなさ」として受け容れて生きる「崇高な生き方」が尊重されるのも，自己の生の解釈としてそれを選んだことに由来する。このことは，他の同じ疾患を有する者が，再生医療による根源的な回復を選ぶことを否定す

「かけがえのなさ」は三人称的なそれであり，上記の議論からすれば重視すべきものの中核とは言い難い。以上のことからすれば，大林の問題提起はスケールの大きさからしても真摯な考察に値するものの，本章の課題である再生医療の倫理性に関する限り，鶏を割くに牛刀を用いている感がある。

Ⅶ　おわりに

　本章では再生医療の倫理的問題を，再生医療に不可欠な生体材料としての幹細胞の法的・倫理的地位から生じる問題と，再生医療の前提としての全能性・多能性の持つ意味という，再生医療に固有でありかつ原理的な問題に絞って考察を進めた。いずれについても，人間の存在構造としての人称的多層性に遡り，またそこに医療・法・倫理を位置づけることにより，再生医療について抱かれている倫理的懸念に対し弁明することを試みた。

　より技術的な問題，たとえば安全性（及びその質の管理のための公的関与）の問題や患者へのインフォームド・コンセントの在り方の問題，サステナブルな制度設計の際のコスト負担，研究成果の特許による囲い込み（しかもそれが国策として行われること）の是非といった問題には十分に触れていない。それはこれらの問題群が重要ではないという意味ではない。むしろここで取り上げた問題，究極的には「法とは何か・どのような機能を果たすべきか」という問題を考える上で答えを模索してゆくべきことである。

る理由にはならない。また同型の議論がかつて死体臓器移植に関してなされたが，自身の生に限定される再生医療の場合と，他者を死体とする（死体を作る）ことを必要とする死体臓器移植の場合は同じではない。

5　再生医療安全性確保法に関する考察

一家綱邦

Ⅰ　は じ め に
Ⅱ　再生医療法制の概要 ── 再安法を中心に
Ⅲ　再安法の特異性
Ⅳ　再安法への代案
Ⅴ　再安法の施行状況
Ⅵ　お わ り に

I　は じ め に

　本稿は，再生医療を規律する手段として中心的位置に置かれる「再生医療等の安全性の確保等に関する法律」に焦点を当てて考察する。しかし，その考察の対象は同法に留まるのではなく，同法を理解するのに必要な限りで周辺の規制に対象を広げ，再生医療を規律する法制度を多角的に考察する。特に筆者は医事法学だけでなく法社会学を専攻するため，そのような視点を取り入れる。

　本稿の以下では，「再生医療を国民が迅速かつ安全に受けられるようにするための施策の総合的な推進に関する法律」を「再生医療推進法」，「再生医療等の安全性の確保等に関する法律」を「再安法」，「医薬品，医療機器等の品質，有効性及び安全性の確保等に関する法律」を「医薬品医療機器等法」，3本の法律を総称する時には「再生医療関係3法」と略記する。

II　再生医療法制の概要 —— 再安法を中心に

　再生医療を規律するために法という手段を必要とするに至ったことには，大きく3つの背景があると筆者は考えているが，それについては後述する。立法の背景を考察することによって，再生医療法制特に再安法の特異性が浮かび上がるが，まずは再生医療関係3法特に再安法の概要について理解しておく必要がある。

1　再生医療関係3法について

　(a) 2013年4月に成立し，翌月に施行された再生医療推進法は，全14条から成る典型的なプロジェクト法である。第1条の目的に沿って，同法は以下のような構成をとる。すなわち，国家施策の基本理念を定め（第2条），国，医師等及び研究者並びに細胞の培養等の加工事業者の責務を定める（第3～5条）。国の責務の具体的内容として，基本方針の策定（第6条），法制上，財政上又は税制上等の措置（第7条），先進的な研究開発の促進（第8条），研究成果を医療として実施する環境整備（第9条），臨床研究の環境整

備と再生医療製品の治験実施のための施策（第 10 条），再生医療製品の製造販売承認とそのための審査に要する措置（第 11 条），医薬品の研究開発等の再生医療関連事業の促進（第 12 条），専門的人材の確保等（第 13 条）を行うことを定める。第 14 条は，国が再生医療に関する施策を策定するに際して，医師や研究者の活動を妨げることなく，再生医療に特有の安全性確保と生命倫理への配慮を果たすことを求める。

(b) 文字通り，再生医療推進法が再生医療の実施をわが国において推進するためのアクセルを吹かせる法律であるとすれば，再安法は再生医療の実施をコントロールするブレーキやハンドルあるいは道路交通標識や交通ルールのような役割を持った法律である。その意味及び詳細は次款に譲るとして，次の医薬品医療機器等法との対比で理解しておきたいのは，再安法は再生医療が臨床研究又は医療として実施されることに着目をして規律することである。言い換えれば，医学研究者又は医師の活動をプロセスとして評価し，規律するのである。

(c) それに対して，医薬品医療機器等法は製造物や製品としての再生医療を規制対象にする。言い換えれば，モノとして出来上がった再生医療を評価し，規律するのである。薬事法が改正されてできた医薬品医療機器等法には，旧薬事法上の医薬品及び医療機器に関する規定に再生医療等製品に関する内容が加筆された部分と，再生医療等製品に関して新たに設けられた規定から成る部分がある。本稿は同法に関する 2 つの要点を挙げる。

第一に，医薬品医療機器等法が成立する以前には，「ジェイス（自家培養表皮）」と「ジャック（自家培養軟骨）」の 2 つの製品がヒト細胞・組織を利用した「医療機器」として製造承認を得ていたが，法制定後には「テムセル HS 注（ヒト（同種）骨髄由来間葉系幹細胞）」と「ハートシート（ヒト（自己）骨格筋由来細胞シート）」が医薬品でも医療機器でもない「再生医療等製品」として承認され，今後も同様の製品は同様の承認を受けることになる[1]。

第二に，医薬品医療機器等法の最大の目玉でもあるが，人又は動物の細胞

（1）　河西正樹「細胞加工製品の開発について—身体の構造・機能の再建等を目的とした製品」2017 年 3 月 7 日日本再生医療学会総会シンポジウム 2「他家幹細胞を用いた再生医療の現状と今後の課題」https://www.pmda.go.jp/files/000217937.pdf（最終アクセス 2017 年 6 月 19 日，以下同じ）。

に由来する細胞の個体差，個々の製品品質にバラつきが出ることを認識した「条件及び期限付承認」制度の採用である。つまり，「製品が均質でないこと」「効能，効果又は性能を有すると推定されること」「効能，効果又は性能に比して著しく有害な作用を有することにより，再生医療等製品として使用価値がないと推定されるものでないこと」の全ての条件を満たす場合に，条件と7年以内の期間を付して承認を与えられることがある（同法第23条の26）。この承認を受けた場合には，市販後の使用成績に関する調査その他厚生労働省令が定める調査を行い，報告しなければならない（同条第3項）[2]。

　(d) 再安法と医薬品医療機器等法が，再生医療を患者の元に届けるためのトラック（track）を整備する[3]。再安法が作る先進医療トラックは，【臨床研究】を経た再医療等技術が【先進医療B】として一部保険適用を受けることを想定していると考えられる（【臨床研究】⇒【先進医療B】⇒【医療技術保険収載】という流れを辿る）。そして，問題やトラブルの発生が多いと目される自由診療を再安法が規律しつつ，現行の【自由診療】が【臨床研究】として実施されることが期待される。

　他方，医薬品医療機器等法が作る医薬品医療機器トラックは，従来の医薬品・医療機器と同様に再生医療等製品にも，【基礎研究・前臨床研究】⇒【治験 Phase Ⅰ～Ⅲ】⇒【承認申請・審査・製造販売承認】⇒【薬事保険収載】⇒【市販後対応】の流路を構築する。

　先進医療トラックには，医療としての一般化が成され得るのか，すなわち通常の【医療技術保険収載】の対象となるのかという危惧と，医学研究者が医薬品医療機器等法トラックを始めから走ることは難しいという現実的課題とがあり，それらを克服するために，【先進医療B】を通じて先進医療トラックを走っていた研究が医薬品医療機器トラックに橋渡しされることが設計されている。

（2）　条件及び期限付き承認制度の問題を鋭く指摘する研究として，Douglas Sipp, Conditional Approval: Japan Lowers the Bar for Regenerative Medicine Products, 16(4) Cell Stem Cell 353, 2015.

（3）　松山晃文「再生医療のこれまでとこれから」年報医事法学30号（2015年）162頁。

2 再安法の概要

再安法の概要については優れた先行研究もあり[4]，屋上屋を重ねることは避けたいが，後述する再安法の特殊性を理解するために必要になることを中心に，筆者自身の既発表の別稿[5]をベースにして同法の内容を確認しておきたい。

(a) 再安法の目的は，第 1 条に「再生医療等に用いられる再生医療等技術の安全性の確保及び生命倫理への配慮に関する措置その他の再生医療等を提供しようとする者が講ずべき措置を明らかにするとともに，特定細胞加工物の製造の許可等の制度を定めること等により，再生医療等の迅速かつ安全な提供及び普及の促進を図り，もって医療の質及び保健衛生の向上に寄与すること」と定められる。つまり，本款(b)以下で示すような，安全性の確保と生命倫理への配慮[6]のための措置手段を講じることが直接的な立法目的であろう。

(b) 再安法の規制の対象となる「再生医療等」とは「再生医療等技術を用いて行われる医療」であり（法第 2 条第 1 項[7]），「再生医療等技術」とは「人の身体の構造又は機能の再建，修復又は形成」又は「人の疾病の治療又

（4） 法案骨子を検討する「厚生労働省 厚生科学審議会 科学技術部会 再生医療の安全性確保と推進に関する専門委員会」の委員を務めた経験を踏まえて，医療・医学研究の規制のあり方について従来考えてきた立場から再案報を考察した研究として，辰井聡子「再生医療安全性確保法の成立」立教法務研究 7 号（2014 年）151 頁がある。また，法令に留まらず関係文書を網羅的・一元的に整理した資料として，岡田潔編集『実用 再生医療新法 —— 再生医療等の安全性の確保等に関する法律等の一覧と解説』（医歯薬出版株式会社，2016 年）がある。

（5） 一家網邦「再生医療関係 3 法 —— 新たな医療を規律する新たな法と倫理の考察」京都府立医科大学雑誌 123 巻 8 号（2014 年）553 頁。一家綱邦「再生医療関係 3 法の概容と医事法学のアプローチ —— シンポジウム企画趣旨を兼ねて」年報医事法学 30 号（2015 年）109 頁。

（6） 筆者は，この「生命倫理への配慮」が何を意味するのかについて立法直後に懸念を示した。一家・同上 560 頁を参照。端的に述べれば，定義の曖昧な概念がマジック・ワードとして独り歩きし，不当な規制根拠になることを危惧する次第である。

（7） 以下，「法」と「省令」と略記して条項番号を付す場合には，再安法と同法施行規則（省令）を意味する。

は予防」を目的とする医療のための「細胞加工物」を用いる技術である（法第2条第2項）。注意を要するのは，組織又は臓器の再生をもたらさない細胞の投与行為も，それが培養その他の加工をされた細胞加工物であれば（法第2条第4項），同法の規制を受ける。

　そして，再生医療等及び再生医療等技術を，人の生命及び健康に与える影響という安全性の観点からリスクが高い順に，第一種，第二種，第三種に3分類する（法第2条第5項〜7項）。法律施行規則（厚生労働省令）によれば，第一種再生医療等技術の具体例にはiPS細胞，ES細胞及び他家移植の体性幹細胞が挙げられ（省令第2条），第二種再生医療等技術には自家移植の体性幹細胞が挙げられ（省令第3条），第三種再生医療等技術はそれら以外ということで体細胞加工物が該当しそうである[8]。第二種と第三種を区別する重要概念に「相同利用[9]」があり，再生医療等を受ける者の対象となる体の部位の細胞と同様の機能を期待して細胞を投与することをいう。相同利用の該当例としては腹部脂肪由来幹細胞を乳房再建目的で乳房に投与することが挙げられ，非該当例としては脂肪組織由来幹細胞を糖尿病治療目的で静脈に投与することが挙げられる。相同利用に該当すれば，細胞投与のリスクが低下すると考えて良いので，前者の該当例は第三種に，後者の非該当例は第二種に当たる。

　(c)　その3種類の再生医療等技術のいずれを実施する場合にも，予め「再生医療等提供計画」を作成しなくてはならない（法第4条第1項）。3種類それぞれについての「再生医療等提供基準」は厚生労働省令として定められるが（法第3条），第一種及び第二種の再生医療提供計画を実施するためには「特定認定再生医療等委員会（以下，特定委員会）」による，第三種の再生医療等提供計画を実施するためには「認定再生医療等委員会（以下，認定委員会）」による，再生医療等提供基準への適合性のチェックを受けなくてはならない（法第4条第2項）。正確には，これらの委員会の役割は研究計画の審

----

(8)　医政研発1031第1号平成26年10月31日「『再生医療等の安全性の確保等に関する法律』，『再生医療等の安全性の確保等に関する法律施行令』及び『再生医療等の安全性の確保等に関する法律施行規則』の取扱いについて」4頁　http://www.mhlw.go.jp/file/06-Seisakujouhou-10800000-Iseikyoku/0000063606.pdf

(9)　同上・5頁。

査と実施の可否の判断ではなく，あくまで法律が定める基準に適合している
か否かの意見陳述に留まり，その意見には法的拘束力はない。

　両委員会の設置には厚生労働大臣の認定が必要である（法第26条）。認定
要件になる特定委員会の構成員は，①分子生物学，細胞生物学，遺伝学，臨
床薬理学又は薬理学の専門家，②再生医療等について十分な科学的知見及び
医療上の識見を有する者，③臨床医（現に診療に従事している医師又は歯科医
師），④細胞培養加工に関する識見を有する者，⑤法律に関する専門家，⑥
生命倫理に関する識見を有する者，⑦生物統計その他臨床研究に関する識見
を有する者，⑧上記①〜⑦以外の一般の立場の者である（省令第44条）。特
定委員会の委員数は8名以上，①〜⑧の委員の兼務は不可，男女両性が2名
以上，委員会設置者と利害関係にない者が含まれていること，同一医療機関
に所属する者が半数未満であるという要件がさらに課される（省令第46条）。
同じく認定委員会の構成員は，①再生医療等について十分な科学的知見及び
医療上の識見を有する者を含む2名以上の医学又は医療の専門家，②法律に
関する専門家又は生命倫理に関する識見を有する者その他の人文・社会科学
の有識者，③上記①②以外の一般の立場の者である（省令第45条）。認定委
員会の委員数は5名以上，①〜③の委員の兼務は不可，男女両性が1名以上，
設置者と利害関係にない者が含まれていることという要件がさらに課される
（省令第47条）。特定委員会に比べて，認定委員会の構成員要件は相当に緩や
かな印象を受ける[10]。

　(d)　特定委員会又は認定委員会によるチェックを経て，再生医療等を提供
する医療機関の管理者は，厚生労働大臣に提供計画を提出する（法第4条第
1項）。これが実質的には厚生労働省への届出制なのか許可制なのかは同法
の条文からは判然としないが，第一種の提供計画が提供基準に反する場合に
は，厚生科学審議会の意見を聴いた上で（法第55条第4号），厚生労働大臣
が計画の変更命令を出す可能性があることから鑑みれば（法第8条第1項），
第一種再生医療等提供計画については実質的な許可制[11]，その他については

---

(10)　認定委員会の構成員要件に関しては，拙稿で問題提起をした。一家綱邦「医療に対
　　する法規制のあり方についての一考察——『再生医療』を提供する自由診療クリニック
　　における死亡事故をめぐって」いほうの会編『医と法の邂逅　第2集』（尚学社，2015
　　年）285頁を参照。

届出制（直接の届出先は地方厚生局）であると理解できるのではないか。

　結局，個々の再生医療等提供計画の実施に関して責任を有するのは，個々の医療機関であり，特定委員会又は認定委員会あるいは厚生労働省ではないという法制度になっている。そのこともあって，再生医療を提供する医療機関である「再生医療等提供機関（法第3条第1項）」が慎重に実施の可否を判断するために，一連の手続の中で当該医療機関の中に常設されている倫理委員会に当該提供計画について意見を求めることもあるようである。その場合には，特定委員会又は認定委員会と倫理委員会の関係と役割分担を整理して機関の方針を考えておくことが各機関で必要になるが，倫理委員会は当該医療機関における実施体制を特定委員会又は認定委員会以上に熟知した上で，当該提供計画の実現可能性とその是非を判断することになるだろうか。

　以上(b)〜(d)で示した，投与する細胞のリスクに応じて再生医療等提供計画の実施前に課される手続規制が再安法の要であり，図1で概念的に示す[12]。また，一連の計画開始前の手続の流れと関係者について，第1種再生医療提供計画の場合を例にして図2に示す。

　(e) こうした安全確保を目指した事前の手続を踏んだ上で，再生医療等の提供は開始されるが，提供開始後にも各関係者に求められる義務がある。実施者の医師等には，細胞を採取される者及び細胞を投与される者へのインフォームド・コンセント，それらの者の個人情報の保護，実施に関する記録の作成と保存の義務がある（法第14条〜16条）。

　実施医療機関の管理者には，再生医療等の提供に起因すると疑われる疾病，

---

(11)　「実質的な許可制」という表現については，大西達夫「再生医療をめぐる新たな法制度と法律上の問題について」MS&AD基礎研review18号（2015年）16頁が疑問視し，「届出制（再生医療等提供計画の提出）に禁止制（提供制限期間）と下命制（再生医療等提供計画の変更命令等）を組み合わせた形態のものにとどまる」と説示する。この点をめぐる議論については，「再生医療の規制はどうあるべきか──総合討論」年報医事法学30号（2015年）174頁以下を参照されたい。筆者は，法形式上は届出制に禁止（提供制限期間）と命令（計画変更命令）という行政行為を合わせた制度であると理解しており，その実際の運用や被規制者に与える影響を踏まえて「実質的な許可制」と表現できるのではないかと考える次第である。

(12)　厚生労働省による再安法の説明資料を一部改変して作成した。http://www.mhlw.go.jp/file/06-Seisakujouhou-10800000-Iseikyoku/0000079192.pdf のスライド5を参照。

図1 再安法の仕組み：再生医療のリスクに応じた事前規制

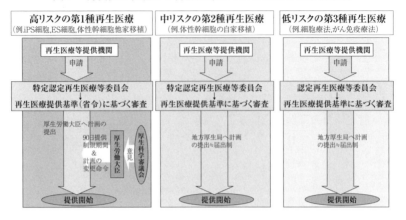

図2 第1種再生医療等提供の関係者と開始手続

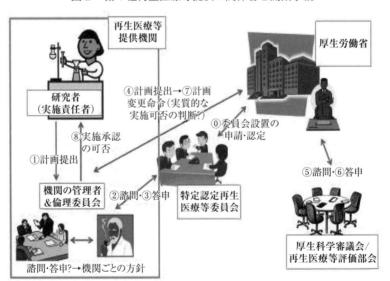

障害若しくは死亡又は感染症の発生についての特定委員会又は認定委員会及び厚生労働大臣へのその都度の報告義務がある（法第17条，18条）。この報告を受けた厚生労働大臣は，再生医療等の提供を一時停止することを始めとして，保健衛生上の危害の発生又は拡大を防止するために必要な応急措置を講じるように命令を出すことができる（法第22条）。この緊急時の報告状況について厚生労働大臣は厚生科学審議会に毎年度報告し，両者は再生医療等の提供による保健衛生上の危害の発生又は拡大の防止のために必要な措置をとる（法第19条）。緊急時の報告以外に，特定委員会又は認定委員会及び厚生労働大臣への実施状況に関する定期報告の義務が，実施医療機関の管理者には課される（法第20条，21条）。また，厚生労働大臣は，再生医療等の適正な提供のため必要な業務改善命令（再生医療等提供計画の変更等）を実施医療機関の管理者に出し，その命令に従わない場合には再生医療等の提供を制限することができる（法第23条）。さらに，厚生労働大臣はこのような規制を実効させるために，報告聴取や立入検査を行う権限を有する（法第24条）。

（f）再生医療等の提供に用いられる「特定細胞加工物」は，細胞加工物のうち再生医療等製品として承認されたもの（医薬品医療機器等法第23条の25）以外のものを指し（法第2条第4項），その製造すなわち細胞の培養その他の加工は，原則的に厚生労働大臣による許可が必要である（法第35条第1項）。その許可条件のうち最も重要なものは，細胞培養加工施設（Cell Processing Center = CPC）の構造設備に関する基準である（法第35条第3項，42条，省令第89条）。ただし，病院若しくは診療所に設置されるCPC，医薬品医療機器法の製造業承認を受けた製造所に設置されるCPC又は臍帯血供給事業の許可を受けた者が同事業のために用いるCPCにおいて，特定細胞加工物の製造を行う場合には厚生労働大臣への届出で良い（法第40条）。この許可又は届出を経た者を「特定細胞加工物製造事業者」という（法第2条第8項）。再生医療等の提供をする医療機関が，特定細胞加工物の製造を企業などに外部委託することも可能である。特定細胞加工物の製造を安全に行うための規定が再安法第43条以下に置かれる。

（g）再安法の第6章には罰則が設けられる。上述の法第22条の応急措置の緊急命令に違反した場合（法第59条），再生医療等提供計画に関する違反があった場合（第一種再生医療等については法第60条第1号～6号，第二種・第

三種再生医療等については法第 62 条第 1 号～第 3 号及び第 6 号），特定委員会及び認定委員会の委員又は業務関係者が守秘義務に反した場合（法第 60 条第 7 号），特定細胞加工物の製造に関する違反があった場合（法第 61 条，63 条），法第 16 条の記録作成及び保存の義務に反した場合（法第 62 条第 4 号，5 号），法第 24 条の報告又は立入検査に関する違反があった場合（法第 62 条第 7 号）である。

Ⅲ　再安法の特異性

　本第Ⅲ節では，前節で概要を示した再安法について，その特徴・特異性を掘り下げる。第 1 款において，医事法一般における治療行為と医学研究の規制について確認し，それらと対比することによって再安法の特異性を浮き彫りにする。さらに，前節の冒頭で予告したように，第 2 款で示す再安法の特殊な立法背景によって同法の特異性が一層明らかになる。

1　治療行為と医学研究の規制と再安法の特異性

　（a）ソフト・ロー研究が最も盛況だった 2000 年代前半に，法哲学者の田中成明氏は生命倫理あるいは生命倫理的問題に対する法の関わり方について，以下のように述べた。「原理的な考え方としては，直接的な法的規制・保護は必要最小限に抑え，生命科学・医療関係者のプロフェッショナル倫理に基づく自己規律と，患者・被験者らの自律的な自己決定を基軸に，相互主体的な信頼・協働関係が形成され，内発的に医療行為の質が向上し，医療プロフェッションと患者・被験者らの関係が改善されることを促進するための枠組みと指針を提供するフォーラムという支援的役割が中心となるべきである。スローガン的に言えば，『ハードな法の利用は最小限に，ソフトな法の最大限の自主的活用を』ということになろう[13]」と。

　その上で，生命倫理（的問題）への法的関与には様々な方式があり，問題領域ごとに関与方式ないしは問題自体が法化する形態は異なるが，自立型・

---

(13)　田中成明「生命倫理への法的関与の在り方について —— 自己決定と合意形成をめぐる序論的考察」田中成明編『現代法の展望 —— 自己決定の諸相』（有斐閣，2004 年）134 頁。

管理型・自治型という法化の3類型を挙げる[14]。法的関与の基本的方式である自立型方式は，禁止事項や権利義務をできる限り明確に定める立法と，違反や権利侵害行為に対して所定手続に従って事例ごとに所定のサンクションを加える裁判から成るが，生命倫理への法的関与においては必ずしも中心的役割を果たしていない。それに対して，最も多用されるのは，行政機関の指針（ガイドライン）による規制という管理型方式である。また，個人の自己決定や自主的活動と医療プロフェッション集団の自治や自己規律に配慮して，関係者の自主的な関係調整や合意形成によるインフォーマルな規制方式である自治型方式（具体的には関係学会や機関が策定する指針と設置する倫理委員会による）も重要な役割を果たす。すなわち，自治型方式が管理型方式と相補的あるいは対立的に用いられ，自立型法化方式の浸透を回避・抑止する働きをしている。

　筆者も田中のこのような整理に首肯する。同時に社会規範の動態に着目をして，その規制が対象となる活動の事前又は事後のいずれにかかるのかによって，事前規制又は事後規制という整理もあるだろう。そうすると，自立型法化方式は事前規制と事後規制が合わさったものであるのに対して，管理型法化方式及び自治型法化方式は事前規制が中心になると言えるのではないだろうか。そこで次に，以上の分析視点をもとに，一般的な治療行為と医学研究の規制を分析する。

　(b)　まず，治療行為の規制は法化方式の3類型のうち自立型，特に裁判による事後規制に拠るのが基本である[15]。治療とは個々の患者を対象にして，その患者の利益のためだけに，個々の担当医師が専門的裁量を行使して，安全性と有効性が認められた医的処置を行う業行為と一般的には理解して差し支えないであろう（傍点強調は，後述の医学研究についての定義と対比するため）。法学上は「医師の医学的判断および技術をもってするのでなければ，

────────────

(14)　同上・156頁。

(15)　（医療提供施設の開設と運営を含む）医療活動と治療行為に対する法規制については，一家綱邦「医療に対する法規制のあり方についての一考察──「再生医療」を提供する自由診療クリニックにおける死亡事故をめぐって」いほうの会編『医と法の邂逅 第2集』（尚学社，2015年）272頁と，その拙稿が依拠した平林勝政「医療スタッフに対する法的規制─医師に対する法的規制を中心に」宇津木伸=平林勝政編『フォーラム医事法学（追補版）』（尚学社，1997年）200頁を参照。

人体に危害を及ぼし，または危害を及ぼす恐れのある行為[16]」と定義される
ところ，筆者が上記のように理解をしているのは，それは医学という極めて
高度な専門性が要求される領域については，その専門性を有する者に委ねる
ことが社会的に最も安全であり，医師が専門的裁量に基づいて安全性と有効
性が未確立の医的処置を患者に実施することはないという前提があるからで
ある。

　その医師に対する絶対的な信頼と言い換えても良い前提を，医師法も第
17条に「医師でなければ，医業をなしてはならない。」と定めて採用する。
端的に言えば，個々の医師治療行為に対して法は事前規制をかけず，実施者
の医師の自己規律（プロフェッション集団の自己規律の要素もあるので自治型法
であることも否めないが）に委ねるのである。しかし，個々の治療行為が実
施された後には，その適否をめぐって医療過誤訴訟という形式で法規制が及
ぶのであり，筆者はそれをもって自立型，特に裁判による事後規制と考える。

　(c)　次に，医学研究に対する規制は法化方式の3類型のうち管理型法と自
治型法のミックスになるであろう。ここで医学研究の定義をしておきたいが，
基礎研究や疫学研究等の様々な種類の医学研究がある中で，本稿の主たる関
心は治療行為との対比に置かれる研究として臨床研究を取り上げる。臨床研
究とは，不特定多数の被験者（患者であることが多い）を対象にして，その
被験者の利益のためではなく将来的な社会的利益となるような普遍化可能性
のある知見を得るために，研究者が立案した研究プロトコールに従って，安
全性や有効性が未確立の医的行為を実施して検証する学術的活動と理解して
良いであろう。

　このような一般的な臨床研究に対する規制としては，現在は「人を対象と
する医学研究に関する倫理指針（平成26年文部科学省及び厚生労働省告示第3
号）」があり，特殊な臨床研究の1類型である再生医療研究に対して，「ヒト
幹細胞を用いる臨床研究に関する指針（平成25年厚生労働省告示第317号）」
があった（再安法の成立とともに廃止）。法的拘束力を伴わないが，遵守する
ことが望ましいとされる考え方を示した上で[17]，被規制者サイドの自発的な
遵守を引き出すという規制方式は，学問・研究の自由に配慮したものであろ

(16)　最判昭和56年11月17日判タ459号55頁。
(17)　行政手続法第36条の行政指導指針の1種と考えられる。

う[18]。そして，その規制を実質的に運用するのは，基本的に本人の利益にならない研究から被験者を保護する観点，及び，研究者であると同時に医師でもあるため，患者でもある被験者を研究対象として扱うことの責務相反の軽減を図る観点から，研究者でも被験者でもない第三者的立場から研究計画を審査して実施可否の実質的な判断を行うことが制度的に要請される研究倫理審査委員会である。臨床研究に対して，規制の程度としては厳しい事前規制が許されるのは，安全性や有効性が未確立な行為を人体に実施するという危険性を低減するために必要であるからである。

　(d)　ここまで整理した治療行為と医学研究の一般的規制と比較すれば，再安法には2つの大きな特異な点を指摘できる。

　第一には，治療行為と臨床研究の区別を廃して，同一の規制の対象にした点である。上述の筆者の治療行為と臨床研究についての理解の中で傍点を付して強調した部分に着目をすれば，その相違は明白であろう。両者は対象，目的，実施方法において大きく異なる[19]。そのような規制対象の差異に十分な配慮をしないまま，治療行為と臨床研究を同一の規制基準すなわち一本の再生医療等提供基準で評価することで良いのか。また，その結果，リスクの高い第1種再生医療等提供技術であっても，安全性や有効性を確認する臨床研究の段階を飛ばして，いきなり治療行為として実施することも可能であるが，再生医療の安全性確保のための措置を講じるという立法目的から外れる制度設計ではないか。また，治療行為と臨床研究の区別を整理しないことの結果は，法施行後のある再生医療等提供計画の審査とその顛末にも既に現れており，後述する。

　そして，同一の規制方式として採用されたのが，治療行為と臨床研究のどちらにとっても前例のない，自治型方式且つ事前規制である。これから行おうとする治療行為又は臨床研究の計画をその実施前に，法定基準に基づいて

---

(18)　中山茂樹「研究倫理審査と憲法 —— 学問の自由の観点から」岩瀬徹ほか編集代表『刑事法・医事法の新たな展開　町野朔先生古稀記念（下巻）』（信山社，2014年）28頁。

(19)　現実には，患者を対象にした臨床研究が通常の医療行為や保険診療の範囲内の医療行為によっては治療効果を得られない患者の最後の手段として実施されることがあったり，そもそも学問・研究としての側面と業行為としての側面を峻別できない本質が医療にはあったりするので，本文の記述は理論的に強調していることは否めない。

法律が設ける手続制度の中で，審査するのである。これが前例のない制度設計であり，医療プロフェッションの裁量権限や学門・研究の自由の保障に抵触する恐れがあることは容易に理解できた故であろうが，事前規制として機能する要になる特定委員会及び認定委員会の意見に法的拘束力は付されなかった。

この事前規制という第二の特異性が強調されるのは，治療行為としての再生医療に対する規制として見た場合である。臨床研究の個々の実施計画は従来，法ではない倫理指針の形式で事前規制に服するので，事前規制という規制態様自体には一定の馴染みはある。しかし，個々の具体的な治療行為に対して事前規制をしないというのは医事法の原則的な考え方であり，再安法はその原則を改めるものである。この点は，従来規制を設けない自由診療の枠組みで行っている治療行為としての再生医療を新たに規制することに対する抵抗があったものと推察するが，立法としての中途半端さについては再安法の第三の立法背景とともに後述する。ここでは，第三の立法背景とは自由診療で実施される通称エセ再生医療の対処必要性であったが，自由診療で実施される医療をめぐるトラブルは美容整形等の分野でも顕著であり，それを放置して再生医療分野にだけ事前規制を設けることに正当な理由があるのか，疑問が生じることを述べておく。

2　再安法の立法背景

(a) 前款では，再安法が治療行為及び臨床研究の規制体系の中では全く異質な存在であることが明らかになった。特殊な法規制を採用する理由には，その規制対象が特殊なものであることが必要であろうが，再生医療にはどのような特殊性があるのだろうか。筆者は以下に述べるような理由に基づき，再生医療は医事法の体系の中で特殊な法規制を必要とするようなものではないと考える。

生命倫理的問題が生じ，尚且つ特別法が既に制定されている医療行為・医学的技術と特別法の組合せとして，人工妊娠中絶と母体保護法，脳死・臓器移植と臓器の移植に関する法律（臓器移植法），クローン技術とヒトに関するクローン技術等の規制に関する法律（クローン規制法）が挙げられる。優生保護法を改正した母体保護法は，その改正を通じて優生思想の社会的廃止を

目指したと評価できるであろう。臓器移植法の制定をめぐっては，脳死判定を通じて人の死の定義を変える可能性について社会的議論になったし，臓器移植が脳障害を負った患者でもあるドナーの犠牲に基づく医療であることは医療の本質を考えることを余儀なくする。また，クローン規制法が制定された時の懸念は，クローンの作成や動物交雑個体の作成によって人間の尊厳や社会秩序が侵害されることであっただろう。すなわち，これら3本の法律は社会的思想や社会的価値に影響を与える医療行為・医学的技術に向けられたものであり，そのような行為や技術に対するわが国の基本的考え方を示すことが立法理由であると理解することが可能であろう。

　それでは，再生医療は特殊な法規制を必要とする医療行為・医学的技術なのであろうか。たしかに，再生医療のもとになる自己複製能力と多分化能力を併せ持った未分化細胞である幹細胞の発見と作成は極めて偉大な業績であり，革新的な医療技術になる可能性を大きく秘めているのであろうが，社会の基本的価値や思想を変えることが，立法時点で想定されたのだろうか。あるいは，再生医療に固有の生命倫理的問題とは何だろうか。再生医療研究の偉大さとそれがもたらす技術の革新性は認めた上で，それも長い人類と医療・医学の発展過程における最先端に位置するものと理解すれば良いのではないか。新たな医学的発見や医療技術への応用が成された時に，その都度特別法は制定されてこなかったではないか。再安法の目的規定に「生命倫理への配慮」という漠然とした文言しか採用できなかったことは，立法時点で再生医療がもたらす固有の生命倫理的問題を特定できなかった証左ではないか。再安法の具体的中身を見ると，「倫理」というマジック・ワードに関係しそうな問題は，インフォームド・コンセント，個人情報保護，リスク・ベネフィット評価くらいであり，これらは再生医療に固有の問題，特別法で対応する問題ではないのではないか。

　(b) それでは，再生医療の特別法として再安法が制定されたことには，どのような理由や背景があったのかを確認したい。

　第一の背景としては，主たる被規制者である再生医療研究者が自ら，立法による規制を求めたという珍しい現象がある。既述の通り，学問・研究の自由への配慮に加えて，生命科学の発展は急速であるために制定や改定が困難な法律が現実の動きに対応することは容易ではなく，医学研究を規律する規

制の多くは倫理指針に拠る[20]。そうすることが被規制者にとってはメリットがあると，規制について考える法学者は信じてきたのだが，必ずしもそうではないということであろう[21]。推測するに，研究倫理指針の改定も決して頻繁にタイムリーに行われることはなく，指針の内容自体が手続論に終始しており（少なくともそのように見えてしまい），研究倫理の本質である被験者保護の精神が見失われがちであるために，被規制者が遵守することの意義を体得しにくいという問題がある。他方，研究成果を発表する場である多くの医学研究誌は投稿に際して，（その大半は研究倫理指針に基づいて運営されているであろう）各研究機関の倫理審査委員会の審査・承認を受けていることを要件化する。また，公的研究費の獲得・受給においては研究倫理指針の適正な遵守が条件・義務付けられており，違反時には研究費停止等の処分が下されたり，各研究機関で懲戒処分が下されたりする[22]。こうして現実的には遵守に対する相当に強力な強制力が働く倫理指針であるために[23]，被規制者にとっては法規制との違いを意識できず，その被規制者の一員であった再生医療研究者にとっては，研究倫理指針よりも位置づけが明確な法律に従うことの抵抗感は小さかったのではないかと推測する[24]。この状況を分析すると，法的関与の方式としては，自治型法の後退と管理型法への依存となろうか。

　また，被規制者が位置づけの明確な法規制を求めるのであれば，それは遵守すべき内容が明示されている事前規制（行政法的規制）が，そうではない

---

(20)　位田隆一「先端医学・生命科学研究と法」ジュリスト1339号(2007年) 3頁。

(21)　以下の本文の推測については，様々な場所で再生医療関係者に話してきたが，否定されることはなく，肯定する意見を多く得たことを付言する。

(22)　福田治彦「研究者主導臨床試験」大橋靖雄=荒川義弘編『臨床試験の進め方』(南江堂，2006年) 46頁は，「今後臨床試験に際して何らかの不祥事や訴訟が生じた際には，この臨床指針［＝臨床研究に関する倫理指針］遵守の有無が問われることになるため，社会的には強制力を有すると考えるべきである」と述べる。

(23)　中山茂樹「生命倫理における民主主義と行政倫理指針」青木清=町野朔編『医科学研究の自由と規制』(上智大学出版会，2011年) 166頁は，そのことの問題を指摘する。

(24)　これには，実際にヒト幹細胞を用いる臨床研究に関する指針に違反した事例の影響もあったかもしれない。日本再生医療学会2011年8月9日「声明」https://www.jsrm.jp/news/%e6%97%a5%e6%9c%ac%e5%86%8d%e7%94%9f%e5%8c%bb%e7%99%82%e5%ad%a6%e4%bc%9a%e5%a3%b0%e6%98%8e%ef%bc%882011-3%ef%bc%89/

事後規制（民事・刑事の責任法的規制）よりも好ましいことも推測する[25]。この状況は，従来の自立型法が法の目的の1つである自由の保障のために十分に機能できていないために，管理型法的な自立型法にシフトしていると分析することが可能ではないか。

　さらには，後述する再安法制定の第三の背景とも関係するが，専門職集団でもある再生医療学会として，エセ再生医療と称される自由診療を実施する医師を学会の倫理的規範や国の研究倫理指針で統制することに限界を感じて，法規制を必要とした[26]。

　(c) 第二の背景としては，再生医療研究者が自ら国に働きかけたこともあり，表1に示すような経過をたどり，重大な政策分野及び産業分野として位置付けられて展開してきたことを指摘できよう。結果的に，重要な国家的プロジェクトに再生医療が位置づけられ，莫大な研究資金が国から支給されてきた[27]。言い換えれば，重要な国家プロジェクトである再生医療が絶対に失敗に終わることがないように，資金面のみならず，法制度の面でも安全性を確保できるように整備した[28]。

　(d) 第三の背景としては，これまで本稿でも度々言及してきた，エセ再生

---

(25)　その推測の材料の1つとして，事後規制対策としての再生医療等臨床研究保障制度（保険）の作成にも，被規制者の中心的存在であった日本再生医療学会が熱心であったことを挙げる。MSK 保険センター「再生医療サポート保険（臨床研究）」http://www.mskhoken.com/dantai/jsrm/index.html

(26)　日本再生医療学会 2011 年 1 月 26 日「声明」https://www.jsrm.jp/news/%e6%97%a5%e6%9c%ac%e5%86%8d%e7%94%9f%e5%8c%bb%e7%99%82%e5%ad%a6%e4%bc%9a%e5%a3%b0%e6%98%8e%ef%bc%882011-1%ef%bc%89/
　　日本再生医療学会 2011 年 3 月 1 日「会員の皆様へのお願い（勧告）」https://www.jsrm.jp/news/%e4%bc%9a%e5%93%a1%e3%81%ae%e7%9a%86%e6%a7%98%e3%81%b8%e3%81%ae%e3%81%8a%e9%a1%98%e3%81%84%ef%bc%88%e5%8b%a7%e5%91%8a%ef%bc%89/

(27)　たとえば，再生医療関係 3 法が制定される直前の 2013 年 1 月には，国は iPS 細胞を利用した創薬や再生医療を実現するための研究を推進するために，以後 10 年間で 1100 億円の研究支援を行うことを決定した。「iPS 研究に 1100 億円」読売新聞東京版朝刊 2013 年 1 月 11 日 2 面を参照。

(28)　再安法は徹頭徹尾に安全な研究開発と提供を謳うが，臓器移植法には全くそのような規定がなく，再生医療と臓器移植医療には各特別法の制定時点での医療としての到達度に開きがあることが推測できる。

表 1 政策・産業分野としての再生医療の展開

2001 年 日本再生医療学会発足

2002 年 厚生科学審議会/ヒト幹細胞を用いた臨床研究の在り方に関する
専門委員会が発足し,日本社会での再生医療の進め方の検討が始まる
(同委員会は 2006 年まで)

2006-07 年 山中伸弥教授らが iPS 細胞の発見・作製に成功

2009 年 厚労省医政局/再生医療における制度的枠組みに関する検討会が
発足し,法制度による規制を意識し始める(同検討会は 2012 年まで)

2012 年 6 月 内閣/医療イノベーション会議『医療イノベーション 5 か年
戦略』:「日本発の再生医療を実現し,世界的リーダーシップを獲得す
る」「そこから世界的の優位な産業としても成長させるべく,産学官が一
体となる国家戦略を構築する必要がある」

2012 年 7 月 閣議決定『日本再生戦略』:重点施策として「医療機器・再
生医療の特性を踏まえた規制・制度等の確立,先端医療の推進」を挙げ
る

2012 年 8 月 厚生科学審議会/再生医療の安全性確保と推進に関する専門
委員会が発足し,再安法への道筋を作る(同委員会は 2014 年まで)

2012 年 10 月 山中教授のノーベル生理学・医学賞受賞

2013 年 4 月 議員立法によって再生医療推進法が成立する

2014 年 5 月 健康・医療戦略推進法が成立する

医療とまで称された自由診療の枠組みで実施される再生医療の問題があった。
その象徴的事例が,2010 年 9 月に発生した京都ベテスダ・クリニック事件
での死亡事故であった[29]。事件の詳細と当該事件を起こしたクリニック及び
医療従事者に対する規制(特に事後規制)の可能性については別稿[30]を参照

---

(29) 事件の概要は以下の通りである。2010 年 9 月,医療ツーリズムで来日した 73 歳の
男性韓国人が,京都ベテスダ・クリニックで間葉系自己幹細胞(韓国のバイオベン
チャー企業 RNL-Bio 社が採取・培養した細胞を患者と一緒に輸入したもの)の点滴・
輸注処置を受けた。その処置終了直後,患者の容体が急変,心肺停止となり,救急搬送
先病院で救命処置を試みるも死亡した。筆者が当時所属した京都府立医科大学での司法
解剖の結果,死因は肺塞栓による急性右心不全と判断されるが,因果関係は明らかにな
らず,民事及び刑事事件として展開していない。

されたい。筆者は同事件を筆頭に自由診療クリニックで実施される再生医療と称する細胞投与行為については，その再生医学的な適否を問うのではなく，通常の医療行為，医療機関，医療従事者に求められる水準を満たしているのかを事後規制，責任法あるいは消費者保護法によって問うべきであると考えている(31)。その可能性については，別の事件・裁判例を素材にして，次の第Ⅲ節で検討する。

　しかし，ここで，再安法の制定に向けた検討を重ねていた「厚生科学審議会・科学技術部会再生医療の安全性確保と推進に関する専門委員会(32)」の議論の中でも，実際に問題とすべき再生医療の実施をめぐる事故や医療機関の存在について正確な情報に基づいて議論が行われた形跡は見られないことは指摘せざるを得ない。再安法という特別法を要するほどの立法事実があったのか，まずは司法事実として従来の法規制の運用によって対処すべきであったし(33)，それで十分な効果も期待できるのではないかというのが筆者の見解である。

---

(30)　一家・前掲注(15)265 頁。

(31)　たとえば，京都ベテスダ・クリニック事件では，次のような点を問題にすべきではなかったか。細胞投与の点滴を開始した医師 A は患者の容体急変時には帰宅済みであり，医師 A から引継ぎを受けていない別の医師 B が急変処置対応をしたこと。通常の医療機関は常備する救命用気道確保のチューブも，同クリニックには用意していなかったこと。2 名の医師 A と B は再生医療に専門性を有さず（それぞれ美容外科医と整形外科医），患者の既往症も把握せず，患者とともに韓国から運ばれる培養細胞を漫然と点滴するだけだったこと。日本人医療従事者と外国人患者の間で言葉が通じず，インフォームド・コンセントは望むべくもない状況であったこと。

(32)　厚生科学審議会（科学技術部会再生医療の安全性確保と推進に関する専門委員会）http://www.mhlw.go.jp/stf/shingi/shingi-kousei.html?tid=127733

(33)　芦部信喜「憲法訴訟と立法事実」判例時報 932 号（1979 年）12 頁は，立法事実を「法律を制定する場合の基礎を形成し，かつその合理性を支える一般的事実，すなわち社会的，経済的，政治的もしくは科学的事実」，司法事実を「誰が，何を，どこで，いつ，いかに，いかなる動機・意図で行ったか，という直接の当事者に関する事実」と定義する。渡辺千原「法を支える事実――科学的根拠に向けての一考察」立命館法学333・334 号（2010 年）3267 頁は，「立法は，一回限りしか生じない特定の事例を想定してなされるわけではないため，司法事実に対して，立法事実は，より一般性の高い事実であり，そのため「一般的事実」として理解されることもある」と整理する。

3　小　括

　ここで再安法の特異性を論じてきた第Ⅲ節をまとめる。従来の治療行為と医学研究の規制方式に照らして，再生医療を規制するために採用した再安法には 2 つの特異な点が指摘できた。1 つは治療行為と医学研究という規制対象の違いを考慮しない点，もう 1 つは事前の法規制という規制方式を採用した点である。前例のない規制方式を採用するほどの特異性についても，再生医療それ自体に内在する，社会の基本的価値や考え方に影響を与えるような特異性というのは見出せなかった（そのことは，再生医療の消極的評価につながるものでは決してない）。再安法という特別法制定の背景には，再生医療の輝かしいイメージに伴う社会的経済的期待と，そのイメージに便乗する周辺の医療従事者に対峙する必要性があった。その期待と必要性に応えるべく，再生医療分野の中心に位置する再生医療研究者自らが法規制を必要としたことが，特異な規制方式を生み出したと本稿は考える。

Ⅳ　再安法への代案

　本稿はこれまで再安法の必要性を疑問視してきたが，それは治療行為と医学研究の一般的規制と同様の規制があれば足り，再生医療を特別扱いする理由はないと考える（むしろ，再生医療にだけ特別な規制を課すという消極的な見方をしてしまう）からである。再安法の代案となる規制のあり方についてはこれまでも拙稿で示してきたが，それを補強すべく，ある裁判例とその判決[34]を敷衍して得られた見解を本節で明らかにしたい。

1　事　後　規　制

　(a) その事件の事実関係と判決の概要は以下の通りである。本件の被害者 X（原告，71 歳の女性）は腎不全に長年苦しみ，2007 年に中国で腎移植を受

---

(34)　東京地判平成 27 年 5 月 15 日判時 2269 号 49 頁。本判決の解説として，小谷昌子「自由診療としてなされた幹細胞治療に関する医師の説明が不適切であったとして慰謝料のほか治療費相当額の支払いが認められた例」年報医事法学 31 号（2016 年）158 頁を参照。

け，その後に某医大病院で免疫抑制剤治療を開始・継続中である。また，X
は原因不明の全身のしびれに苦しみ，本件被告さくらクリニックを 2012 年
5 月に受診した。被告クリニックの医師（美容形成外科医）は，しびれの原
因を診断できなかったが，X に再生医療を受ければ，全身のしびれが良く
なるかもしれないと提案した。X は当初，再生医療の安全性に不安を持っ
ていたが，最終的に自家（自己由来）体性幹細胞移植を受けることに決める。
細胞移植を受けて車いすの男性が歩けるようになったビデオ，被告クリニッ
クの看護師「自分も再生医療を受けて，体調が良くなった」という証言が影
響した。ところが，血液検査の結果，X は B 型肝炎キャリアであることが
判明し，この状況では，細胞移植はすべきではないというのが一般的な医学
的判断になる。しかし，被告医師は，クリニック関係スタッフの細胞由来の
他家（他者由来）体性幹細胞移植を，電話で提案する。しかも，なぜか医療
機関ではなく X の自宅で投与を実施する。説明同意書へのサインは患者宅
で投与直前に行い，説明文書は自家体性幹細胞移植用のものという問題のあ
るインフォームド・コンセントであった。投与後しばらくして，以前には自
力歩行できていた X の体調は悪化し，車いす生活になってしまった。X は
説明義務違反に基づく，損害賠償請求を起こし，東京地裁が治療費全額（約
134 万円）と慰謝料（50 万円）の支払いを，被告クリニックに命じた。

　本件で実施された再生医療に関する様々な問題や疑問については，既に別
稿で示した[35]。また，筆者が知る限り，本判決は再生医療を実施する自由診
療クリニックが患者に訴えられて敗訴した世界で初めての事例であり，裁判
例が事後規制として機能する意義を検討した[36]。そこで本稿では，判決の理
論構成を掘り下げてみたい。

　(b)　本件では，原告の主張も裁判所の判断も被告クリニックの細胞投与に
関する医学的問題に立ち入らず，争点は説明義務あるいは情報提供義務の違
反の有無のみであった。筆者の従来の主張のように（あるいは本稿で既に述
べたように）医療従事者や医療機関の資質の問題としても扱われていない。

---

(35)　一家綱邦ほか「再生医療を実施する自由診療クリニックに対する民事訴訟 —— 明ら
　　かになった実態と残った問題」日本医事新報 4766 号（2015 年）14 頁。

(36)　Tsunakuni Ikka et al., Recent Court Ruling in Japan Exemplifies Another Layer of
　　Regulation for Regenerative Therapy, Cell Stem Cell 17(5) 508, 2015.

しかし，裁判所は「本件治療が医療水準として未確立である（原文ママ）」と述べており，これは「本件治療は標準的な医療としての安全性及び有効性が確立していない」と解するべきであろう。そのことを踏まえて命じられた損害賠償の中身を見ると，単なる慰謝料の支払いを超えて治療費の全額返還を命じた点に着目すべきである。

　医療過誤の種類と被侵害利益を整理すると[37]，診療過誤に基づいて侵害される利益は生命身体であり，具体的な侵害類型には有形被害，回復可能性侵害（治療機会の喪失），将来の損害が挙げられる。次に，情報提供義務違反に基づく被侵害利益は人格的地位であり，侵害類型としては無形被害としての精神的苦痛が中心であり，治療に伴う有形被害までも認めることは稀である。その稀な場合とは，情報提供が正しくなかったために治療上の選択を誤り，適切な情報提供があればその治療法を受けなかったと考えられる場合である。このような場合に該当する診療カテゴリとして，美容整形，近視矯正術，歯科インプラントなどが挙げられ，医学的適応性つまり治療上その治療法を実施する必要性が乏しい場合に，当該治療法を勧めたことに注意義務違反がある[38]。

　すなわち，本件の東京地裁は，被告クリニックの問題は説明義務違反に留まらず，その実施する医療行為そのものについて医学的適応性がないものという判断を予め下していたと考えられる[39]。本件は地裁で結審しているが，巷に横行すると噂される同種のクリニックにとっては，事後規制として治療費の全額返還を命じられる先例を作られたという意義のある判決ではないだろうか。そして，本件が広く認識されることは，再安法という事前規制に劣ることのない実質的効果のある事前規制として機能する，すなわち裁判規範が当事者の行為規範となることが期待できるのではないか。

---

(37)　石川寛俊「賠償すべき損害とは何か」加藤良夫編著『実務医事法（第 2 版）』（民事法研究会，2014 年）222 頁。

(38)　同上 223 頁及び 231 頁。同 230 頁には，歯科インプラントの事例として大阪高判平成 14 年 5 月 9 日判例集未登載を挙げる。

(39)　事実関係の概要（B 型肝炎キャリアに他家体性幹細胞移植を行ったこと，細胞投与を患者の自宅で行ったこと等）からは医術的妥当性にも疑問が生じる。

2　消費者保護法的規制

　(a) 本判決を敷衍して考えれば，そもそも医学的適応性がない行為を医療
と見なすことができるのかは疑問がある。そこで本稿は，それを医療ではな
く「医的サービス」と位置付けて，それを規制する枠組みとして 2 つの消費
者保護法的アプローチを提案する。

　第一に，消費者契約法第 4 条第 2 項が定める不利益事実の不告知を理由と
する契約の取消である。これによれば，消費者契約の際に事業者が消費者に
とって不利益となる事実を説明せずに契約を結んだ場合には，その契約を取
り消すことができ，その効果として両契約当事者が得た利得を返還すること
になる。これは，先述した東京地裁平成 27 年 5 月 15 日判決と同じ構造であ
り，同判決は消費者保護法的な視点を有したと考える。

　消費者契約法第 4 条第 2 項を医的サービスに当てはめて読み下すと，以下
のようになろうか（〔　〕内は筆者の読み替え）[40]。消費者〔＝患者〕は，事
業者〔＝医療機関及び医師〕が消費者契約〔＝診療契約〕の締結について勧
誘をする〔＝治療に関する説明をする〕に際し，当該消費者に対してある重
要事項又は当該重要事項に関連する事項について当該消費者の利益となる旨
〔＝症状の改善を期待できること〕を告げ，かつ，当該重要事項について当
該消費者の不利益となる事実（当該告知により当該事実が存在しないと消費者
が通常考えるべきものに限る）〔＝安全性と及び有効性が確立した医療ではな
いこと〕を故意に告げなかったことにより，当該事実が存在しないとの誤認
をし，それによって当該消費者契約の申込み又はその承諾の意思表示をした
ときは，これを取り消すことができる〔＝結果として，治療費の返還が認め
られる〕[41]。

　このアプローチを採用することに，個々の診療契約上の問題を解決する方
策として説明義務違反アプローチ以上の利点があるのかは明らかではないが，
医師と患者という契約当事者以外の第三者である適格消費者団体が介入し，

---

(40)　消費者契約法第 4 条第 2 項については，消費者庁企画課『逐条解説・消費者契約法
　　（第 2 版）』（商事法務，2010 年）119 頁を参照。

(41)　同条を理由として診療契約が取り消された判決として，東京地判平成 21 年 6 月 19
　　日判時 2058 号 69 頁。

単発の医療過誤事案にとどまらない大規模な消費者保護法事案として捉える
社会的意義が挙げられるだろうか。

　(b) 第二に，不当景品類及び不当表示防止法（景表法）の活用である[42]。
これは，筆者が別稿で示した医療広告規制の限界[43]を補うアプローチである。
景表法の立法目的は，第 1 条に「この法律は，商品及び役務の取引に関連す
る不当な景品類及び表示による顧客の誘引を防止するため，一般消費者によ
る自主的かつ合理的な選択を阻害するおそれのある行為の制限及び禁止につ
いて定めることにより，一般消費者の利益を保護することを目的とする。」
と定められ（下線部は筆者の強調），「商品及び役務の取引」が「医的サービ
ス」も含むと解することも可能であろう。そして，重要なのは，景表法の規
制対象になる「表示」が「顧客を誘引する手段として，事業者が自己の供給
する商品又は役務の内容又は取引条件その他これらの取引に関する事項につ
いて行う広告その他の表示（第 2 条第 4 項）」であるために，インターネッ
ト・サイトも含むあらゆる表示を規制対象にできることである。規制内容は，
優良誤認，有利誤認，不当な表示の禁止であり（第 4 条第 1 項第 1 ～ 3 号），
このような表示については適格消費者団体による差止請求の対象になる（第
10 条）。

　このアプローチを採用する利点は，医的サービスの内容それ自体に立ち入
ることなく，商業サービス活動の重要な手段である広告表示を規制すること
で被害の拡大を未然に図ることができる点にある。

3　小　括

　本第Ⅳ節で明らかにした事後規制及び消費者保護法的規制を積極的に用い
ることで，再安法の立法目的の 1 つであった自由診療で実施されるエセ再生
医療の規制は可能だったのではないか，というのが本稿の立場である。規制
対象の本質を峻別して，すなわち真摯な研究活動であるのか，悪質な医療
サービスであるのか，また後者の中でも個々の事案における具体的行為を規
制対象にすべきなのか，営業手段としての広告を規制すべきなのかを考えて，

---

(42)　景表法については，南雅晴「広告・表示と消費者」中田邦博=鹿野菜穂子編『基本
　　講義　消費者法』（日本評論社，2013 年）267 頁を参照。

(43)　一家・前掲注(15)277 頁。

規制手段を選択する必要があったのではないか。

　本稿は再安法の必要性を完全に否定するわけではない。事後規制としても民事・刑事の一般法だけではなく，明確な特別法があることの利点はある[44]。新たな規制の成否の評価は，次節で見るように今後の再生医療の発展や規制の機能状況によって成されるべきであろう。しかし，現時点で筆者が懸念するのは，従来の規制を十分に活用する方法を考えることなく新たな規制を設けても，その新たな規制は本当に活用されるのかという点にある。そこで本稿の最後に，本稿執筆時点で法施行後およそ2年半が経過した再安法をめぐる状況を検討する。

V　再安法の施行状況

　再安法の施行状況については，厚生労働省のサイトで公開されている[45]。本節では，同サイトの2017年4月30日時点の「3−1．再生医療等安全性確保法の施行状況について（認定再生医療等委員会，細胞培養加工施設及び再生医療等提供計画の件数）」と，具体的に問題として浮上したいくつかの事案に基づいて検討を進める。

　まず，再生医療等提供計画の数を見ると，臨床研究として実施されている再生医療は，日本全国の第1種〜第3種再生医療等提供計画の合計として118件である。再安法施行直前2014年8月時点で実施する臨床研究が99件であったので[46]，その99件がほぼそのまま再安法の枠組みに移管されたと

---

(44)　民間バンクに委託保管されていた臍帯血が再生医療クリニックでがん治療や美容の目的で移植されていた問題が事件化したことは，再安法違反容疑として扱うことが可能になったことが大きいのではないか。同事件については，厚生労働省医政局研究開発振興課／再生医療等研究推進室「再生医療等の安全性の確保等に関する法律に基づく緊急命令について（2017年5月9日報道発表資料）」http://www.mhlw.go.jp/file/04-Houdouhappyou- 10808000- Iseikyoku-Kenkyukaihatsushinkouka/0000164223.pdf，「さい帯血　無届け移植か　京都府警など捜査　破産バンクから流出」読売新聞2017年5月4日東京朝刊18面。

(45)　厚生労働省「再生医療について」http://www.mhlw.go.jp/stf/seisakunitsuite/bunya/kenkou_iryou/iryou/saisei_iryou/

(46)　厚生労働省医政局研究開発振興課再生医療研究推進室「再生医療新法説明会　再生医療等の安全性の確保等に関する法律について（平成26年8月28日）」。

見て，再安法によって臨床研究が活性化したと考えることは現状ではできない。他方，治療として実施される再生医療等提供計画は，合計 3513 件である（そのうち第 3 種が 97%超を占める）。2016 年 10 月 31 日時点の治療計画件数は 3339 件だったので，半年間で 174 件も増えた計算になる。

1　安全性について

　(a) それだけ多くの実施件数を知ると，まずそれが安全に行われているのかという点に関心が向く。再安法第 18 条に基づいて「再生医療等の提供に起因するものと疑われる疾病，障害若しくは死亡又は感染症の発生（傍点の強調は筆者による）」の厚生科学審議会／再生医療等評価部会への重大事態報告は，これまで 1 件のみである[47]。この報告件数の少なさは，同評価部会に「遺伝子治療臨床研究重大事態報告」が度々あることと比べると，懸念が生じる。単純に遺伝子治療臨床研究に比べて再生医療が安全であるという理由に拠るのならば良いのだが，両者を規制するルールの次のような違いは影響していないだろうか。すなわち，遺伝子治療臨床研究において重篤な有害事象が発生した場合には，研究機関の長を通じて厚生労働大臣に報告する義務があるが（遺伝子治療等臨床研究に関する指針第三十一の四の 3），そもそも有害事象とは「実施された遺伝子治療等臨床研究との因果関係の有無を問わず，被験者に生じた全ての好ましくない若しくは意図しない傷病又はその徴候（傍点の強調は筆者による）」と定義される（同指針第二の二十四）。遺伝子治療臨床研究の有害事象報告の場合には，実施行為との間の因果関係の判断が実施当事者に委ねられていないのに対して，再生医療の場合にはその判断が実施当事者に委ねられ，報告対象が限定されてしまうが，それで再生医療の安全性が保証されるのだろうか。

　(b) その安全性に関して疑念が生じる事案が 2016 年 10 月に発生した[48]。

---

(47)　第 18 回厚生科学審議会／再生医療等評価部会「議事次第（平成 29 年 4 月 19 日）」の「配布資料　資料 2 - 1 」を参照。http://www.mhlw.go.jp/file/05-Shingikai-10601000-Daijinkanboukouseikagakuka-Kouseikagakuka/0000163023.pdf

　　この事案の詳細は不明であるが，東京都内のクリニックで再生医療を受けた結果，敗血症になり，細胞投与液が汚染源と見られている。「再生医療で敗血症，細胞汚染原因で初報告」Medical Tribune CBnews　2017 年 4 月 20 日　https://medical-tribune.co.jp/news/2017/0420507054/

複数の情報媒体を整理すると，以下のような事案の概要である。

東京都内の医療法人慈湧会アクティクリニックは，再生医療を実施開始時点ではクリニックが入るビルの上層階に診療スペースと細胞培養加工施設（CPC）を設置していた。この場合には，医療機関の中にあるCPCであるために厚生労働省への届出で済んでしまうことは既述の通りである（II 2(f)を参照）。その後，診療スペースをビルの下層階に移動したためにCPCは医療機関の外に設置されていることになり，改めてCPCに関する許可を得なくてはいけないが，そのために必要な一連の手続をとらなかったために再安法（第5条第1項，第12条，第35条第1項）違反になった。

これらは手続ミスと考えられる問題であるが，実質的な再生医療の安全性の観点からは，CPCを立入検査したところ，専用の空調設備がない等の衛生管理又は病原体対策上の問題が判明したことが重大である。これは本件のクリニックやCPCの適性に留まる問題ではなく，日本全国の届出で済んでいるCPC（2017年4月30日の時点で2444件）の中には，実は衛生管理上の問題があるものが含まれている可能性が露見してしまった。重篤な有害事象報告が殆どないことをもって，安全性は確保されていると考えて良いだろうか。

2　再生医療等提供基準の運用について

(a) 第1種再生医療提供計画を実施する前には，特定認定再生医療等委員会と厚生科学審議会（再生医療等評価部会）の審査を受けなくてはいけないが，ある計画の再生医療提供基準の適合性の審査をめぐって悩ましい事態が発生した。それは，再生医療等評価部会の第5回に申請されたサンフィールドクリニックの提供計画をめぐる問題である[49]。当然この提供計画も某特定委員会による適合する旨の審査結果を経て，再生医療等評価部会に提出され

(48) 厚生労働省医政局研究開発振興課／再生医療等研究推進室「再生医療等の安全性の確保等に関する法律に基づく緊急命令について（2016年10月31日付報道発表資料）」http://www.mhlw.go.jp/stf/houdou/0000141588.html。「再生医療安全法　初の処分」読売新聞2016年11月1日西部朝刊29面。

(49) 2015年12月16日第5回厚生科学審議会／再生医療等評価部会議事録　http://www.mhlw.go.jp/stf/shingi2/0000112495.html

たが，同部会の審査が難航し，提供基準に適合するか否かの結論が出ないま第9回まで審査を重ねる異例の事態が生じた。審査の結果として不適合である場合には計画提出から90日以内に計画変更命令を出すのが基本であるが（再安法第8条第1項），本件では審査期間を例外的に延長した（同条第2項）。そして，そろそろ判断が下されるのではないかと見られた第10回の同部会会議の前に，クリニック側が提供計画を取り下げた[50]。

　(b) 実は，この提供計画は治療として実施することを計画したわが国で最初の第1種再生医療提供計画であった。それ故に審査が難航したことは想像に難くないが，具体的に問題になったのは，再安法施行規則第10条第1項に定められる「妥当性」すなわち治療としての有効性が当該計画に期待できるのか，という点であろう。その推測の理由は，第10回部会のわずか2か月後に，厚生労働省医政局研究開発振興課長から認定再生医療等委員会設置者に宛てた事務連絡「再生医療等を治療として行う際の妥当性の考え方について[51]」が発出されたことである。

　その内容を要約すれば，次の2点である[52]。第一に，妥当性の意味を患者本人におけるリスク・ベネフィット評価（すなわち当該再生医療を受けるベネフィットがリスクを上回ること）と理解すること。第二に，その評価結果を科学的根拠に基づいて証明すること。一見すると，この内容は妥当なように思われるが，果たしてそうだろうか[53]。というのは，本来，治療におけるリス

---

(50)　2016年5月27日第10回厚生科学審議会／再生医療等評価部会議事録 http://www.mhlw.go.jp/stf/shingi2/0000127998.html

(51)　http://www.mhlw.go.jp/file/06-Seisakujouhou-10800000-Iseikyoku/0000150822.pdf
　　なお，「第一種再生医療等を治療として行う際の考え方」が示されたと述べているので，特定委員会に限定して発出すべきではないか。他方では，第一種に限定する内容にも読めないという疑問が生じる。

(52)　全文を引用する。「施行規則第10条第1項に規定する「妥当性」については，再生医療等を治療として実施する場合は，患者本人の利益として，当該再生医療等の有効性が安全性におけるリスクを上回ることが十分予測されることを含むものであること。」「このため，再生医療等を治療として実施する場合には，再生医療等提供計画においては，当該再生医療等の有効性が安全性におけるリスクを上回ることについて，科学的な根拠を示す必要があること。」

(53)　米村滋人「医療の一般的規制と再生医療安全性確保法」年報医事法学30号（2015年）136頁は，そもそも行政機関による医療の適否を判断することの問題を指摘する。

ク・ベネフィット評価とは，患者一人ひとり異なる個別性を踏まえて個々の担当医の裁量権の中で行うものであろうが，計画書の記載事項に基づく一般的評価が治療におけるリスク・ベネフィット評価になるのか。そして，そのリスク・ベネフィット評価がなされることで，個々の患者に対する個々の医師の裁量権限と責任はどうなるのか。さらに，臨床研究のステップを踏まずに治療として始められる制度を作っておきながら，科学的根拠に基づく証明を求めることには矛盾がないか。

　本稿は，その内容をどう理解して審査に活用すれば分からない事務連絡が出された根本的な原因は，本稿Ⅲ1(d)で述べたような再安法の2つの特異性にあると考える。治療と研究の区別を廃したこと，治療に対する事前規制を採用したことである。実質的な運用基準になるような事務連絡がこのような内容であるために，再安法の運用が適切なものになるのかという不安が生じる。

3　認定再生医療等委員会について

　(a) 認定再生医療等委員会（特定委員会と認定委員会）の日本全国での設置数，法施行後約2年5か月（2014年11月25日～2017年4月30日）の間の審査件数，1委員会あたりの年間審査数は表2の通りである。注目すべき点として，平均して1委員会が1年間で審査する再生医療等提供計画の審査数が，特定委員会が約1件，認定委員会が約14件である。

　医学研究機関では医学研究を実施する際に研究倫理審査委員会の審査を経ることが慣例になっているが，筆者や周囲の関係者の経験を総合すると大学レベルの倫理委員会であれば毎月20〜50件の審査をこなす。その数に比較すれば，認定再生医療等委員会の審査数の少なさには驚き，明らかに同委員会の設置数は過多であると思われる。審査の質を保証するには一定の経験値も必要であろうが，その蓄積も期待できず，委員会の質の保証はできているのか。法施行前には，委員会が乱立し，審査の緩い委員会に審査申請が流れる委員会ショッピングという現象が生じることが危惧されたが[54]，現状はより深刻で自機関の計画を審査するためだけに委員会を設置するお手盛り状態

(54)　佐藤雄一郎「ワークショップⅡ　再生医療（田代志門氏報告）」年報医事法学29号（2014年）65頁。

表2　認定再生医療等委員会の設置数と審査件数

	特定認定再生医療等委員会 （第1種，第2種審査）	認定再生医療等委員会 （第3種審査）
委員会数（2017年4月末）	48委員会	103委員会
法施行後約2年5か月間の審査件数（日本全体）	第1種：17件（研究） 第2種：94件治療＋47件研究 合計：158件	第3種：3419件治療＋54件（研究） 合計：3473件
1委員会の平均年間審査数	約1.36件	約13.95件

表3　特定認定再生医療等委員会における設置者以外の審査申請受入れ可否状況

	公的性格の委員会	私的性格の委員会
受入れ可能	11委員会	9委員会
受入れ不可能	5委員会	0委員会
不明	13委員会	10委員会

表4　認定再生医療等委員会における設置者以外の審査申請受入れ可否状況

	公的性格の委員会	私的性格の委員会
受入れ可能	11委員会	19委員会
受入れ不可能	11委員会	9委員会
不明	18委員会	35委員会

になっていないか。

　(b) しかしながら，自機関の計画を審査するためだけに委員会を設置する状況には仕方のない側面もある。それは，次の2つの表から言えることである。表3と表4は，特定委員会と認定委員会をその性格で公と私に分け[55]，それぞれ設置者以外の機関の計画の審査を受ける体制になっているか否かの

----

(55)　その分類は設置者の性格に拠ったが，公的性格を有する組織を大学，地方自治体，地方自治体率病院，国立研究開発法人，公益社団法人，公益財団法人，社会医療法人，特定非営利活動法人として，それ以外は私的性格を有すると分類した。

数を整理した（数字はいずれも 2017 年 4 月 30 日時点[56]）。

　この表から，特定委員会でも認定委員会でも公的性格すなわち高い公共性を期待される委員会の方が，私的性格の委員会よりも設置者以外の審査申請を受け入れない傾向を指摘できる。これでは，自機関の計画を審査するために自機関で委員会を設置する傾向は改善されないだろう。

　(c) この状況を肯定的に捉えることができず，再安法を読むと，その施行規則第 60 条に目が留まる。同条は設置者が認定再生医療等委員会を廃止する時の手続を定めており，第 2 項によれば，たとえば A 委員会が廃止になる時には，その設置者は A 委員会に再生医療等提供計画を提出していた再生医療実施機関に他の B 委員会を紹介するなどの措置を講じる義務がある。

　だが，仮に全ての委員会が設置者以外の審査申請を受け入れないならば，第 60 条第 2 項による制度設計は成立しないのではないか。すなわち，再安法にも施行規則にも設置者以外の審査申請を受け入れない方針を禁じる明文規定はないが，第 60 条第 2 項の解釈によって，それは導けるのではないだろうか。そして，そもそも再生医療の展開をコントロールするために再安法を新たに作り，その中心的役割を認定再生医療等委員会に担わせるのであれば，委員会はその公共的責務を果たす存在であるべきで，審査件数も限られている現状で他施設の提供計画の審査を受けない委員会を認定する必要性があるのだろうか。

VI　おわりに

　本稿は，再安法について，その規定する内容と立法背景を明らかにして，同法の特異性を示した（第 II，III 節）。そして，その特異性をどちらかと言えば消極的に評価する立場から，同法の必要性を疑問視するアプローチとして，同法が果たそうとする規制目的に対する代案も示した（第 IV 節）。さらに，法施行後約 2 年半の間で社会の耳目を集めた事象を中心に施行状況も検討したが（第 V 節），同法の本当の評価は規制の実態が明らかになるこれからであり，その規制がもたらす再生医療の発展次第であろう。言い換えれば，再

(56)　厚生労働省「再生医療について（3-2．認定再生医療等委員会の一覧）」http://www.mhlw.go.jp/stf/seisakunitsuite/bunya/kenkou_iryou/iryou/saisei_iryou/

生医療が発展するためには法制度が果たす役割は非常に大きいはずである。筆者は1人の市民として再生医療の発展に期待しつつ，医事法研究者の1人として再生医療を規制する法については，その作動や変遷を監督することを続けたい。しかし，最も法の作動状況を知って監督できるのは，再生医療に携わる研究者や医療従事者であろう。少しずつ再安法がもたらす規制状況は明らかになってきており[57]，そのような報告を続けて待ちたい。本稿が，今後の再安法を検討・監督するための視点を少しでも提供できたならば幸いである。

（2017年6月19日脱稿）

〔付記〕本研究は，JSPS科研費挑戦的萌芽研究26590014，同基盤B研究26293117，同若手B研究17K13665の助成を受けて行いました。なお，本稿の内容については，筆者の個人的見解に基づくものであり，筆者の所属する組織・機関の見解を代表するものではありません。

---

(57)　山本奈緒美ほか「大阪大学における（特定）認定再生医療等委員会の現状と今後の課題」薬理と治療45巻増刊1号（2017年）49頁。

6 再生医療と補償の問題

佐 藤 大 介

Ⅰ　はじめに

Ⅱ　再生医療等臨床研究保険について

Ⅲ　賠償責任保険における損害や補償の基本的な考え方

Ⅳ　民間保険商品を補償制度に利用する利点と限界

Ⅴ　おわりに

I　はじめに

　再生医療では，ES 細胞と呼ばれる胚性幹細胞，iPS 細胞と呼ばれる人工多能性幹細胞など，多分化能（様々な細胞に分化する能力）と自己複製能（細胞分裂後も自己と同じ細胞を作り出す能力）を持つ幹細胞が用いられる[1]。このため，腫瘍化をはじめ，感染症の伝播，好ましくない免疫反応，細胞特性の意図しない変化，好ましくない体内分布などのリスクが想定されている[2]。こうしたリスクの因子は，分化能・増殖能だけでなく，細胞や組織が自己由来か同種由来か，免疫反応を惹起するかされるか，細胞の加工の程度，培養・活性化・遺伝子導入などがあるか，同様の製品に関する臨床データや経験があるかないか，など数多くあり，ひとつのリスクに対して様々なリスク因子が絡んでいる[3]。したがって，再生医療においては，細胞を提供した者や再生医療を受ける者に健康被害が発生するリスクの判断は予期しづらい難しいものとなっている。

　このため，再生医療等の安全性の確保等に関する法律（以下，「再生医療等安全性確保法」という）では，再生医療等を提供する医療機関に対して，再生医療等を提供するための手続きを定めた。その手続きは，再生医療等を提供しようとする医療機関が，再生医療等のリスクの程度（第一種再生医療等から第三種再生医療等）に応じて，再生医療等の提供計画を定め，特定認定再生医療等委員会または認定再生医療等委員会の了承を得て，厚生労働省に提出するというものである。つまり，リスク分類に応じて，いずれも届け出が義務付けられるようになったのである。特に第一種再生医療等提供計画に対しては，提出を受けた厚生労働省が 90 日の提供制限期間の間に厚生科学審議会の意見を聴いて，安全対策等に問題がないかを確認する仕組みとし，

（1）　再生医療法規研究会『よくわかる Q&A　再生医療関係法のポイント』9〜10 頁（ぎょうせい，2014 年）。

（2）　佐藤陽治「海外における再生医療/細胞・組織加工製品の品質・有効性・安全性に関する規制の考え方──彼らのプリンシプル」（厚生科学審議会科学技術部会 再生医療の安全性確保と推進に関する専門委員会 第 3 回資料，2012 年）11 頁。

（3）　佐藤・前掲資料注(2)11 頁。

問題があれば第一種再生医療等提供計画の変更命令が下されるようになった。

　再生医療等を提供する医療機関が策定する提供計画には，再生医療等に用いる細胞を提供する者および当該再生医療等（研究として行われる場合その他の厚生労働省令で定める場合に係るものに限る）を受ける者に対する健康被害の補償の方法を定めることが再生医療等安全性確保法で規定され（第4条第1項第6号），その具体的な方法として，保険への加入その他の必要な措置を講じておかなければならない，と規定された（施行規則第22条第1項および第2項）。

　こうした法規制に対応する保険商品に関して，三井住友海上火災保険株式会社（以下，「三井住友海上」という）は，再生医療等安全性確保法が施行される2か月前の2014年9月に，日本再生医療学会と連携して「再生医療等臨床研究向け責任保険」を開発した旨公表している[4]。この保険商品は，現在では三井住友海上だけでなく，他の損害保険会社でも販売されている[5]。各保険会社によって保険商品の名称や詳細部分には相違があるようだが，本稿ではこうした損害保険商品について，その概要と当該保険における考え方を解説する。なお，当該保険の名称は，再生医療等臨床研究保険，再生医療等臨床研究向け責任保険など保険会社によって異なるようだが，本稿では再生医療等臨床研究保険に統一して説明する。また，民間企業である損害保険会社の保険商品を利用する利点と限界にも触れることとする。

II　再生医療等臨床研究保険について

　本節では，再生医療等の提供の際に加入が求められている保険がどのような保険であるのかについて解説する。

（4）　三井住友海上火災保険株式会社ウェブサイトのニュースリリース「再生医療等臨床研究向け責任保険の開発について」（2014年9月29日付）http://www.ms-ins.com/news/fy2014/pdf/0929_1.pdf。

（5）　保険代理店の株式会社カイトー社のウェブサイト掲載の資料「[再生医療等安全性確保法対応]再生医療等臨床研究保険の概要」によれば，該社では，損害保険ジャパン日本興亜株式会社，東京海上日動火災保険株式会社，三井住友海上火災保険株式会社の再生医療等臨床研究保険を主に取り扱っているとのことである。https://www.kaito.co.jp/wp-content/uploads/clinic_saisei04.pdf，9頁。

1 保険商品の内容

(a) 概 要

再生医療等臨床研究保険は，賠償責任保険と呼ばれる保険の一種である。医師や医療機関が被保険者となる賠償責任保険には，医師賠償責任保険や施設賠償責任保険といった保険もある。医師賠償責任保険は，医療行為によって患者の身体に生じた障害について，被保険者が法律上の賠償責任を負担することによって被る損害に対して保険金を支払う保険である。

これに対し，再生医療等臨床研究保険は，再生医療等によって細胞提供者や再生医療等を受ける者に発生した健康被害に対し，法律上の損害賠償責任を履行するための機能と，法律上の賠償責任はないものの，後述する補償責任を履行するための機能を一つの賠償責任保険に組み合わせている保険商品である（図表1参照）。つまり，賠償責任保険は，被保険者が第三者に対して法律上の損害賠償責任を負った場合に損害賠償費用を支払う保険であるが，再生医療等臨床研究保険では，臨床研究に関連する医療行為以外を原因とする法律上の損害賠償責任[6]を負担するだけでなく，法律上の損害賠償責任がない場合でも，臨床研究と健康被害との間に因果関係が否定できない場合には，保険金を支払うこととしている点が特徴である。

(b) 保険金の種類と限度額

再生医療等臨床研究保険は，法律上の損害賠償責任を負担するための保険と，法律上の損害賠償責任はないものの，再生医療等安全性確保法において補償することが求められ，再生医療等の提供機関と細胞提供者・再生医療等を受ける者との間で締結した補償契約に基づき健康被害への補償を行うための保険，という2つの補償が組み合わさった保険となっている。

したがって，再生医療等臨床研究保険が支払う保険金の種類，保険金の支払限度額についても，法律上の賠償責任と補償契約に基づく補償責任の2つが定められている。

（6） 医療行為以外が原因となる法律上の賠償責任の例として，株式会社カイトー・前掲注(5)10頁によれば，再生医療等臨床研究計画書の不備（研究対象者選定基準・除外基準の誤り，薬剤使用量の誤記入等），説明・同意文書の不備，が挙げられている。

図表1：再生医療等臨床研究保険の補償範囲（医師賠償責任保険との違い）

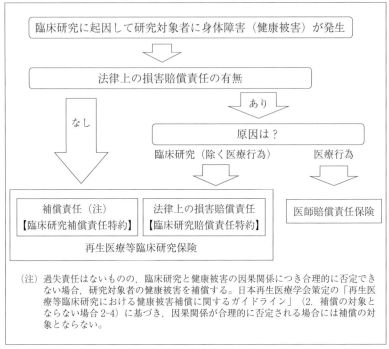

臨床研究に起因して研究対象者に身体障害（健康被害）が発生

法律上の損害賠償責任の有無

なし　　　あり

原因は？

臨床研究（除く医療行為）　医療行為

補償責任（注）
【臨床研究補償責任特約】　法律上の損害賠償責任
【臨床研究賠償責任特約】　医師賠償責任保険

再生医療等臨床研究保険

（注）過失責任はないものの，臨床研究と健康被害の因果関係につき合理的に否定できない場合，研究対象者の健康被害を補償する。日本再生医療学会策定の「再生医療等臨床研究における健康被害補償に関するガイドライン」（2. 補償の対象とならない場合2-4）に基づき，因果関係が合理的に否定される場合には補償の対象とならない。

出典：三井住友海上火災保険株式会社「一般社団法人日本再生医療学会が主導する『再生医療等臨床研究補償制度』のご案内」p.8より引用。

（i）法律上の損害賠償責任への保険

　再生医療等の提供に関して，医療行為以外を原因として生じた死亡，後遺障害などの健康被害に対する損害賠償責任として，概ね以下の6項目の賠償金，費用に対して保険金が支払われる[7]。

　①法律上の損害賠償金（治療費，休業損害，逸失利益，慰謝料，葬祭費など）

　②応急手当等の緊急措置費用

　③権利保全費用

　④損害防止軽減費用

　⑤訴訟費用・弁護士報酬等の争訟費用

（7）　株式会社カイトー・前掲注(5)10頁。

⑥被保険者が保険会社の求めに応じるために要した協力費用

　保険加入に際しては，これらの項目に対して支払われる保険金の支払限度額を設定する。実例として，日本再生医療学会の再生医療等臨床研究保険制度においては，支払限度額は1名あたり1億円，1事故および保険期間中の支払限度額は3億円となっている[8]。こうした制度に加入せずに再生医療等臨床研究保険に加入する場合は，個別に損害保険会社と交渉して支払限度額を設定することになる。

　なお，再生医療等臨床研究保険は，医療行為以外を原因として生じた健康被害への損害賠償を補償する保険であるため，医療行為に起因する健康被害への損害賠償への備えとして，別途，医師賠償責任保険などへの加入も必要である。

(ii) 補償責任への保険

　臨床研究により，細胞提供者や再生医療等を受ける者に生じた健康被害のうち，法律上の損害賠償責任はないものの，臨床研究と健康被害との因果関係が完全に否定できないものについては，再生医療等の提供者と細胞提供者・再生医療等を受ける者との補償契約に基づき補償がなされる。そしてその補償契約に基づき支払われた補償金を賄うために本保険から保険金が支払われる。支払われる保険金の種類は以下の2項目である[9]。

①死亡補償保険金

②後遺障害補償保険金

　保険金の支払限度額は，補償契約で定める補償金額に合わせて設定されることになる。日本再生医療学会の再生医療等臨床研究保険制度では，標準支払限度額が示されており，細胞提供者と再生医療等を受ける者に対して，それぞれ個別に標準支払限度額を設定することとしている[10]。標準支払限度額は，細胞提供者の場合，死亡の際には生計維持者で4,000万円，非生計維持者で1,800万円，後遺障害の際は労働者災害補償保険の障害等級の1級から

（8）　MSK保険センターウェブサイト「再生医療サポート保険（臨床研究）資料のダウンロード」より「再生医療等臨床研究保険のご案内（チラシ）」http://www.mskhoken.com/dantai/jsrm/request.html。

（9）　MSK保険センター・前掲ウェブサイト注(8)。

（10）　MSK保険センター・前掲ウェブサイト注(8)。

14 級までの 14 段階で 2,200 万円〜100 万円となっている。再生医療等を受ける者が対象者である場合は，死亡の際には生計維持者で 2,000 万円，非生計維持者で 700 万円，後遺障害の際は生計維持者で医薬品副作用被害救済制度の障害等級で 1 級が 3,000 万円，2 級が 2,400 万円，非生計維持者で 1 級が 2,000 万円，2 級が 1,600 万円である。

　再生医療等の提供者と細胞提供者・再生医療等を受ける者との補償契約の作成にあたっては，日本再生医療学会が作成した「再生医療学会補償のガイドライン」，医薬品企業法務研究会が作成した「被験者の健康被害補償に関するガイドライン」などを参考に補償基準を定めることになる。

　上記(i)の法律上の賠償責任の保険金と(ii)の補償責任の保険金を合計して保険期間中の総支払限度額が設定される。日本再生医療学会の再生医療等臨床研究保険制度の事例では，標準的な総支払限度額は 1 研究につき 3 億円である[11]。

（c）保 険 期 間

　臨床研究が原因となって健康被害が発生するとしても，直ちに被害が発生するものばかりではなく，一定の時間的な経過を伴って健康被害が発生する場合がある。また，発生した健康被害が本人や医師などに発見されるには相応の時間が必要となる場合も考えられる。このため，再生医療等臨床研究保険では，臨床研究期間だけを補償するのではなく，臨床研究が終了した後の一定期間を加えた期間を保険期間としている。臨床研究終了後にどの程度の期間を保険期間に加えるかは，個々の再生医療等によって判断することになる。保険期間が長いほど保険会社にとっては健康被害の発生するリスクを長期間補償することになるため，引受姿勢が慎重になるものと思われる。

　たとえば，日本再生医療学会の再生医療等臨床研究保険制度では，保険期間は臨床研究期間が終了してから，最長で 10 年の臨床研究終了後補償期間を加えた期間としている[12]。

（d）賠償責任と補償責任を補償する類似の保険

　再生医療等臨床研究保険は，法律上の損害賠償責任を負担する賠償責任保険という性質を持つと同時に，補償契約に基づく契約責任を補償する保険と

---

(11)　株式会社カイトー・前掲注(5)12 頁。
(12)　MSK 保険センター・前掲ウェブサイト注(8)。

いう性質を併せ持っている。賠償責任と補償責任を担保する賠償責任保険は，再生医療等臨床研究保険が初めてというものではなく，前例となる賠償責任保険が存在している。

1997 年に医薬品の臨床試験の実施の基準に関する省令（いわゆる GCP 省令）が施行され，治験に係る被験者に生じた健康被害の補償のために，保険契約の締結その他の必要な措置を講じておくことが義務化された[13]。これにより，受け皿となる保険の開発が進み，1999 年に治験保険が，2003 年に医師主導治験保険が発売され，治験に参加した被験者の健康被害に対して過失に基づく法律上の損害賠償責任だけではなく，治験と健康被害との因果関係が否定されない限りは補償契約に基づく補償責任に対して保険金を支払うという賠償責任保険が開発されている[14]。

再生医療等臨床研究保険は，新たに発売された保険ではあるが，医療行為によって生じた健康被害に対して，法律上の損害賠償責任を負担するだけでなく，当事者間の契約である補償契約に基づき，補償を行うための費用を賠償責任保険の保険金として支払うという手法は，治験保険や医師主導治験保険において実施している手法と同じものである。

2　自由診療における保険商品

前記 1 では，再生医療等臨床研究を実施する際に必要となる保険について説明した。臨床研究から一歩進んで再生医療の自由診療の場合には，引受する保険商品自体は臨床研究と基本的に同じ保険であっても，再生医療自体のリスクが臨床研究とは異なるため，保険会社の引受姿勢には各社に差があるように見える。

現時点では再生医療の自由診療に関して，健康被害を補償する保険の引受をウェブサイト，ニュースリリース等で対外発表している損害保険会社は三

---

(13)　医薬品企業法務研究会ウェブサイト「リーガルマインド別冊第 37 号の刊行によせて」（ガイドラインの制定とその後の見直しを概説）http://www.ihoken.or.jp/guide-line02.pdf.

(14)　株式会社カイトーのウェブサイト掲載の資料「［医薬品医療機器法対応］医師主導治験保険の概要」。https://www.kaito.co.jp/wp-content/uploads/clinic_chiken02.pdf, 2 頁。

井住友海上だけである。三井住友海上は日本再生医療学会と連携して，再生医療の迅速かつ安全な普及促進に貢献する姿勢を明示している[15]が，そのほかの損害保険会社においても，医師賠償責任保険などの他の保険契約で契約者となっている医療機関からの問い合わせに個別に対応を行っているものと考える。

Ⅲ　賠償責任保険における損害や補償の基本的な考え方

1　賠償責任保険とは

　再生医療等臨床研究保険は賠償責任保険と呼ばれる損害保険の一種である。賠償責任保険には多種多様な保険があるが，何を損害と考えるのか，というすべての賠償責任保険に共通する基本的な考え方を説明しておきたい。こうした考え方を理解することで，再生医療等臨床研究保険に特有の手法（補償契約に基づき補償責任を負担する）について，理論的な背景が理解できるものと考えるからである。

（a）何を損害と考えるか

　賠償責任保険は，被保険者が他人の身体の障害または財物の損壊について法律上の損害賠償責任を負担することによって被る損害を補償する保険である[16]。「法律上の損害賠償責任」とは，法令の規定に基づいて発生する損害賠償責任を意味しており，民法の不法行為責任や債務不履行責任のほか，特別法によって規定された特別な損害賠償を含み，事故によって発生した損害のうち，判例等に照らして被保険者が賠償責任を負担するのが合理的と認められる損害を指している[17]。

　損害賠償については当事者間で損害賠償の予定額を定めている場合がある。

---

(15)　三井住友海上ウェブサイト，2016年7月21日付ニュースリリース「再生医療等治療賠償保障制度」の創設について http://www.ms-ins.com/news/fy2016/pdf/0721_1.pdf。

(16)　吉澤卓哉監修「新・賠償責任保険の解説」編集委員会著『新・賠償責任保険の解説』（保険毎日新聞社，2014年）13頁。

(17)　東京海上日動火災保険株式会社『損害保険の法務と実務』（金融財政事情研究会，2010年）154頁。

このような損害賠償に関する契約に基づく責任を賠償責任保険で損害と考える場合がある。ただし、賠償責任保険では、契約によって加重された責任については、免責事項として保険金を支払わないことが一般的である。なぜなら、契約によって加重された責任は、契約当事者間の恣意性に基づく責任であり、もしその契約が存在しなかったならば、一般法・特別法の規定上、発生しなかったであろう損害賠償責任であるため、保険としての引受に馴染まないと考えられるからである[18]。

そのため、契約によって定められた損害賠償責任の範囲・金額が、法律上の損害賠償責任と比較して適切な範囲・金額であれば保険金の支払対象とすることができるが、法律上の賠償責任を超える範囲・金額となる場合には超過分の金額は保険金の支払対象外となる。賠償責任保険が規定する損害は、あくまでも判例等に照らして被保険者が賠償責任を負担するのが合理的と認められる経済的損害であり、事前に契約により損害賠償責任を定めるとしてもその損害の範囲や金額には、合理性、妥当性が必要であり、それを超えた範囲・金額については免責事項となり、保険金支払の対象外となる。

（b）補償契約と賠償責任保険の関係

再生医療等臨床研究保険の加入に際しては、再生医療等提供機関が細胞提供者・再生医療等を受ける者と健康被害に対する補償契約を締結し、補償する健康被害の範囲や金額を定めることになる。この手法は、再生医療等臨床研究保険が賠償責任保険の一種であり、賠償責任保険における損害の考え方、つまり、法律上の損害賠償責任という考え方に沿った手法なのである。補償契約によって健康被害の補償の範囲や金額が定められ、なおかつ、その規定に合理性、妥当性があれば、損害賠償責任保険で保険金の支払対象とすることが可能となるのである。

しかし、補償契約に合理性、妥当性を持たせるためには、再生医療等の提供機関がそれぞれ別個に補償契約の内容を定めるよりも、何らかの指針に沿って補償契約の内容を標準化しておく方が望ましい。補償する範囲や金額を過度に拡大すれば、賠償責任保険において保険金を支払わない場合（免責事項）に該当する「契約により加重された損害」とみなされてしまうからで

---

(18) 公益財団法人損害保険事業総合研究所『アンダーライティングⅡ』（損害保険事業総合研究所、2015年）88頁。

ある。

（c）保険期間と保険会社の保険金支払責任

再生医療等臨床研究保険や医師賠償責任保険など，健康被害に対する賠償責任保険の特徴として，健康被害が発生したことが判明するまでに長期間を要する場合がある，あるいは，健康被害がいつ発生したのかわかりづらい場合がある，という点がある。つまり，再生医療等を実施してから健康被害が発生していることを認識するまでに1年，2年あるいはそれ以上の年月がかかる可能性もある。さらにはそうした健康被害が再生医療等に原因があるとして損害賠償請求されるには，健康被害発生の認識時点からさらに年月がかかる可能性もある。このように事故の発生から損害賠償請求までが長期間にわたるリスクを保険用語ではロングテールリスクという。ロングテールリスクは，引受したリスクがいつ終了するかが判別しづらいため，保険会社にとってはリスク負担が重いといえる。

そのため，賠償責任保険には，事故発生ベース約款と損害賠償請求ベース約款という2種類の約款が存在し，保険期間と保険金を支払う事故の関係の定義が異なる引受方式がある。事故発生ベース約款は，保険期間中に発生した事故が保険金支払対象となる。そのため，保険期間中に事故が発生していたことが，保険期間終了後，数年経過した後に顕在化した場合でも，当該事故は保険金の支払対象となる。保険会社にとっては保険金支払責任の終了時期が明確でないため，ロングテールリスクの引受には，一般的に事故発生ベース約款は用いられない。一方，損害賠償請求ベース約款では，保険期間中に損害賠償請求があった事故を保険金支払対象としている。そのため，保険期間の終期時点で損害賠償請求がなければ，当該保険契約の保険金支払責任は終了する。また，損害賠償請求ベースと同じく保険金支払責任の終期が明確な約款として，発見ベース約款と呼ばれるものもある。保険期間中に発見された事故を保険金支払対象とする約款である。

再生医療等臨床研究保険において，どのような約款を用いて引受するかは保険会社により異なることが想定される。

2　健康被害の補償に関する指針

再生医療等の提供機関は，健康被害の補償に関して事前に補償規定を定め

ておく必要がある。その補償規定の指針となるものが存在するので紹介する。ひとつは，医薬品企業法務研究会が治験の健康被害について定めたガイドラインである。もうひとつは，日本再生医療学会が定めた再生医療の臨床研究のためのガイドラインである。

　これらのガイドラインをもとに，再生医療等の提供機関は，補償規定を作成し，その規定に基づき，細胞提供者および再生医療等を受ける者との間で補償契約が締結される。そしてその補償契約に基づく契約責任として，再生医療等臨床研究保険によって保険金で補償の費用を賄うという構造になっている。

(a) 治験における健康被害補償のガイドライン

　治験に関しては，医薬品企業，医薬関連企業における法務に関する研究団体である医薬品企業法務研究会（以下，「医法研」という）が「被験者の健康被害補償に関するガイドライン」として健康被害の補償に関する目安を作成，公表している[19]。このガイドラインは 1999 年 3 月に公表され，「治験依頼者である製薬各社における治験補償体制の整備や補償責任保険の商品化に大いに寄与し，いわゆるデファクト・スタンダードとしてその存在が広く認識され[20]」ている。このガイドラインは，実際の運用を経て見直しを行い 2009 年と 2015 年に改定もなされている。

　医法研は，ガイドラインの逐条解説資料において「日本における補償金は，補償額を個々の事例毎に話合いにより算定する海外の補償制度とは異なり，補償する側が予め一律・定額の補償金の支払を行うことを定めておき，これにつき被験者の理解を得た上で，治験に参加してもらうのが一般的である。本ガイドラインにおいても，そのような考え方に基づき，予め一律・定額の補償金を設定している[21]」と解説している。

　現行のガイドラインでは，補償の範囲・金額は，社会保険である健康保険制度や労災保険制度あるいは予防接種健康被害救済制度，医薬品副作用被害

---

(19)　医薬品企業法務研究会ウェブサイト http://www.ihoken.or.jp/guideline0101.pdf。

(20)　鍋岡勇造，澤田聡 他「日本における治験補償ガイドラインの改定——改定の経緯と最近の質問に対する見解」臨床評価 44 巻 2 号（2016 年）318 頁。

(21)　医薬品企業法務研究会ウェブサイト「被験者の健康被害補償に関するガイドライン」7 頁。http://www.ihoken.or.jp/guideline0102.pdf。

救済制度などにおける給付額を目安として示している。健康被害の補償を，医療費，医療手当，補償金という3種類に区分し，それぞれの内容を規定している（図表2参照）。医法研のウェブサイトに掲載されているガイドラインの逐条解説資料[22]によれば，医療費については「治験に係る健康被害が生じた場合は，健康保険等からの給付を除いた被験者の自己負担額を支払う」としている。医療手当については「入院を必要とするような健康被害にあっては，医薬品副作用被害救済制度の給付金額に準じて，医療手当を支払う」と定め，医療手当は病院往復の交通費，入院に伴う諸雑費を負担する趣旨で支払う，支払金額は医薬品副作用被害救済制度の給付額に準じて設定する，と解説している。補償金については「健康人を対象とする治験又は患者に治療上のメリットのない治験においては予防接種健康被害救済制度及び労災保険制度の給付額を参考にして，患者を対象とする治験においては医薬品副作用被害救済制度の給付額を参考にして，治験依頼者が補償規定を定め，これに基づき支払う」としている。具体的な金額についての目安は図表3および図表4を参照願う。

　ガイドラインで示される補償金の水準は，健康人を対象とする治験と患者を対象とする治験では差をつけている。これについて医法研ガイドラインの委員らは，「2009年ガイドラインでも示した，精神的満足以外にメリットが少ない健康人対象治験では手厚い補償がなされるべきであるとの医法研の姿勢をより明確にした」と説明している[23]。

（b）再生医療における健康被害補償のガイドライン

　再生医療等の臨床研究に関しては，日本再生医療学会が「再生医療等臨床研究における健康被害補償に関するガイドライン」を作成，ウェブサイト上で公表している[24]。このガイドラインでは，「日本再生医療学会にて考える再生医療等の治療における患者に対する健康被害への補償措置につき賛同する再生医療等の治療の提供者は，本手引きを参考にして補償規定を定め，そ

（22）　医薬品企業法務研究会ウェブサイト・前掲注(21) 6 - 7 頁。

（23）　鍋岡，澤田他・前掲注(20)320 頁。

（24）　日本再生医療学会ウェブサイト 2014 年 10 月 5 日付ニュースリリース「再生医療等臨床研究における健康被害補償に関するガイドラインの発表」https://www.jsrm.jp/cms/uploads/2014/10/20141005.pdf。

図表２：医法研が公表している「被験者の健康被害補償に関するガイドライン」の主な内容

<table>
<tr>
<td colspan="2">医療費</td>
<td>治験に係る健康被害が生じた場合は，健康保険等からの給付を除いた被験者の自己負担額を支払う。治験依頼者は，計算方法等の合理的根拠を説明し，個別に被験者の同意を得た上で今後発生すると予想される医療費を含めて，一括で支払うことができるものとする。</td>
</tr>
<tr>
<td colspan="2">医療手当</td>
<td>治験に係る健康被害が生じた場合で，入院を必要とするような健康被害にあっては，医薬品副作用被害救済制度の給付金額に準じて，医療手当を支払う。</td>
</tr>
<tr>
<td rowspan="2">補償金</td>
<td>健康人を対象の治験</td>
<td>① 障害補償金
予防接種健康被害救済制度（A類疾病）の１級～３級，又は労災保険制度で定める８級～14級の給付額を参考にして，傷害補償金を一括で支払う。
② 遺族補償金
予防接種健康被害救済制度（A類疾病）で定める死亡一時金（定額）を，同一生計にあった遺族に一括で支払う。
③ 休業補償金
以下のすべての条件に該当する場合に支払う。
・治験に係る被験者に生じた健康被害により療養していること
・その療養のために労働することができないこと
・労働することができないため賃金を受けていないこと
被験者が健康保険の傷病手当金を申請しないことを条件として，休業期間中，休業４日目より，休業１日あたり労災保険制度に定められた給付基礎日額（最高限度額）の80％を支払う。但し，障害補償金が支払われる場合は，健康被害の症状固定日又はそれに準じる日の到来により支払は終了する。</td>
</tr>
<tr>
<td>患者を対象の治験</td>
<td>① 障害補償金
被験者が一定以上の障害の状態となった場合は，医薬品副作用被害救済制度の給付額を参考にして，障害補償金を一括で支払う。
② 遺族補償金
医薬品副作用被害救済制度で定める遺族年金の10年分を，同一生計にあった遺族に一括で支払う。
③ 障害児養育補償金
18才未満の被験者が一定以上の障害の状態になった場合は医薬品副作用被害救済制度の給付額を参考にして，障害児養育補償金を養育する者又は被験者本人に一括して支払う。</td>
</tr>
</table>

出典：医薬品企業法務研究会ウェブサイト「被験者の健康被害に関するガイドライン（平成27年版）Ver. 3. 1. 1」http://www.ihoken.or.jp/guide-line0101.pdf をもとに筆者再構成。

図表 3：医法研ガイドラインの健康人対象治験における障害補償金及び遺族補償金の目安（単位：万円）

労災保険の障害認定基準による障害等級	国民年金・厚生年金保険の障害認定基準による障害等級	障害補償金又は遺族補償金の額							
		20-39歳	40-49歳	50-59歳	60-64歳	65-69歳	70-74歳	75-79歳	80歳以上
第 1 級	1 級	9,000	8,100	7,300	6,000	5,400	4,500	3,700	2,800
第 2 級									
第 3 級	2 級（1 級の 80%）	7,200	6,480	5,840	4,800	4,320	3,600	2,960	2,240
第 4 級									
第 5 級									
第 6 級	3 級（1 級の 60%）	5,400	4,860	4,380	3,600	3,240	2,700	2,220	1,680
第 7 級									
第 8 級	—	1,200							
第 9 級	—	930							
第 10 級	—	720							
第 11 級	—	530							
第 12 級	—	370							
第 13 級	—	240							
第 14 級	—	140							
死　亡		4,210							

出典：医薬品企業法務研究会ウェブサイト「被験者の健康被害に関するガイドライン（平成 27 年版）Ver.3.1.1」p.15　http://www.ihoken.or.jp/guideline0102.pdf。

図表 4 ：医法研ガイドラインの患者対象治験における障害補償金及び遺族補償金
　　　　の目安（単位：万円）

国民年金・厚生年金保険の障害認定基準による障害等級	0 - 4歳	5 - 9歳	10-14歳	15-17歳	18-39歳	40-49歳
1 級	1,000	700	400	200	5,000	4,500
2 級	800	560	320	160	4,000	3,600
3 級	600	420	240	120	3,000	2,700
死　亡	2,337.6					
国民年金・厚生年金保険の障害認定基準による障害等級	50-59歳	60-64歳	65-69歳	70-74歳	75-79歳	80 歳以上
1 級	4,000	3,500	3,000	2,500	2,000	1,500
2 級	3,200	2,800	2,400	2,000	1,600	1,200
3 級	2,400	2,100	1,800	1,500	1,200	900
死　亡	2,337.6					

　　　出典：図表 3 に同じ　P.16

の規定にしたがって補償措置を講じるものとする」としている。

　補償の内容としては，細胞を提供する者を対象とする場合と，再生医療等
の治療を受ける者を対象とする場合に分けて対応している。医法研のガイド
ラインが健康人を対象とする治験と患者を対象とする治験に 2 分類されてい
るのと同様に，日本再生医療学会のガイドラインも細胞提供者と患者に 2 分
類されている。

　この点については，日本再生医療学会のウェブサイトに公開されている
Q&A 資料[25]によれば，「健康人である細胞を提供する者と再生医療等を受
ける者とでは，治療によって享受できるものが大きく異なるからです。治療
によって享受できるものが比較的大きい再生医療等を受ける者よりも，細胞
を提供する者の方を手厚く補償する，という主旨です」と解説している。

---

(25)　日本再生医療学会ウェブサイト「再生医療等の治療における健康被害補償に関する
　　手引き」Q&A ＜ Q9 ＞および＜ A9 ＞ https://www.jsrm.jp/cms/uploads/2017/03/
　　20150317.pdf。

　具体的には，細胞提供者に対する補償は，「死亡又は障害が生じた場合，労働者災害補償保険を参考に再生医療等の治療の提供者が補償金を一括で支払う」としている[26]。再生医療等を受ける者に対する補償は，「死亡又は障害が生じた場合，医薬品副作用被害救済制度の救済給付を参考に再生医療等の治療の提供者が補償金を一括して支払う」としている[27]。つまり，細胞提供者への補償と治療を受ける者への補償の差は，労災保険を参考にするか，医薬品副作用被害救済制度を参考にするか，という補償基準の差である。その違いは，たとえば後遺障害への補償を例にすると，労災保険の基準は，障害等級第1級から第7級に該当する障害が残った場合には，給付基礎日額の313日分から131日分の年金が給付され，障害等級第8級から第14級に該当する障害が残った場合には，給付基礎日額の503日分から56日分の一時金が給付される。これに対し，医薬品副作用被害救済制度では，障害等級は1級と2級しかなく，年金給付額は1級で2,752,800円，2級で2,203,200円となっている。

　2つの補償基準の差は，労災保険では補償する障害の程度は第1級から第14級まで幅があり，年金または一時金の算出には給付基礎日額という被害者が得ていた賃金水準をもとに算出されるのに対し，医薬品副作用被害救済制度では補償の対象となる障害の程度は1級と2級しかなく，重度の後遺障害のみが救済対象となっており[28]，給付される年金額もそれまでの賃金水準

---

(26)　日本再生医療学会ウェブサイト・前掲注(24)。

(27)　日本再生医療学会ウェブサイト・前掲注(24)。

(28)　独立行政法人医薬品医療機器総合機構のウェブサイトには，医薬品副作用被害救済制度の救済給付の対象となる障害の程度を，一般の方にわかりやすく説明すると，として以下の記載がある。

　　https://www.pmda.go.jp/relief-services/adr-sufferers/0002.html

　　1級　「日常生活の用を弁ずることを不能ならしめる程度」とは，他人の介助を受けなければほとんど自分の用を弁ずることができない程度のもの。例えば，身のまわりのことはかろうじてできるが，それ以上の活動はできないもの又は行ってはいけないもの。すなわち，病院内の生活でいえば，活動の範囲が概ねベッド周辺に限られているものであり，家庭内の生活でいえば，活動の範囲が概ね室内に限られるもの。

　　2級　「日常生活が著しい制限を受けるか又は日常生活に著しい制限を加えることが必要とする程度」とは，必ずしも他人の助けを借りる必要はないが，日常生活は

にかかわりなく固定的な金額である点である。

（c）ガイドラインが果たす役割

　再生医療等を提供する機関は，上記の医法研ガイドラインあるいは日本再生医療学会のガイドラインなどを参考に補償規定を策定するが，いずれのガイドラインも労災保険や国民年金・厚生年金保険などの社会保険制度による給付の範囲・金額，あるいは予防接種健康被害救済制度や医薬品副作用被害救済制度など，既存の健康被害の救済制度による補償の範囲・金額を目安にしている点は共通している。

　また，治験においては，健康人を対象とするか，患者を対象とするかによって，補償内容に差を設けている。再生医療においても細胞を提供する者と治療を受ける者とでは，治療によって享受できるものに違いがあることに着目して，補償内容に差をつけている点も2つのガイドラインに共通している。

　このように，健康被害の補償に対してある程度共通した考え方に基づく，いわばデファクト・スタンダードが形成されているように思われる。再生医療等臨床研究保険は，賠償責任保険の一種であり，賠償責任保険では法律上の賠償責任または契約で定めた損害賠償の予定額を保険で補償する損害と考えている。したがって，健康被害に対する補償についても，デファクト・スタンダードが形成されることは，損害賠償の予定額を定める根拠が明確となることから望ましいものと考える。

Ⅳ　民間保険商品を補償制度に利用する利点と限界

　再生医療等臨床研究保険は，再生医療等安全性確保法が定める「保険への加入その他必要な措置」のひとつとして開発された保険である。ただし，この保険自体は国や自治体などの公的機関が保険金支払責任を負う公的保険で

　　　　極めて困難で，労働により収入を得ることができない程度のもの。例えば，家庭内の極めて温和な活動（軽い捕食作り，ハンカチ程度の洗濯等）はできるが，それ以上の活動はできないもの又は行ってはいけないもの。すなわち，病院内の生活でいえば，活動の範囲が概ね病棟内に限られているものであり，家庭内の生活でいえば，活動の範囲が概ね家庭内に限られるもの。

はなく，民間損害保険会社が販売し，保険金支払責任を負う私的保険である。法令で定める再生医療等の健康被害による補償を民間損害保険会社が販売する私的保険により実現していることに関して，その利点や限界について私見を述べる。

1 私的保険による利点

利点としては健康被害の補償が現実的かつ迅速に実行可能であることが挙げられる。既に治験における健康被害の補償などの類似のリスクを引受する保険が存在しており，補償が実際に行われている，ということである。また，そうした実務を進めるために，保険会社が保険を開発，販売しているだけでなく，医法研の健康被害補償のガイドラインなど，関連する体制が整えられてきた実績があることが大きな利点であると考える。既存の枠組みを応用して再生医療等による健康被害の補償，という新たな枠組みが迅速に実現できた点が最大の利点であると考える。

こうした枠組みを公的保険制度により確立するには立法手続き等が必要であり，迅速な実現は難しいものと思われる。

2 私的保険による限界

(a) 保険会社により引受姿勢等に差が出る可能性がある

保険会社によって，保険の加入申込に対する引受可否判断や保険料，補償の範囲・金額などに差が出るものと考える。保険に加入する再生医療等の提供機関にすれば，どこの保険会社を利用すればよいのか分かりづらい面もある。

しかし，保険会社の間で判断に差が出る要因は，再生医療自体が新たな医療技術であり，リスクの判断に必要なデータが十分でないため，健康被害を引き起こすリスクを見極めることが難しいからであり，公的保険か私的保険かという引受方法の違いによるものではない。限られたデータから保険引受の判断をするため，保険会社によって引受に慎重な姿勢をとる保険会社がある可能性も否定できず，引受判断に保険会社毎の差が出ることは，再生医療等安全性確保法が施行されて間もない現段階ではやむないものと考える。

たとえば，自動車事故により他人を死傷させた場合に発生する損害賠償責

任を補償する保険として，自動車損害賠償責任保険（以下「自賠責保険」という）が存在する。自賠責保険は，自動車損害賠償保障法（以下「自賠法」という）に基づき，人身損害に対して実質的に無過失補償する仕組みであるが，保険商品の内容や保険料，保険金の支払基準が自賠法等で規定されている。そのため，補償内容や保険料は保険会社間で共通しており，自動車運行供用者に加入義務があると同時に保険会社には保険の引受義務もある。自賠責保険は再生医療等臨床研究保険とは異なり，保険会社の引受姿勢や保険の補償内容等には全く差のない保険であるが，これは自動車事故に関するデータが十分に蓄積されているためでもある。自賠責保険は被害者救済制度として完成度の高い制度であるが，再生医療等における健康被害という新たなリスクに対しては，同じように完成度の高い制度を構築することは少なくても現時点では困難であろう。制度の完成度を高めるためには，再生医療等のリスクの引受判断に必要なデータを今後，継続的かつ包括的に蓄積していく必要があると考える。

（b）特殊なリスクの引受であり価格競争は期待できない

再生医療等臨床研究保険が引受するリスクは，前記（a）でも述べたように，過去の統計データなどが十分ではない新興リスクである。また，事故の発生から損害賠償までの期間が長期となるロングテールリスクでもある。そのため，損害保険会社にとっても引受判断やリスク管理が難しいリスクを保険化しているといえる。再生医療等が健康被害を引き起こすリスクは，個別性が強く見極めが難しい。見極めの難しいリスクを引受するため，保険会社は保険料を算定する際にはリスクの想定に対して安全率を加味した保守的な保険料設定とせざるをえないと予想する。そのため，複数の民間損害保険会社が引受可能となっているが，保険料の価格競争は期待できないものと考える。

Ｖ　おわりに

再生医療等安全性確保法が施行され，再生医療等が今後の国民生活の選択肢のひとつとなりつつある。こうした中で，再生医療等の実施にあたっては，健康被害の補償のために，民間損害保険会社が販売する再生医療等臨床研究保険への加入が求められることとなった。この保険は，治験における健康被

害の補償である治験保険，医師主導治験保険などを前例として開発されたものと考える。そのため，保険としての商品内容や，健康被害のガイドラインに基づき医療機関と患者が補償契約を締結する，などの実務的な方法論の部分には懸念はないと考える。

　この保険の引受上の難点は，過去に事例のない，または極端に少ない再生医療という医療技術が健康被害を引き起こすリスクを見極めることであろう。その点で損害保険会社には大きな負担もあるが，保険の引受データと保険金支払データを蓄積していくことで，このリスクの引受能力を向上させることが期待される。

　被害者救済制度としては，自賠責保険のように法的な裏付けのある制度，保険を開発し，すべての保険会社が共通した保険を決まった価格で販売することができれば，透明性が高く安定した制度となるが，再生医療の健康被害リスクという特殊リスクに対しては，現在ではまだそうした公的保険制度を構築することはできないであろう。私的保険を利用した制度でスタートして，ノウハウを蓄積しながら時間をかけて制度を見直していくことが現実的である。

　たとえば，リスク引受の対価である保険料は，現時点では保守的な水準を保っておく必要があると考えるが，長期的には引受実績を反映した修正が可能であろう。そうした事例は産科医療補償制度にも見ることができる。産科医療補償制度は，分娩時の医療事故の無過失補償制度として2009年に創設された。早期に創設するために限られたデータをもとに設計されたことなどから，遅くとも5年後を目処に制度内容について検証し，補償対象者の範囲，補償水準，保険料の変更，組織体制等について適宜必要な見直しを行うこと[29]として発足し，制度創設から6年後の2015年に補償範囲の拡大や保険料の引き下げを行っている。全国のほぼ100％近い数の分娩機関が加入している産科医療補償制度と，再生医療とでは事例の件数には圧倒的な差があり，単純な比較はできないが，再生医療等臨床研究保険の補償内容や保険料水準も引受実績が蓄積してくれば，長期的には見直しがなされ，変動していくものと考える。

---

(29)　産科医療補償制度ウェブサイト（産科医療補償制度について　制度の改定）http://www.sanka-hp.jcqhc.or.jp/outline/purpose.html.

　再生医療における健康被害の発生というリスクは，現段階では未解明な部分が多い新興リスクである。しかし，賠償責任保険はこれまでも，自賠責保険や生産物賠償責任保険など当時の新興リスクと向き合い，被害者救済制度を構築してきた歴史がある。再生医療等臨床研究保険においても，時間をかけて引受ノウハウを蓄積し，改良を重ねて社会への貢献を果たしていくものと考えられる。

7　米国における再生医療の規制の動向とヒト ES 細胞の医療応用の現状

三浦　巧

Ⅰ　は じ め に

Ⅱ　ヒト ES 細胞加工製品を用いた臨床試験

Ⅲ　再生医療製品の規制の枠組み

Ⅳ　「21 世紀治療法」の制定

Ⅴ　RMAT 指定制度について

Ⅵ　お わ り に

I　はじめに

　再生医療とは，病気やけがなどで失われた機能を回復させるために，人工的に培養した幹細胞などを用いて，機能不全となった細胞や組織を体外で作製（加工）し，それら細胞加工物を体に移植する医療のことを言う。このような再生医療に用いられる細胞ソースとして近年特に話題となり有望視されている細胞が，ES 細胞（胚性幹細胞）や iPS 細胞（人工多能性幹細胞）であり，これら細胞を用いた再生医療の実用化には世界的にも高い期待が寄せられている。特に，ヒト ES 細胞加工製品を用いた細胞治療は米国が先行しており，すでにいくつかの疾患に対して，First in Human 試験が実施されている。また，米国では 2016 年 12 月に「21 世紀治療法」（21st Century Cures Act）という法律が成立し，先進的な再生医療に用いられる再生医療製品に対し，迅速承認を可能とする新しい制度が設けられた。本章では，米国におけるヒト ES 細胞加工製品を用いた臨床応用の現状について取り上げ，加えて，米国における再生医療製品の規制の枠組みの最近の変更について概説する。

II　ヒト ES 細胞加工製品を用いた臨床試験

　1998 年，ウィスコンシン大学のジェームズ・トムソンらは，ヒトの胚性幹（ES）細胞の樹立に世界ではじめて成功した〔1〕。この ES 細胞は，不妊治療の過程で廃棄された受精卵の一部から樹立され，人体のあらゆる組織や臓器の細胞に成長する能力（多能性）を保持していることから，再生医療の分野において注目されている幹細胞の一つである。これまでに米国では，脊髄損傷，網膜疾患，および 1 型糖尿病に対して，ヒト ES 細胞加工製品による治療の臨床試験が米国食品医薬品局（FDA）によって承認され開始されている（表 1）。

1　脊 髄 損 傷

　米国バイオテクノロジー企業である Geron 社は，ヒト ES 細胞由来オリゴ

表 1 米国において現在進行中のヒト ES 細胞由来細胞を用いた Clinical trial

対象疾患	製品名	治験実施者	期間	NCT ID
脊髄損傷	AST-OPC1	Asterias	2015 年 3 月〜2018 年 12 月	NCT02302157
スタルガルト病	MA09-hRPE	Astellas	2012 年 7 月〜2019 年 12 月	NCT02445612
加齢黄斑変性	MA09-hRPE	Astellas	2012 年 7 月〜2019 年 12 月	NCT02463344
1 型糖尿病	VC-01	ViaCyte	2014 年 9 月〜2021 年 1 月	NCT02239354
1 型糖尿病	VC-01	ViaCyte	2016 年 10 月〜2023 年 11 月	NCT02939118
1 型糖尿病	VC-02	ViaCyte	2017 年 7 月〜2018 年 6 月	NCT03162926
低血糖症を伴う 1 型糖尿病	VC-02	ViaCyte	2017 年 7 月〜2020 年 12 月	NCT03163511

デンドロサイト前駆細胞（GRNOPC1）を脊髄損傷患者に移植する臨床試験（治験）の実施について，2009 年 1 月にアメリカの FDA の認可を取得し，2010 年に世界で初めて ES 細胞を使用した臨床試験を開始した（ID：NCT01217008）。しかしながら，この臨床試験については，Geron 社が当時同時進行で進めていた癌治療臨床試験に資源を集中するという理由で，翌年には中断されている。その後，この計画は Asterias Biotherapeutics 社とその親会社である BioTime 社に引き継がれることとなった〔2〕。2014 年 5 月に，Asterias Biotherapeutics 社は，ヒト ES 細胞由来オリゴデンドロサイト前駆細胞（AST-OPC1 に改名）の臨床試験を再開するために，カリフォルニア再生医療機構（CIRM）から 1430 万ドルの資金を得て，現在の「SCiStar」試験を開始させている。これまでに（2017 年 1 月時点），SCiStar 試験で，1000 万個の AST-OPC1 が移植された頸髄完全損傷患者は，6 ヶ月後，または 9 ヶ月後でも運動機能改善効果が維持，または増大していることが報告されている〔3〕。また，AST-OPC1 の安全性評価についても良好な結果が得られており，重篤な有害事象も認められていない。

2 網膜疾患

2009 年 11 月に，Advanced Cell Technology 社（2014 年 11 月に社名を Ocata Therapeutics, Inc.に変更。また，2015 年 11 月に Ocata 社は Astellas Institute for Regenerative Medicine に買収）は若年性黄斑変性症（スタガルト病）患者を治療するための IND（治験薬申請）を FDA に提出し，2010 年 11 月に当該申請書が承認された。また，2011 年 1 月には，萎縮型加齢黄斑変性（AMD）の治療に関する臨床試験も承認された。その後，2011 年 7 月に，ヒト ES 細胞由来網膜色素上皮細胞を，2 人の患者（AMD 患者およびスタルガルト病患者）の片眼網膜下に移植する第 1 / 2 相臨床試験が開始されており，これらの臨床試験に関する追加情報は，www. clinicaltrials. gov（ID：NCT01344993，NCT01345006）を参照して頂きたい〔4〕。また，その他の登録患者に対しても第 1 / 2 相臨床試験が実施されており，移植細胞に関連した安全性の懸念事項は現在までに認められておらず，有効性評価においても，移植細胞の生着の確認や視力の回復傾向が見られる患者も確認されている。また同社は，AMD およびスタルガルト病の試験について，長期（15 年間）に渡ってフォローアップする試験も並行して実施している（ID：NCT02463344，NCT02445612）。

3　1 型糖尿病

ViaCyte 社（旧 Novocell 社）によるヒト ES 細胞由来膵前駆細胞を用いた糖尿病治療の第 1 / 2 相臨床試験が，2014 年 10 月に最初の患者に対して実施された。この治療のためには大量のインスリン産生細胞が必要となることから，ViaCyte 社は，ヒト ES 細胞由来膵前駆細胞を効率的に製造するために，旋回培養による分化誘導方法を構築し，大量培養を実現している〔5〕。また，特に注目すべきは，ヒト ES 細胞由来膵前駆細胞を透過性カプセルに封入し（商品名：VC-01 あるいは PEC-Encap），患者の皮下組織に移植するという治療戦略がデザインされている点である。この移植方法の利点は，移植細胞ががん化したとしても，カプセルごとに腫瘍化細胞を除去することが可能であるため，安全性が高いと言える。さらに，免疫細胞のカプセル内への侵入が抑えられれば，生体の拒絶反応も起きにくいと考えられる。一方で欠点については，カプセル内に封じ込められた細胞は酸素欠乏が起こることが知られており，また皮下は血流が乏しいことから，移植後のカプセル内のヒト ES 細胞由来膵前駆細胞の機能を維持することは困難だと考えられる。以上のような理由で，有効性については良好な結果は期待できないだろうと予

測されている。実際に，VC-01 による治験では，マイクロデバイス周囲の
血管新生が不十分であることが確認されたため，VC-01 を用いた治験は現
在患者登録を一時停止している（NCT02239354）。その一方で，2017 年 8 月
1 日，同社は VC-01 を改良した移植システム（VC-02 あるいは PEC-Direct）
を用いた治験を開始させたことを公表している（NCT03163511）〔6〕。この
治療薬の開発にあたっては，FDA，カナダ保健省，CIRM および若年性糖
尿病財団（JDRF）から多額の支援を受けていることからも，その期待の高
さが伺える〔7〕。

Ⅲ　再生医療製品の規制の枠組み

　現在，FDA の生物製剤評価研究センター（CBER）は，細胞・組織利用医
薬品および医療機器を「ヒト細胞，組織または細胞・組織利用製品」
（HCT/P）として定義し，規制している〔8〕。HCT/P であるヒト細胞・組
織利用製品に関しては，それら個々の製品がもたらす相対リスクに基づいて，
さらに 2 種類に大別される。そのうちの一つは公衆衛生サービス法第 361 条
に基づく「ヒト組織」（361 HCT/P）であり，もう一つは公衆衛生サービス
法第 351 条に基づく「ヒト細胞治療製品および遺伝子治療製品」（351
HCT/P）である。これら HCT/P のうち，連邦規則集第 21 編 第 1271.3（a）
項 ［21 CFR 1271.10（a）］ のすべての基準を満たす場合には，361 HCT/P
として規制され，FDA による販売承認を受ける必要がなく，査察によって
規制される。対照的に，21 CFR 1271.10（a）に規定されているすべての基準
を満たしていない場合は，351 HCT/P に該当し，公衆衛生サービス法
（PHS Act）および食品医薬品化粧品法（FD&C Act）に基づいて規制され，
医薬品が市場に参入するために必要とされる要件とほぼ同一のプロセスを経
て，安全性および有効性を証明する臨床試験が必要とされる。また，このよ
うな幹細胞治療における規制の枠組を見直すために，2016 年 9 月 12-13 日
に，HCT/P の規制に関する 4 つのガイドラインの草案についての検討会議
（公聴会）が NIH にて開催され〔9〕，近々，最終ガイドラインが FDA に
よって発表されるものと思われる。

表 2　「21 世紀治療法」下で拠出予定の NIH 医学研究費予算（単位：100 万ドル）

年	プレシジョン医療イニシアティブ	ブレインイニシアティブ	がんムーンショットイニシアティブ	再生医療	合計
2017	40	10	300	2	352
2018	100	86	300	10	496
2019	186	115	400	10	711
2020	149	140	195	8	492
2021	109	100	195		404
2022	150	152	194		496
2023	419	450	216		1,085
2024	235	172			407
2025	36	91			127
2026	31	195			226
合計	1,455	1,511	1,800	30	4,796

（連邦議会が予算権限をもつため，今後，大幅に縮小される可能性もある）

IV　「21 世紀治療法」の制定

　米国におけるバイオ・医薬品産業の国際競争力強化を目的とした「21 世紀治療法」（21st Century Cures Act, P.L.114-255）という法律が，2016 年 12 月 13 日に，オバマ大統領の署名によって制定された〔10〕。この法律は，全 13 編 236 か条（996 ページ）から成り，医薬品研究・開発から FDA の承認審査や国立衛生研究所（NIH）の業務効率改善に至るまで，医療に関わる様々な規定を盛り込んだ内容となっている〔11〕。この 21 世紀治療法では，医療用麻薬（オピオイド）の乱用対策のために，2 年間で 10 億ドルの予算計上について記載されている。この他，オバマ政権当時の優先課題であった，プレシジョン医療イニシアティブ（Precision Medicine Initiative），がんムーンショットイニシアティブ（Cancer Moonshot Initiative），およびブレインイニシアティブ（BRAIN initiative：脳活動解明プロジェクト）を加速させるために，こ

れらプロジェクトに関する今後10年間のNIH予算も第1001条に記載されている。また，上述のプロジェクトの他に，体性幹細胞を用いた再生医療の臨床研究に対しても，4年間で3千万ドルが計上されていることも興味深い点である（連邦政府以外からの研究資金も含む）（表2）。さらに，21世紀治療法の第3033～3036条においては，再生医療製品（Regenerative Medicine）に関しての規定も設けられており，本法は，再生医療のような革新的な治療法の研究，開発，および実用化のための改革などを後押しする法律であることが理解できる。今後の米国における本法の運用は，バイオ・医薬品産業における世界市場全体での競争を大きく左右しかねず，その運用動向には今後も注視を続けたい。

V　RMAT指定制度について

　FDAは，「21世紀治療法」で定められている再生医療に関する条項を運用するための第一歩として，新たな指定プログラムである再生医療先端治療（RMAT：regenerative medicine advanced therapy）指定プログラムを，2017年1月下旬に開始した。このRMAT指定プログラムは，21世紀治療法第3033条に基づいて実施され〔11〕，再生医療製品の開発および承認を促進することを目的としている。この新しいプログラムのもとで，ある医薬品がRMATの対象となるためには；①当該医薬品が「再生医学療法：regenerative medicine therapy」となること，②当該医薬品が重篤なまたは生命を脅かす疾患・症状の治療・修正・修復，または治癒を意図していること，③当該医薬品には，それら疾患や症状に関するアンメット・メディカル・ニーズ（UMN）を満たすポテンシャルがあるということが予備的な臨床上のエビデンスで示されていること，という3つの条件を満たす必要がある。例えば，ある医薬品が，細胞治療，治療用組織工学製品，ヒト細胞・組織製品，またはこれら療法または製品のいずれかを組み合わせた複合製品である場合，その医薬品は「再生医学療法」と見なされる。一方，公衆衛生サービス法第361節および連邦規則集第1271編第21節によってのみ規制されているヒト細胞，組織または細胞・組織利用製品（HCT/Ps）は，この「再生医学療法」の対象とされていない。また，RMAT指定になるためには，対象となる病

表3　RMAT 指定を受けている製品

製品名	会社名	製品内容 （対象疾患）
HUMACYL	Humacyte	ヒト無細胞性人工血管 （血液透析によるブラッドアクセスの合併症）
RVT-802	Enzyvant	胸腺組織由来細胞 （DiGeorge 症候群）
ixmyelocel-T	Vericel	CD90 陽性間葉系幹細胞, CD45 陽性/CD14 陽性/自家蛍光陽性活性化マクロファージ （虚血性拡張型心筋症）
jCell	jCyte	ヒト幹細胞由来網膜前駆細胞 （網膜色素変性症）

気や症状が重篤であるか，または生命を脅かすものであるか，あるいは，当該医薬品がそのような病気や症状を治療することを意図して開発されたかどうかを判断することも必要となる。そのような判断の基準になるものの一つとして，FDA は「重篤疾患のための迅速承認プログラム–医薬品および生物学的製剤（Expedited Programs for Serious Conditions-Drugs and Biologics）」〔12〕に関する既存のガイダンスを参照することとなっている〔13〕。

　「再生医学療法」の提供者側にとっては，当該医薬品が RMAT 指定を受けることによって，次のような優遇措置を受けることが可能となる。第1に，RMAT 指定製品の提供事業者は，早い段階から FDA との緊密な相談が可能となり，治療の開発および審査の促進が期待される。これは，米国における「ブレイクスルー・セラピー（画期的治療薬）」と同様の運用を想定していると考えられる。第2に，RMAT に指定された製品は，優先審査の対象となり，FDA からの承認が早くなる可能性がある。最後に，RMAT 指定製品の提供事業者は，患者登録データ，電子カルテデータなどのような実臨床エビデンス（real-world evidence）を提出することによって，承認後の要件を満たすことができるとされている（21 世紀治療法第3033 条第7 項）。

　このように，21 世紀治療法の枠組みの中で，再生医療製品の新しい承認制度が導入されたことにより，今後，米国において新たに開発される再生医療製品の迅速な承認が期待されている。この RMAT 指定プログラムは導入

されて間もないが，FDA は 2017 年 8 月までに，RMAT 指定のための 17 件の申請書を受領し，そのうち 4 件がすでに認可されており，FDA が 21 世紀治療法の精神を受け入れていることが示された。RMAT 指定を受けている 4 つの製品は表 3 に記載してあるので，詳細はそちらを参照して頂きたい。

VI　おわりに

　本章では，はじめに，米国におけるヒト ES 細胞加工製品を用いた臨床試験（治験）の現状について紹介した。特に，ヒト ES 細胞加工製品を用いた細胞治療は，First in Human 試験として米国のバイオベンチャー企業を中心に進んでおり，英国，フランス，イスラエル，韓国などの国々でも臨床試験（治験）が実施されている。日本でも，ヒト ES 細胞由来細胞を用いた臨床試験（治験）が計画されており，その実用化には大きな期待が寄せられている。一方で，FDA によって承認を受けた再生医療製品のほとんどは，皮膚または軟骨などに由来した製品（10 製品を承認。ただし，臍帯血由来の血液製剤である造血前駆細胞関連製品，および，CAR-T 細胞療法製品を除く）であり，幹細胞に由来した細胞製品は未だ製品化されていない（表 4）〔14〕。これら承認された再生医療製品の数だけを見ると，決して多いとは言い難い。世界中の科学者がしのぎを削って再生医療に関わる新しい治療法の研究開発をしているにもかかわらず，現在の医療分野において，再生医療は主流の医療行為となっていないと言える。この理由としては，再生医療製品の開発には，特殊な製造設備や高度に熟練したスタッフが必要な場合が多いため，その開発費用が非常に高額になりがちであり，製品を開発する上で大きな障壁となっていることが考えられる。加えて，これまでに前例が少ない医療行為でもあるため，製品開発に関わる品質および安全性評価の試験法が十分に確立していないなど，これまでの規制ではカバーできないことも，再生医療製品を早期に開発する上で大きな課題となっている。このような現状の中，米国における再生医療製品の規制に関する枠組みや法制度の変更が最近行われた。本章でも概説したように，2016 年 12 月に「21 世紀治療法」が制定され，新しい治療法の研究開発促進のための更なる支援，開発手法の改善，規制の効率化などの施策が示された。さらに注目すべきこととして，本法の中では，

表 4　FDA の販売承認を受けた 351HCT/P

（臍帯血由来の血液製剤である造血前駆細胞関連製品，および，CAR-T 細胞療法製品を除く）

製品名	製造者	細胞／足場材料	適　用	分　類	承　認	番号
Carticel	Sanofi Biosurgery, Inc. (formerly Genzyme Biosurgery)	自己軟骨細胞	軟骨損傷	生物製剤	BLA	BL 125197
Provenge	Dendreon Corporation	自己樹状細胞 （PAP 抗原提示）	転移性前立腺がん	生物製剤	BLA	BL 125197
laViv (azficel-T)	Fibrocell Technologies, Inc.	自己線維芽細胞	ほうれい線解消 （美容整形）	生物製剤	BLA	BL 125348/0
Gintuit	Organogenesis, Inc.	同種角化細胞／ウシ由来コラーゲン	歯肉再生	生物製剤	BLA	BL 125400/0
MACI	Vericel Corporation	自己軟骨細胞／ブタ由来コラーゲン	軟骨損傷	生物製剤	BLA	BL 125603
Epicel	Vericel Corporation	自己角化細胞／マウス細胞層	熱傷	医療機器	HDE	BH 990200.34
Apligraf (Graftskin)	Organogenesis, Inc.	同種角化細胞＋同種線維芽細胞／ウシ由来コラーゲン	皮膚潰瘍	医療機器	PMA	P950032
TransCyte (Dermagraft-TC)	Advanced BioHealing, Inc.	同種線維芽細胞／ナイロン基材	熱傷	医療機器	PMA	P960007
Dermagraft	Advanced Tissue Sciences, Inc.	同種線維芽細胞／ポリグラクチンメッシュ	皮膚潰瘍	医療機器	PMA	P000036
OrCel	Ortec International, Inc.	同種角化細胞＋同種線維芽細胞／ウシ由来コラーゲン	熱傷 表皮水疱症	医療機器 医療機器	PMA HDE	P010016 H990013

BLA（Biologics License Application：生物製剤承認申請），PMA（Pre-Market Approval：市販前承認），HDE（Humanitarian Device Exemption：人道機器適用免除）

「RMAT 指定制度」と呼ばれる再生医療の迅速承認に関する条項も記載されている。この制度に指定されれば，その治療法の開発段階でも早期に FDA との協議機会が頻繁に得られるなど，医薬品開発にほとんど経験がない小規模な企業にとっては非常に魅力的な制度と思われる。つまり，「RMAT 指定制度」は，重要かつ有益で新しい治療法をより早く市場へ投入することを意識した制度と言える。これは，日本の再生医療等製品の条件及び期限付承認制度を念頭においた施策であるようにも見えるが，今後のこれら法律の運用の仕方次第では，双方の制度の本質に対する解釈も変わってくであろう。今後，このような制度のもと開発される再生医療製品が，安全性と有効性の厳しい基準を維持しながら，迅速な開発が促進されるという目標を達成しているかどうかを確認するまでには数年を要すると思われる。こうした規制制度が効果的に拡がっていくことに今後期待しつつ，米国における再生医療に関わる研究開発の動向にも注目していきたい。

参考文献

1．Thomson JA, Itskovitz-Eldor J, Shapiro SS, Waknitz MA, Swiergiel JJ, Marshall VS, Jones JM. Embryonic stem cell lines derived from human blastocysts. Science. 1998, 282, 1145-1147.

2．https://ipscell.com/2013/10/great-news-biotime-subsidiary-asterias-acquires-geron-embryonic-stem-cell-program/

3．http://asteriasbiotherapeutics.com/inv_news_releases_text.php? releaseid = 2244493&date=January + 24% 2C + 2017&title=Asterias + Announces + Additional + Motor + Function + Improvement + at + 6-months + and + 9-months + Following + Treatment + with + AST-OPC1 + in + Patients + with + Complete + Cervical + Spinal + Cord + Injuries

4．Schwartz SD, Hubschman JP, Heilwell G, Franco-Cardenas V, Pan CK, Ostrick RM, Mickunas E, Gay R, Klimanskaya I, Lanza R. Embryonic stem cell trials for macular degeneration: a preliminary report. Lancet. 2012, 79, 713-720.

5．Schulz TC, Young HY, Agulnick AD, Babin MJ, Baetge EE, Bang AG, Bhoumik A, Cepa I, Cesario RM, Haakmeester C, Kadoya K, Kelly JR, Kerr J, Martinson LA, McLean AB, Moorman MA, Payne JK, Richardson M, Ross KG, Sherrer ES, Song X, Wilson AZ, Brandon EP, Green CE, Kroon EJ, Kelly OG, D'Amour KA, Robins AJ. A scalable system for production of functional pancreatic progenitors from human embryonic stem cells. PLoS One. 2012, 7, e37004.

6．https://blog.cirm.ca.gov/2017/08/01/viacyte-treats-first-patients-in-pec-direct-stem-cell-trial-for-type-1-diabetes/

7．http://viacyte.com/viacyte-receives-10m-in-financing-and-go-ahead-for-clinical-trials-with-pec-direct/

8．https://www.accessdata.fda.gov/scripts/cdrh/cfdocs/cfcfr/CFRSearch.cfm?CFRPart=1271

9．https://www.fda.gov/BiologicsBloodVaccines/NewsEvents/WorkshopsMeetingsConferences/ucm462125.htm

10．https://www.congress.gov/bill/114th-congress/house-bill/34

11．http://docs.house.gov/billsthisweek/20161128/CPRT-114-HPRT-RU00-SAHR34.pdf

12．https://www.fda.gov/downloads/Drugs/GuidanceComplianceRegulatoryInformation/Guidances/UCM358301.pdf

13．https://www.fda.gov/BiologicsBloodVaccines/CellularGeneTherapyProducts/ucm537670.htm

14．https://www.fda.gov/BiologicsBloodVaccines/CellularGeneTherapyProducts/ApprovedProducts/default.htm

＊本稿に記された意見や考えは著者の個人的なものであり，国立医薬品食品衛生研究所の公式な見解ではありません。また，本原稿執筆にあたり貴重なご助言を賜りました国立医薬品食品衛生研究所 再生・細胞医療製品部 部長 佐藤陽治博士，並びに，ニューヨーク幹細胞財団 再生医療担当副理事長 Mahendra Rao 博士に，心より感謝を申し上げます。

8　イギリスにおける再生医療の現状と課題

佐 藤 雄 一 郎

Ⅰ　は じ め に

Ⅱ　再生医療の推進に関する議会報告書

Ⅲ　規制のまとめと今後の展望

I　はじめに

　本稿では，イギリス（本稿では英国全体を指す）を対象として，再生医療の規制と現状とを論ずることにする。なお，以下に述べるように現在のイギリスの規制は EU の規制枠組みに従ったものであるが，周知のようにイギリスは EU を離脱することとなった。そのため，イギリスは今後 EU の規制や European Medicines Agency（EMA）の管轄を離れることになるものと考えられるが，その後がどうなるかは本稿執筆時点では全く不明である[(1)]。

　また，通常であれば，イギリス医事法の代表的な基本書にあたって制度を説明するところであるが，再生医療についての説明はほとんどなく[(2)]，その

---

(1)　ただし，EU に加盟していなくても，欧州自由貿易連合に加盟している国は欧州経済領域の枠組みによりいわゆる単一市場の扱いがされ，EMA 承認も有効になるが，この単一市場のためには，物，人，サービス，資本の移動の自由が保障されなければならず（Agreement on the European Economic Area），特に人の移動の自由についてはイギリスでは反対が大きいため，イギリスは単一市場に残らないことになりそうである（いわゆるハードブレキシット）。ちなみに，II の 3 で後述する庶民院の科学技術委員会は，後に取り上げる再生医療の報告書刊行に先立って，EU 離脱と科学および研究との関係について報告書を出している（2016 年 11 月，〈https://www.publications.parliament.uk/pa/cm201617/cmselect/cmsctech/502/502.pdf〉）。この中では，個人情報保護について EU の要件を満たさなければ Wellcome Trust Sanger Institute は機能を続けられなくなり，同じことは臨床研究についてもいえるとする，ウェルカムトラストの Stuart Pritchard 氏の発言が紹介されている（19 頁）。

(2)　これは，医事法のテキストブックには医薬品についての説明が（伝統的に）載っていないことに由来するのかもしれない。手元にある医事法の基本書で再生医療と関係がありそうなものは以下のとおりである。ちなみに，どの本にも，索引には regenerative medicine という項目はない。

著者名およびタイトル	掲載個所	内容
Margaret Brazier & Emmma Cave, Medicine, Patients and the Law, 6th ed.	Organ and Tissue Transplantation（p.542）	胎児および無脳症新生児からの移植
	Abortion and Embryo Research（pp.408-417）	胚研究
Jonathan Herring, Medical law and Ethics, 6th ed.	Organ Donation and the Ownership of Body Parts（p.450）	自己細胞を増殖して作成した臓器の移植

ため本稿では議会報告書を素材として制度の説明を行う。

II 再生医療の推進に関する議会報告書

1 貴族院委員会報告書[3]

(a) 規制の現状

2012 年 7 月，貴族院の科学技術委員会は「再生医療」に関する call for evidence（根拠に基づく情報提供の照会）を行い[4]，72 の情報提供が集まった[5]。これに基づき同委員会は 2013 年 7 月に報告書を刊行した[6]。この中身は別稿で紹介したことがある[7]が，本稿に関係することを重複を恐れないで記せば，以下のようになる。

まず，同報告書は現状の規制の問題につき，規制が複雑である，つまり規

Emily Jackson, Medical Law, 4th ed.	Embryo and Stem Cell Research（pp.660-697）	胚研究
G.T.Laurie, S.H.E.Harmon, and G.Porter, Mason & McCall Smith's Law & Medical Ethics, 10th ed.	The Donation of Organs and Transplantation（pp.605-607）	胎児および無脳症新生児からの移植
	Research on Children, Fetuses, and Embryos (pp.713-721)	胚および胚性幹細胞の研究
Marc Stauch and Kay Wheat, Text Cases and Materials on Medical Law and Ethics, 5h ed.	Assisted Reproduction and Embryo Research (pp.342-348)	胚研究
	Organ Transplantation (pp.551-555)	胎児組織移植

（3） 下記の諸報告書も含め，一連の流れは〈http://www.parliament.uk/business/committees/committees-a-z/lords-select/science-and-technology-committee/inquiries/parliament-2010/regenerative-medicine/〉から見ることができる。

（4） 〈http://www.parliament.uk/documents/lords-committees/science-technology/RegenerativeMedicine/CfERegenerativeMedicine.pdf〉。

（5） 〈http://www.parliament.uk/documents/lords-committees/science-technology/RegenerativeMedicine/RegenMed.pdf〉。

（6） 〈https://www.publications.parliament.uk/pa/ld201314/ldselect/ldsctech/23/23.pdf〉。

（7） 佐藤雄一郎「イギリスにおける臓器移植」甲斐克則編『臓器移植と医事法』（信山社，2015 年）156 頁。

制にあたる役所が多すぎることを指摘する。細胞の利用という側面では，体外の胚については Human Fertilisation and Embryology Act の下HFEAuthority が管轄を有し，それ以外の人細胞を含むものについてはHTAuthority が管轄を有するのだが，それを利用したものの製造販売となると，医薬品庁（MHRA），場合によっては欧州医薬品庁（EMA）が管轄を有することになる。そのため，再生医療にかかる規制当局の数が多いことを指摘した上で（イギリスは3つであり，これは，4つであるルーマニア，ポーランド，イタリアに次ぎ，ポルトガル，ハンガリー，スペインと同じであるとする。39頁），MHRA および HTA が有している規制権限を Health Research Authority に移管すべきであるという（42頁）。

⒝ 勧　告

イギリスは，ATMP を用いた臨床研究の数がスペインに次いで EU 内で2位であるなど，再生医療に関して強みを持っている（基礎科学の充実，NHS の存在，高い輸血サービス）が，プライベートセクターが投資に踏み切れない状況があるため政府が規制枠組みを改善する必要があるとし，このために以下のことを勧告している（72頁以下）。勧告1：Health Research Authority が規制に関する相談サービスを提供すること，勧告2：18ヶ月以内に規制枠組みを新しいものにすること，勧告3：National Institute for Health Research が再生医療についての臨床研究ネットワークを作ること，勧告4：アメリカの FDA-CIRM ワークショップのように規制当局と研究者の対話の機会を増やすこと，勧告5：患者が治験に参加できるようトランスレーショナルワークを拡大すること，勧告6：Department for Business, Innovation and Skills は再生医療研究の後半（mid to late stage）での開発に投資をすること，勧告7：UK Trade and Investment の Life Science Investment Organisation が外国企業に対してイギリスの強みをアドバイスすること，勧告8：Department of Health は NHS が再生医療を提供できるようすること，勧告9：必要があれば MHRA が GMP 指令の見直しに向けて EC と交渉を行うこと，勧告10：DH が再生医療専門家ワーキンググループを設立すること，勧告11：Cell Therapy Catapult[8] が無理なく成果を上げら

（8）　2013 年に設立された非営利の研究団体。2016 年からは Cell and Gene Therapy Catapult と称している。2014 年の読売新聞に言及がある（2014 年 3 月 17 日「連載

れるようにすること，勧告 12：Technology Strategy Board，諸リサーチカウンシルおよび NIHR は潜在的投資家を把握すること，勧告 13：Economic and Social Research Council および TSB は投資ギャップを埋めるべく投資モデルの評価を行うこと，勧告 14：投資家に知的財産権を含む可能性を知らせること，勧告 15：TSB は期限付きで特許取得に対する経済的援助を行うこと，勧告 16 および 17：National Institute for Health and Care Excellence は再生医療の実情に合うよう評価プロセスを改善すること，勧告 18 および 20：政府は再生医療に適した診療報酬支払い方法を検討すること，勧告 19：NICE は企業に対して新規治療法の（既存治療法との）相当性についてのガイダンスを与えること，勧告 21：政府は患者が正確な情報を持てるようにすること，勧告 22：ATMP についての hospital exemption の要件を明確にすること，勧告 23：規制枠組みのハーモニゼーションに務めること，勧告 24：政府は再生医療の提供のために独立の担当者を設けること。

(c) 政府の対応

　これに対して政府は 2013 年 10 月に以下のように返答した[9]。上記勧告に対応して対応策が挙げられているので順に見ていく。対応策 1：委員会によって言われたサポートが必要であることの認識があることを述べた後で，HRA がガイダンスや相談サービスを提供していること，IRAS[10]や NRES[11]があること，対応策 2：2011 年の政府の報告書[12]でも医学研究規制が複雑であることを認識している（そのために HRA を設立した）ことに触れた上で，McCracken 報告書にあったように再生医療製品の開発にかかる規制権限を

「再生医療　英国からの報告」（中）」〈http://www.yomiuri.co.jp/osaka/feature/CO004347/20140316-OYT8T00383.html〉）。

（9）　〈http://www.parliament.uk/documents/lords-committees/science-technology/RegenerativeMedicine/GovtresponseRegenMedCm8713.pdf〉.

（10）　Integrated Research Application System の略で，HRA が運営している。イギリス全体での臨床研究（MHRA 下のものや HFEA 下のものも含む）についてウェブベースの倫理審査申請を受け付けている。

（11）　National Research Ethics Service の略で，多施設間臨床研究の審査を行う MREC や COREC から発展したもの。現在では Research Ethics Service と称され，HRA によって運営されている。

（12）　Plan for Growth（2011 年 3 月）。

HTA から MHRA に移すことを受け入れたこと[13]，また，倫理委員会については HRA が努力を行なっていること，対応策 3：NIHR Clinical Research Network に改善の余地があることを認めた上で，2014 年 4 月から 15 の臨床研究ネットワークができこれによってイングランド全体がカバーされること，NIHR CRN を 6 つの臨床研究分野に対応させること（再生医療はこのどれかに入るという），対応策 4：規制当局はこれまでも ATMP の開発を行う者たちと緊密に連携してきたし今後もそうであろうこと，ATMP を含む臨床研究の枠組みは EU のレベルで決められており，EMA が勧告を出すのが適切であろうこと，対応策 5：スケールアップが重要なことには同意するし，それが再生医療の製造とスケールアップを UK Regenerative Medicine Platform に含めた理由でもあること，対応策 6：TSB と諸リサーチカウンシルがこの問題に対応するであろうこと，また Cell Therapy Catapult が投資状況につき調査を続けるとしていること，対応策 7：UKTI が産学および医療コミュニティと協働するであろうこと，対応策 8：NHS 従業者の質を Health Education England によって高めていること，また Health Education England が学会や GMC とトレーニングカリキュラムの見直しに向けて議論をしていること，対応策 9：European Economic Area 内では GMP はハーモナイズドされていること，また，EU GMP の付属文書 2 が本問題に関係するが，2013 年 1 月に発効したところであること，対応策 10：NHS における再生医療提供のため Regenerative Medicine Expert Group を立ち上げること，対応策 11：TSB と Cell Therapy Catapult が対応するであろうこと，対応策 12：諸リサーチカウンシルおよび TSB が対応するであろうこと，対応策 13：TSB および諸リサーチカウンシルが対応するであろうこと，対応策 14：UKTI は HRA と会い，再生医療を含む研究環境の改善について協力すること，対応策 15：TSB は現在特許取得の費用に対するファンディングを行っており，TSB が対応するであろうこと，対応策 16 および 17：NICE はこれまでも費用はかかるが効き目があるであろう医薬品を評価してきているから，同じように評価してくれるであろうこと，対応策 18：value-based pricing system が根付くまでには時間がかかり，提言通りのタ

---

(13)　これについての HTA のプレスリリースは〈https://www.hta.gov.uk/news/partnership-protect-public-health---mhra-and-hta-sign-agreement〉。

イムスケールで動くとは思わないが，今後を見守りたいこと，対応策19：NICE は製薬企業向けに NICE Scientific Advice を行っているが，提言はもっともであること，対応策20：ライフサイエンスセクターによる投資を推奨し，NHS が臨床研究における世界的リーダーになる環境を作っていくこと，対応策21：再生医療ツーリズムが国民と産業界に重大な害を与えるという懸念は注視してきたこと，NHS Choices を通じて情報提供をしていくこと，対応策22：運用は各国政府に委ねられており，MHRA がガイダンスを出していること⁽¹⁴⁾，対応策23：同意見であり，イギリス政府は EU に対して働きかけを行っていくこと，対応策24：Regenerative Medicine Expert Group を設立予定であること。

(d) 規制当局の対応

さらに，MHRA，HRA，HTA，HFEA は，貴族院報告書に対して合同で回答書を出した⁽¹⁵⁾。この中では，今後もイギリスでよい研究が続いていってほしいと思っているがこのためには一定の規制が必要であること（第1段落）を前提とした上で，4つの団体はそれぞれに目的を持ち，再生医療プロセスの異なった領域を規制しているが，協働してそれぞれのステージにおけるスタンダードを適用しようとしているのであって互いに障壁となろうとしているのではないことを説明し，(a) HFEA は卵子と精子を用いる病院とクリニックを規制し，132の免許施設のうち4つが再生医療セクターであること，(b) HRA は幹細胞その他の再生医療の臨床研究の倫理審査を目的としていること，遺伝子治療および MHRA が行う倫理審査のために IRAS サービスを提供していること，(c) HTA は人組織および臓器が安全で倫理的に，必要な同意を得て使われていることを確保しており，800の免許施設のうち15が再生医療セクターであること，再生医療に関しては ATMP の材料となる組織や細胞の利用が規制対象であること，また，EU TCD の下での国内機

---

(14) 〈http://www.mhra.gov.uk/Howweregulate/Advancedtherapymedicinalproducts/Aboutadvancedtherapymedicinalproducts/#l1〉.

(15) 年月日はないが，上記貴族院委員会報告書への回答である。〈https://www.hta.gov.uk/corporate-publications/hta-responses-consultations〉の "House of Lords Science and Technology Committee inquiry into regenerative medicine" の部分，回答書本文は〈https://www.hta.gov.uk/sites/default/files/Role_of_regulators_in_regenerative_medicine.pdf〉。

図1

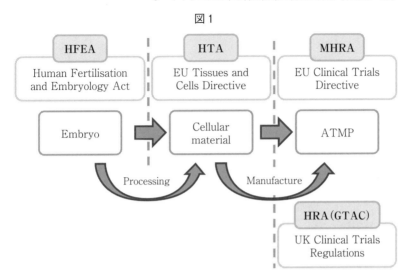

関であること，(d) MHRA は医薬品および医療機器の規制を行っており，再生医療については ATMP の hospital exemption 利用の承認を行っていること，また，臨床研究の承認も行っていること（第4段落），たとえば胚由来の細胞株の利用であれば上の図1のような規制担当になっていること（第6段落），被規制機関の負担を減らすため，HTA と MHRA の両方の免許の対象となっている施設について監査を共同で行うなどしていること（第7段落），MHRA Innovation Office の設置および IRAS の改善を行っていること（第10，11段落），をいう。

2　専門家委員会の勧告

さらに，上述の24で設立された Regenerative Medicine Expert Group は，2014年12月に Building on our own potential: a UK pathway for regenerative medicine と称する報告書を出した[16]。開発段階については，前提として，最低限の操作（manipulation）しか施されず相同利用されるものは EU Tissues and Cells Directive の対象となりイギリス内では HTA によって規制さ

---

(16)　〈https://www.gov.uk/government/uploads/system/uploads/attachment_data/file/415919/build-on-potential.pdf〉. 日本の法制度についても「早い段階での条件付き承認によって臨床研究を促進することを目的とする」ものとして紹介している（23頁）。

れ，医薬品としての規制はなされない一方で，これ以外のものは ATMP に該当し，EU Blood Directive の下 MHRA によって規制されるか，HTA か HFEA によって規制されることになること，さらに，臨床研究のための倫理審査には HRA が関わり，臨床研究の承認には MHRA が関わること，そのあとの製造販売承認は EC によってなされることを説明する（9頁）。そして，組み換え DNA の規制との関係を整理すること（11頁），製造販売承認のなされているものが用いることができる場合には hospital exemption を認めるべきではないこと（製造販売承認を不要とすると企業の開発意欲をそいでしまう）（12頁），原料としての血液が EU TCD と EU BD によって異なった規制をされていることを解消すべきであること（13頁）をいう。また，NHS での提供については，NICE が再生医療の評価の経験があまりないことから「擬似」（mock）技術評価の結果を考慮すべきこと（15頁），NHS England で行われている cross-CRG（Clinical Reference Groups）を維持すべきであること，Department for Business, Innovation and Skills および保健省は NHS England や Cell therapy Catapult などと協働すべきであること（20頁），実際の提供については UK blood and tissue services が Cell Therapy Catapult と一緒に既存の仕組みを分析すべきであること（21頁），NHS 内で従業員に教育を行うべきであること（22頁），などを勧告する。

3　庶民院委員会報告書

一方で，庶民院の委員会においても再生医療についての意見を専門家から聴取し（2016年7月，10月，12月），2017年4月に報告書を刊行した[17]。この報告書は，研究と商品化，および NHS での提供の2点につき，上述の貴族院での調査からの進捗状況を調べることにある（6頁）。その主な内容は，まず，研究と商品化については，細胞治療としてはすでに骨髄移植が定着しているがその他のものはあまり普及していないこと（たとえば緊急時の表皮幹細胞（epidermal stem cell）の利用や輪部幹細胞（limbal stem cell）による角膜修復が例としてあげられている，7頁），2012年に UK Regerative Medicine Platform が設立されたこと（7～8頁）などを挙げ，次の政府[18]が基礎科学

---

(17)　〈https://www.publications.parliament.uk/pa/cm201617/cmselect/cmsctech/275/275.pdf〉.

とトランスレーショナルリサーチの両方に対するバランスをとるべきである
ことを勧告する（10頁）。また，規制の現状として，多くの再生医療製品は
EU Tissues and Cells Directives の対象になっていてイギリスでは HFEA と
HTA がその実施責任を負っていること，他の再生医療製品は医薬品（Medi-
cinal Product）として規制され，イギリスでは MHRA が規制当局であり，
GMP 準拠が必要であることを述べ（10頁），MHRA が上述の専門家委員会
の勧告を実行することと，研究者の意見として EU の "non-routine basis"
例外とイギリスでの "hospital exemption" との関係の整理の必要性が挙げ
られていたことを踏まえて，"hospital exemption" がどのように用いられる
かを監視することおよび EU の ATMP 規制がブレキシット後のイギリスで
どのように適用されるべきかを評価すべきことをいう（12頁）。さらに，臨
床研究については，第三相試験は MRC, NIHR やチャリティの規模では行
えないとするブリストル大学からの意見などを踏まえ，Cell and Gene Ther-
apy Catapult がトランスレーショナルリサーチと商品化のギャップを埋める
ことなどを勧告する（14頁）。また，NHS での提供については，上述の専門
家委員会勧告に従って NICE が小児白血病の細胞治療などについて「擬似」
技術評価を行ったが，いくつかの細胞および遺伝子治療はデータ不足のため
評価を行うことができず，別なものは対象患者がごく少数なので NICE の評
価対象とはならない（このような場合，各 NHS trust が NHS 医療の対象とする
かどうかを決めることになっている）ことを確認し（19頁），それでも研究者
からの懸念があることを紹介し（この中には，日本が早期条件付き承認で医療
費支払いの対象としているとする紹介もある，20頁），次の政府が NHS 内で研
究が行われるようにすることと，NHS イングランドと NICE が早期承認を
しようとしていることをサポートすべきこと，新しい支払いモデルの合意の
ためバイオテックセクターおよび NHS イングランドと NICE と協働するこ
と，Cell and Gene Therapy Catapult がもっと行える余地があること，NHS
のパーソナライズドメディシンに再生医療を明示的に含めること，専門家と
協働すること，を勧告する（20〜22頁）。

---

(18) 勧告は「次の政府」に対してなされているが，これは報告書刊行の直前の3月18
日にメイ首相が解散総選挙を表明したためと思われる。

Ⅲ　規制のまとめと今後の展望

　上記報告書から判明する規制枠組みは以下のようになろう。特別に「再生医療」に対する規制はイギリス国内法でも EU レベルでも存在しないが，操作を施された細胞の投与は EU の AMTP の規制に服する。さらに，細胞の入手および取り扱いは HTA や HFEA の管轄になるが，MHRA による規制との調整が図られている[19]。また，わが国の薬機法と同様，一医療機関内での使用はこの規制の例外として行われうるが[20]，基本的には薬事承認のルートを目指している。これらを MHRA の担当者が作成した図によって説明すると下の図 2 のようになる[21]。

---

(19)　HTA による説明は 〈https://www.hta.gov.uk/policies/regulatory-advice-service-regenerative-medicine〉 および 〈https://www.hta.gov.uk/news/'one-stop-shop'-advice -regenerative-medicine-opening-business〉，HFEA によるものは 〈http://www.hfea.gov.uk/9438.html〉 にあり，MHRA Innovation Office が窓口となっている 〈https://www.gov.uk/government/groups/mhra-innovation-office〉。もっとも，これが事実上の one-stop 窓口の取り扱いを超えて法令上の根拠を持つものかどうかは定かではない。例えば，48 時間を超えて相同利用以外の移植目的で人組織を保存しようとする場合には HTA の免許が必要なはずであるが（The Human Tissue Act 2004 (Ethical Approval, Exceptions from Licensing and Supply of Information about Transplants) Regulations 2006 の 3 (3)），HTA は，ATMP 開発のための保存であれば免許は不要かもしれない（A licence may not be required for the processing, storage or distribution of the product）という 〈https://www.hta.gov.uk/sites/default/files/120829_Do_I_need_a_licence_under_the_Quality_and_Safety_Regulations.pdf〉。

(20)　ただし，（ヨーロッパ全体のこととしてではあるが）「Hospital Exemption は，カスタムメイドによる個人治療の方法を拡大させることが目的だったと思われるが，実情は，上述の 3 例にみられるように，ATMP の臨床での POC (Proof Of Concept) のため，あるいは Translational Research の一環として，簡便に治験を開始するためにこの制度が使用されているようである」という指摘がある（株式会社三菱化学テクノリサーチ「平成 24 年度中小企業支援調査（再生医療の産業化に資する諸外国の制度比較に関する調査）報告書」113 頁）〈http://www.meti.go.jp/policy/mono_info_service/mono/bio/H24kaigaiseido.pdf〉。

(21)　〈http://www.ema.europa.eu/docs/en_GB/document_library/Presentation/2012/02/WC500122177.pdf〉。2011 年に作成されたものであるが，（上記規制当局の one-stop 化などを除いて）大きな変化はないものと思われる。

図2

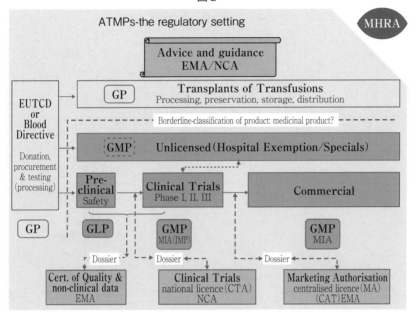

ちなみに，保守党政権による NHS の民間開放ないし有料化の試みが，新たな医療技術の分野において，微かにではあるが見られるようである[22]。NHS に割く予算ないし NHS 内で再生医療に割く予算，および医療費の償還価格についての議論がまとまらなければ，もしかすると，NHS での再生医療を民間委託し，わが国における「混合診療」のように患者負担が発生することになるかもしれない[23]。

---

(22)　NIPT/D をダウン症などのスクリーニングとして行うことが検討されている〈http://www.rapid.nhs.uk/guides-to-nipd-nipt/nipt-for-down-syndrome/〉が，その方策として，有料にする案があるとのことである（カーディフ大学 Gareth Thomas 講師への 2017 年 1 月 31 日インタビューより。ちなみに〈https://nuffieldbioethics.org/wp-content/uploads/NIPT-ethical-issues-full-report.pdf〉）。なお，Gareth M. Thomas, DOWN'S SYNDROME SCREENING AND REPRODUCTIVE POLITICS 183 (2017) は，NIPT のトレーニングが私的な資金によってなされていることと，研究費が産業界から出されていることから，暗黙の裡の（あるいは明示的な）バイアスの危険性があることを示唆する。

(23)　混合診療自体は 2009 年の通達によって一部認められている（Guidance on NHS Patients Who Wish to Pay for Additional Private Care），堀真奈美『政府はどこまで医

〔付記〕本稿は 2017 年 8 月末時点の情報に基づいたものである。

療に介入すべきか』（ミネルヴァ書房，2016 年）p.110。

9　ドイツにおける再生医療の現状と課題

神 馬 幸 一

Ⅰ　は じ め に
Ⅱ　ヒト ES 細胞に伴う法的問題
Ⅲ　ヒト iPS 細胞に伴う法的問題
Ⅳ　ヒト iPS 細胞由来の生殖細胞に関する法的問題
Ⅴ　お わ り に

I　は じ め に

　本稿は，いわゆる「再生医療（regenerative Medizin）[1]」に関して，ドイツでは，現行法上（2017 年 4 月末時点），どのような規制が採用されているのかを概観し，そこから比較法的視座の獲得を試みるものである。

　この最先端の医学・医療領域を巡り，ドイツにおいても，世界的潮流と同じく，その研究成果の公刊数は増加傾向にあり[2]，また，関連する特許も数多く取得されている[3]。その中でも，特にヒト人工多能性幹細胞（induzierte pluripotente Stammzelle：以下，iPS 細胞）を用いた研究の重要性は，ドイツにおいて，医学界のみならず，科学行政ひいては政治的にも強調されている[4]。このヒト iPS 細胞において高められた（政治的）期待感は，ある

（1）　ドイツ連邦教育研究省（Bundesministerium für Bildung und Forschung: BMBF）の広報用資料「再生医療：身体の自己治癒力を理解し，利用すること（Regenerative Medizin: Selbstheilungskraft des Körpers verstehen und nutzen）」（2013 年）2 頁によれば，再生医療は，ドイツ政府において，次のように把握されている。すなわち「再生医療とは，機能に障害を有する細胞，組織又は臓器が再び元の健全な状態に戻ることを目的とする医術である。これは，身体固有の再生及び修復の過程を活性化し，又は生きている細胞若しくは特に実験室内で培養された組織を生物学的に置換する方法を介して，それらのいずれかの手法を用いながら実施される（Die Regenerative Medizin ist eine Heilkunst, die auf die Wiederherstellung funktionsgestörter Zellen, Gewebe oder Organe abzielt. Dies geschieht entweder durch Anregung der körpereigenen Regenerations- und Reparaturprozesse oder aber durch biologischen Ersatz in Form von lebenden Zellen oder eigens im Labor gezüchteten Geweben）。」そして，同頁では，このような医療における目標として「取り繕うことではなく，健全な状態にすること（Heilen statt reparieren）」が掲げられている。

（2）　Kobold S., et al., Human Embryonic and Induced Pluripotent Stem Cell Research Trends: Complementation and Diversification of the Field, Stem Cell Reports 4, (2015), pp. 914, 916 f.

（3）　Roberts M., et al., The global intellectual property landscape of induced pluripotent stem cell technologies, Nature Biotechnology 32, (2014), p. 745 によれば，ドイツは，EU 圏内において，再生医療関連の特許取得に積極的な国として紹介されている。

（4）　Deutscher Bundestag, Drucksache 16/7983, S. 5; Drucksache 16/7985 (neu), S. 2; Drucksache 18/4900（＝連邦政府による幹細胞法実施状況第 6 次報告書）, S. 23 ff.; Der Präsident der Berlin-Brandenburgischen Akademie der Wissenschaften (Hrsg.), Neue

要因から生じている。それは，（後述するように）ドイツ法上，ヒト胚性幹細胞（embryonale Stammzelle：以下，ES 細胞）の研究利用が厳格に規制されているという点である。すなわち，ヒト iPS 細胞研究は，ドイツにおいて，このヒト ES 細胞研究の閉塞感を打開しうる手段として注目を集めている。本稿では，このようなドイツ法における特殊事情を描き出すことも試みる。

その一方で，ドイツでは，再生医療の発展から生じうる負の側面に対しても，同時に目が向けられている。特に当該領域で利用される様々なヒト由来生物学的材料の法的位置付けに関しては，未だ不明確な部分が残されている[5]。そのことを受けて，身体の一部は，提供者のみならず，その入手者においても予測困難なかたちで転々流通していく事態が懸念されている[6]。

以上の問題意識から，本稿では，再生医療に伴うドイツ法上の議論に関して，そこで利用されるヒト由来生物学的材料の中でも，特に重要なヒト ES 細胞とヒト iPS 細胞を巡る問題に焦点を絞りながら，その内容を確認していく[7]。

先ず，ドイツにおける特殊な法的問題として，ヒト ES 細胞の利用が困難とされる背景的事情を説明する（**Ⅱ ヒト ES 細胞に伴う法的問題**）。次に，そのような事情を前提として，ヒト iPS 細胞の法的位置付けを確認し，当該細胞の作製に関連する様々な法領域を整理しながら，そこにおける論点を検証する。また，ヒト iPS 細胞を実際に臨床医療の現場へと適用していく過程で生じる医薬品関連法令上の問題を概観する（**Ⅲ ヒト iPS 細胞に伴う法的問題**）。更に，ヒト iPS 細胞の利用において，特に法的・倫理的な観点から問

Wege der Stammzellenforschung: Reprogrammierung von differenzierten Körperzellen, (2009), S. 21 ff.

（5） この点に関しては，拙稿「ヒト由来生物学的材料に関するドイツ法体系」慶應法学 29 号（2014 年）135 頁以下参照。

（6） Fröhlich A., Die Kommerzialisierung von menschlichem Gewebe: eine Untersuchung des Gewebegesetzes und der verfassungs- und europarechtlichen Rahmenbedingungen, LIT Verlag, (2011), S. 11 ff.

（7） 同様の問題意識により，ドイツにおける再生医学・医療の法的問題をまとめるものとして，Faltus T., Stammzellenreprogrammierung: Der Rechtliche Status Und Die Rechtliche Handhabung Sowie Die Rechtssystematische Bedeutung Reprogrammierter Stammzellen, Nomos, (2016), S. 291 ff.

題視されてきた生殖細胞への分化誘導を巡る議論内容を紹介する（Ⅳ ヒト iPS 細胞由来の生殖細胞に関する法的問題）。最後に，本稿で検証されたドイツ法上の議論から得られる我が国への示唆を考察する（Ⅴ おわりに）。

Ⅱ　ヒト ES 細胞に伴う法的問題

1　ヒト胚に対する厳格な規制

ドイツにおいて，ヒト ES 細胞の素材であるヒト胚の利用は，1991 年に施行された「胚の保護に関する法律：胚保護法[8]」を介して，厳格に規制されている[9]。この法律は，ヒトの発生段階における種々の人為的介入に対して，刑事的制裁を加えている[10]。同法立法化以前の 1980 年代において，ドイツでは，生殖補助技術又は遺伝子工学の急速な発展に伴い，その濫用が社会的に懸念されていた[11]。このことが同法制定の背景にある。

（8）　Gesetz zum Schutz von Embryonen (Embryonenschutzgesetz‐ESchG), G. v. 13. 12. 1990 BGBl. I S. 2746; zuletzt geändert durch Artikel 1 G. v. 21. 11. 2011 BGBl. I S. 2228: Geltung ab 1. 1. 1991.

（9）　胚保護法の立法経緯に関しては，Khosravi S., Die Strafbarkeit nach dem Embryonenschutzgesetz und Stammzellgesetz, Verlag Dr. Kovač, (2017), S. 15 ff. 齋藤純子「立法紹介：胚保護法」外国の立法 30 巻 3 号（1991 年）99 頁以下，川口浩一＝葛原力三「ドイツにおける胚子保護法の成立について」奈良法学会雑誌 4 巻 2 号 77 頁以下（1991 年），中谷瑾子『21 世紀につなぐ生命と法と倫理』（有斐閣，1999 年）233 頁以下，床谷文雄「胚の保護のための法律（胚保護法）」総合研究開発機構＝川井健（共編）『生命科学の発展と法』（有斐閣，2001 年）226 頁以下参照。最近の胚保護法改正に関しては，齋藤純子＝渡辺富久子「胚保護法」外国の立法 256 号（2013 年）55 頁以下参照。

（10）　例えば，生殖補助技術の濫用的利用（第 1 条），ヒト胚の濫用的利用（第 2 条），性選択の禁止（第 3 条），着床前診断（第 3 条 a），不同意人工授精・不同意胚移植・死亡後の人工授精（第 4 条），ヒト生殖細胞の人為的改変（第 5 条），クローン技術（第 6 条），キメラ及びハイブリッドの作成（第 7 条）に対して，刑事罰が科されている。この概要に関して，Khosravi, a. a. O. (9), S. 30 ff.; Taupitz J., in: Günther H.-L. / Taupitz J. / Kaiser P., Embryonenschutzgesetz: Juristischer Kommentar mit medizinisch-naturwissenschaftlichen Grundlagen, 2. Aufl., Kohlhammer, (2014), B. III., Rn. 17 ff.

（11）　Khosravi, a. a. O. (9), S. 18.

そのような経緯と立法趣旨を受けて，基本的に，ヒト胚の利用は，不妊治療の手段としてしかドイツでは許容されないことになる[12]。すなわち，胚保護法第1条第1項第2号では，生殖補助目的以外で体外受精により胚を産出することは，刑罰の適用対象とされる[13]。また，同法第2条では，産出された胚を生殖補助目的以外で保持することも，同様に刑罰の適用対象とされている[14]。

　従って，この胚保護法によれば，ヒトES細胞株の樹立を含め，研究目的による胚の利用は，現在においてもドイツ国内で法的に許容されていない。

2　幹細胞法という打開策

　しかし，この胚保護法による厳格な規制は，ドイツ基本法第5条第3項で保障された学問研究の自由に抵触する可能性も生じうる[15]。実際，2000年

---

(12)　Günther H.-L., in: Günther / Taupitz / Kaiser, a. a. O. (10), C. II. § 2, Rn. 5 によれば，胚の利用が生殖補助目的に限定化された理由として，胚は，既に基本法上の「人間の尊厳」による保護を享受しているという論調が当地で支配的なことに起因するものと説明されている。

(13)　Günther H.-L., in: Günther / Taupitz / Kaiser, a. a. O. (10), C. II. § 1 Abs. 1 Nr. 2, Rn. 4; Khosravi, a. a. O. (9), S. 39 ff.; Schroth U., Forschung mit embryonalen Stammzellen und Präimplantationsdiagnostik im Lichte des Recht, in : Odunc F. S. / Schroth U. / Vossenkuhl W. (Hrsg.), Stammzellenforschung und therapeutisches Klonen, Vandenhoeck & Ruprecht, (2002), S. 250.

(14)　Günther H.-L., in: Günther / Taupitz / Kaiser, a. a. O. (10), C. II. § 2, Rn. 51.; Khosravi, a. a. O. (9), S. 63 ff.; Schroth, a. a. O. (13), S. 250.

(15)　Khosravi, a. a. O. (9), S. 153 ff.; Schroth, a. a. O. (13), S. 250; Deutscher Bundestag, Drucksache, 14/8394, S. 7. この点に関して，ドイツにおける科学技術政策の助言活動を担う「ドイツ学術振興会（Deutsche Forschungsgemeinschaft: DFG）」は，胚保護法の趣旨に賛同して，当時，ヒトES細胞を用いない幹細胞研究（例えば，ヒト成体幹細胞研究）を推奨していた。しかし，成長過程を一定程度において経てしまった段階から獲得される成体幹細胞の分化能は，ES細胞と比較しても本質的に制限されたものと考えられている。また，例えば，成体幹細胞株の樹立は，造血系統と脂肪組織における幹細胞以外の場合，技術的に複雑であり，その費用に対価が見合わないという問題も指摘されている。この点に関する現在の知見に関しては，Bönig H., u. a., Potenzial hämato-poetischer Stammzellen als Ausgangsmaterial für Arzneimittel für neuartige Therapien, Bundesgesundheitsbl. 54, (2011), S. 791, 792; Müller W. A. / Hassel M., Entwicklungs-biologie und Reproduktionsbiologie des Menschen und bedeutender Modellorganismen, 5.

代初頭から，再生医学・医療に関わるドイツ人研究者の多くは，ヒト ES 細胞研究の取組みが当該規制により停滞するのであれば，その分野における国際的競争にドイツは乗り遅れるのではないかという焦燥感を抱いていた[16]。

そこで，ドイツ国内のヒト ES 細胞研究に対して適切な立法状況を創出するために，2002 年の段階で考案された政治的妥協の産物が「ヒト ES 細胞の輸入及び利用において胚の保護を維持するための法律：幹細胞法[17]」である[18]。当時，胚保護法と矛盾しないように，ドイツ国内でヒト ES 細胞研究を実施する解決策として，ドイツ国外で既に樹立されたヒト ES 細胞株を国内に輸入する方法が有力に主張されていた[19]。この解決策は，（後述するように）ヒト ES 細胞自体は，その分化能の観点から胚保護法の意味におけるヒ

Aufl., Springer, (2012), S. 458 ff.; Vahlensieck U., u. a., Genehmigungsverfahren für Gewebezubereitungen und Blutstammzellzubereitungen zur hämatopoetischen Rekonstitution, Bundesgesundheitsbl. 58, (2015), S. 1247, 1250.

(16)　特に，ドイツ人再生神経生物学者である Oliver Brüstle が実施したヒト ES 細胞研究及び当該研究に対する助成金申請問題は，ドイツ国内の世論をも巻き込んで活発な議論の契機となった。当時の Brüstle によるヒト ES 細胞研究の有用性に関する主張として，Wiestler O. D. / Brüstle O., Forschung an embryonalen Stammzellen. Was versprechen sich die klinischen Neurowissenschaften davon?, in : Oduncu / Schroth / Vossenkuhl, a. a. O. (13), S. 68 ff. また，Brüstle は，欧州司法裁判所で争われたヒト ES 細胞関連の特許を巡る事件の当事者としても有名である。本件に関しては，後掲注(27)参照。

(17)　Gesetz zur Sicherstellung des Embryonenschutzes im Zusammenhang mit Einfuhr und Verwendung menschlicher embryonaler Stammzellen (Stammzellgesetz‐StZG), G. v. 28. 6. 2002 BGBl. I S. 2277; zuletzt geändert durch Artikel 50 G. v. 29. 3. 2017 BGBl. I S. 626: Geltung ab 1. 7. 2002.

(18)　幹細胞法の制定経緯と立法内容に関しては，Khosravi, a. a. O. (9), S. 23 ff. 拙稿「ドイツにおける『ヒト胚性幹細胞（ES 細胞）』研究を対象とした刑事的規制について─いわゆる『幹細胞法（StZG）』成立を契機として」法学政治学論究 56 号（2003 年）413 頁以下参照。この幹細胞法制定以前におけるドイツ国内の議論の動向に関しては，吉田敏雄「ヒト胚性幹細胞（ES 細胞）研究の法的許容性と限界」法学研究（北海学園大学）38 巻 1 号（2002 年）3 頁以下参照。幹細胞法を巡る最近の議論に関しては，コッホ，ハンス＝ゲオルク（甲斐克則＝三重野雄太郎＝福山好典：訳）「法的問題としての幹細胞研究と『再生医療』」ジュリスト 1381 号（2009 年）83 頁以下参照。

(19)　Faltus T., Handbuch Stammzellenrecht: Ein rechtlicher Praxisleitfaden für Naturwissenschaftler, Ärzte und Juristen, Universitätsverlag Halle-Wittenberg, (2011), S. 76 ff.

ト胚とは異なるという解釈論を前提としている。すなわち、既にヒト胚ではない「物」をドイツ国内に輸入したにすぎないという論理構成である。そのような輸入手続における安全性の確保を法的に具体化したものが幹細胞法である。従って、同法は、厳格な条件の下で、ヒトES細胞株の輸入を許可し、その要件を中心に内容が規定されている[20]。

3 ヒトES細胞の法的位置付け

以上から、ドイツでは、ヒト胚とヒトES細胞は、どのような観点から、法的に異なるのかという問題が重要視されている[21]。

先ず、ヒト胚に関しては、胚保護法第8条第1項によれば「受精し発生能力を有するヒト卵子において細胞核融合以降のもの」のみならず、「胚から採取された全能性を有する細胞として、必要な前提条件があれば分裂し個体にまで成長可能な各々のもの」も法的意味におけるヒト胚に含まれる。そして、この一個体に成長しうる能力は、「全能性（Totipotenz）」と呼ばれる。従って、ドイツ法上、例えば、初期化された幹細胞が全能性を有する場合、たとえ医学的な観点から一般的にヒト胚として扱われない類の細胞であっても、その分化能の観点から胚保護法下では、ヒト胚として把握されることになる[22]。

また、幹細胞法においても、胚保護法とは別個に、ヒト胚の定義が規定されている。幹細胞法第3条第1項第4号によれば、ヒト胚とは「必要不可欠な前提条件が存在するならば、それ自体が分裂し、一個体へと十分に成長可能である全てのヒト全能性細胞」であると規定されている。ここでも全能性という文言が用いられている。

---

(20)　具体的な法的要件は、幹細胞法第4条以下において、詳細に規定されている。この点の手続的内容に関しては、Khosravi, a. a. O. (9), S. 143. 拙稿・前掲注(18)428頁以下参照。

(21)　Heinemann T., Forschung an menschlichen Embryonen und embryonalen Stamm-zellen, in: Fuchs M., u. a., Forschungsethik, Verlag J. B. Metzler, (2010), S. 156 ff. 本論文の邦訳に関しては、ハイネマン、トーマス（拙訳）「ヒト胚およびヒトES細胞に対する研究」フックス、ミヒャエル（編）（松田純：監訳）『科学技術研究の倫理入門』（知泉書館、2013年）249頁以下参照。

(22)　Taupitz J., in: Günther / Taupitz / Kaiser, a. a. O. (10), C. II. § 8, Rn. 2 ff.

これに対して，ヒト ES 細胞は，次のように規定されている。先ず，幹細胞法第 3 条第 1 項第 1 号によれば，幹細胞とは，「適当な環境の下で細胞分裂を経て自己を増殖させ，当該細胞自体又は当該娘細胞が適切な条件下で様々に分化する細胞であり，その一方で，一個体にまで至らない程度において成長可能な能力を有している全てのヒト細胞（多能性幹細胞）」であると定義されている。そして，同条項第 2 号によれば，ヒト ES 細胞とは，「体外受精により発生されたにもかかわらず，妊娠を誘発するために利用されなかった胚又は子宮内において着床完了前に取り出された胚から採取される多能性幹細胞の全て」であると定義されている。

　従って，幹細胞法は，ヒト ES 細胞を上記の意味で「多能性（Pluripotenz）」が発現されるにすぎない細胞として法的に定めている。そして，このような文言に着目すれば，ヒト ES 細胞は，全能性を有するものとされるヒト胚と医学的な分化能の観点から法的に区別することができる。

　以上から，ヒト ES 細胞は，胚保護法の適用範囲から外される[23]。すなわち，胚保護法と幹細胞法の両者は，厳格な保護に値するヒト胚を法的な意味で全能性細胞に限定化している[24]。そして，ドイツ国外で既に樹立されたヒト ES 細胞株を国内に輸入し，それを用いて研究を実施することは，（いわば「物」としての）多能性細胞を取り扱うにすぎないという意味において許容される[25]。従って，再生医学・医療の領域で取り扱われる各種のヒト由来生物学的材料が全能性を有するのか，それとも多能性を有するにすぎないのかという問題は，ドイツにおいて，医学のみならず，法学からも，非常に重要な意義を有するものとして認識されている。

4　ドイツにおける ES 細胞研究の現状

ヒト ES 細胞を用いた治療法の開発に関しては，既に世界中で様々な臨床試験が実施されている[26]。しかし，ここで想定される治療法は，基本的に，

---

(23)　従って，ドイツ法において，この「全能性」と「多能性」の区別は，重要な意義を有する。これらの両概念に関する用法上の混乱に関しては，Heinemann, a. a. O. (21), S. 157 f. 拙訳・前掲注(21)252 頁参照。

(24)　Faltus, a. a. O. (19), S. 34 f., 84 ff.

(25)　Faltus, a. a. O. (19), S. 173 ff.

同種異系の治療である。すなわち，免疫学的に，受容者に由来しない細胞を移植することになる。そこでは，患者において身体的にも費用的にも負担の多い免疫療法を継続的に実施しなければならないという難点が生じる。

また，2011年10月，欧州司法裁判所により，ヒトES細胞に関する特許は，研究も含め基本的に認められない趣旨の判決が示された[27]。この判決の影響も懸念されている。すなわち，特許により保護されない治療法の開発に対して，企業が総じて投資するかどうかということも欧州全体で議論されている。

これらの状況的要因から，結局のところ，ドイツにおいて，厳格な規制下にあるヒトES細胞を用いた治療法の開発が実務的に成功するかどうかは，現在，不透明な状況にあるものと考えられている[28]。

Ⅲ　ヒトiPS細胞に伴う法的問題

1　ヒトiPS細胞の法的位置付け

以上のようなヒトES細胞を巡る法的現状に対して，ヒトiPS細胞は，そもそも胚保護法及び幹細胞法の適用範囲から除外されるものと考えられている。

先ず，前述したように，胚保護法第8条の定義規定によれば，同法は，自然に産出された胚に加え，そこから採取された全能性細胞をも対象としている。しかし，ヒトiPS細胞は，分化能が失われた体細胞から作製されるものであり，また，それ自体は，胚保護法が想定するところの全能性を有してい

---

(26)　最近の研究状況に関しては，Ilic D., et al., Human embryonic and induced pluripotent stem cells in clinical trials, British Medical Bulletin 116, (2015), pp. 19 ff.

(27)　本件の概要として，Abbott A., The cell division, Nature 480, (2011), pp. 310 ff.; Faltus, a. a. O. (7), S. 789 ff. 佐藤真輔「ヒトES細胞特許に関するECJ判断の意味と影響についての考察」生命倫理22巻1号（2012年）94頁以下参照。

(28)　ドイツの現状を否定的に評価するものとして，Faltus, a. a. O. (7), S. 747 ff.; Ders., Keine Genehmigungsfähigkeit von Arzneimitteln auf der Grundlage humaner embryonaler Stammzellen: Begrenzter Rechtsschutz gegen genehmigte klinische Studien, Herstellung und das Inverkehrbringen, MedR 34, (2016), S. 250 ff.

ないものとして評価されている[29]。

次に，幹細胞法第2条によれば，同法の適用範囲は，ヒト ES 細胞の輸入及び利用に限定されている。すなわち，ヒト iPS 細胞は，同法の想定にも含まれていない[30]。

従って，ヒト iPS 細胞を用いた医学研究・臨床適用を巡っては，胚保護法及び幹細胞法の適用範囲以外のところで議論されることになる。

2　民法上の問題

先ず，ヒト iPS 細胞は，基本的に，民法上の「物」と同様に取り扱われる[31]。このことを受けて，ヒト iPS 細胞は，物権法上の特殊な問題を提起することになる。

例えば，患者から採取された体細胞が技術的に複雑な過程を経てヒト iPS 細胞となり，更には特定の細胞・組織へと分化されたとする。このような場合，ドイツ民法第950条における加工（Verarbeitung）の規定に従って，所有権の得喪が物権法的に考慮されなければならないものと考えられている[32]。

この点，ヒト iPS 細胞が最終的に患者の元へと移植されるのであれば，民法上の加工による所有権の得喪は，事実上，考慮する必要がないという解釈論も成り立ちうる[33]。なぜなら，生きている人間における身体の構成部分は，それが身体全体に統合化されている限りで，法的な意味における物ではなく，

(29)　Faltus, a. a. O. (7), S. 538; Schickl H., u. a., Abweg Totipotenz: Rechtsethische und rechtspolitische Herausforderungen im Umgang mit induzierten pluripotenten Stammzellen, MedR 32, (2014), S. 857 f.

(30)　Faltus, a. a. O. (7), S. 538; Ders., Neue Potenzen – Die Bedeutung reprogrammierter Stammzellen für die Rechtsanwendung und Gesetzgebung, MedR 26, (2008), S. 544.

(31)　Faltus T., Reprogrammierte Stammzellen für die therapeutische Anwendung: Rechtliche Voraussetzungen der präklinischen und klinischen Studien sowie des Inverkehrbringens und der klinischen Anwendung von iPS-Therapeutika unter Berücksichtigung der Verfahren der Genomeditierung, MedR 34, (2016), S. 870. 同様に，ヒト ES 細胞を民法上の「物」であると説明するものとして，Wendehorst C., in: Münchener Kommentar zum BGB, Bd. 11, 6. Aufl., C. H. Beck, (2015), Art. 43 EGBGB, Rn. 30.

(32)　Wernscheid V., Tissue Engineering: Rechtliche Grenzen und Voraussetzungen, Universitätsverlag Göttingen, (2012), S. 197 ff.

(33)　Faltus, a. a. O. (31), S. 870 f.

すなわち，ヒト iPS 細胞は，体内に再び移植された時点で，結局のところ，その物としての性質を基本的に失うことになるからである[34]。

しかし，仮にヒト iPS 細胞が患者の体内へと戻されることなく余剰に作製された場合，その処理が法的問題として未解決のまま残されることになる。この場合，民法上，当該細胞の所有権を提供者が完全に失うのであれば，そこに加工者による濫用の懸念も生じうる。従って，そのような体細胞の提供者を保護する観点から，一定程度の支配権が当該提供者においても残存するかたちでの新たな法整備も求められている[35]。

3　移植法上の問題

(a) 体細胞の採取行為

以上のような民法上の特別な議論に加えて，ヒト iPS 細胞の素材となる体細胞を採取する行為に関しては，「臓器及び組織の提供，摘出及び移植に関する法律：移植法[36]」上の問題も考慮される。なぜなら，移植法第1条第2項第1文によれば，「移植を目的としたヒト臓器又は組織の提供及び摘出並びに臓器又は組織の移植に関して，それらの準備的処置を含めて」同法は，適用可能とされており，また，同法第1条a第4号によれば，当該組織とは，「細胞から構成される人体の全ての部分であり，そこにはヒトにおける個々の細胞も含まれる」ものと定義されているからである。これらの文言に従えば，患者に移植する予定のヒト iPS 細胞を作製するために，その元となる体細胞を採取する行為に対しても，移植法が適用されるものと考えられている[37]。

---

(34)　Deutsch E. / Spickhoff A., Medizinrecht: Arztrecht, Arzneimittelrecht, Medizinprodukterecht und Transfusionsrecht, 7. Aufl., Springer, (2014), Rn. 1222; Stresemann C., in: Münchener Kommentar zum BGB, Bd. 1, 7. Aufl., C. H. Beck, (2015), § 90, Rn. 26, 28.

(35)　Faltus, a. a. O. (31), S. 871. 同様の論点に関して，拙稿・前掲注(5)175頁以下参照。

(36)　Gesetz über die Spende, Entnahme und Übertragung von Organen und Geweben (Transplantationsgesetz - TPG), neugefasst durch B. v. 4. 9. 2007 BGBl. I S. 2206; zuletzt geändert durch Artikel 2 G. v. 21. 11. 2016 BGBl. I S. 2623: Geltung ab 1. 12. 1997. 同法の概要に関しては，甲斐克則『臓器移植と刑法』（成文堂，2016年）159頁以下，拙稿「2012年改正ドイツ移植法」静岡大学法政研究17巻3＝4号（2013年）345頁以下参照。

(37)　Faltus, a. a. O. (31), S. 870.

⒝ 自家移植的な利用の場合

　ある患者において採取された体細胞が当該患者自身に移植するためのヒト iPS 細胞へと初期化されるような場合，それは，自家移植的な性質を有している[38]。この点は，前述したように，同種異系の移植を基本とするヒト ES 細胞を用いる場面と大きく異なる。

　この点，移植法第 1 条第 3 項第 1 号によれば，「ある個人に対する外科的侵襲において，この同一個人に自家移植するため，摘出される組織」は，同法の適用を受けないものとされている。従って，上記のような同一患者間における体細胞採取と当該体細胞由来のヒト iPS 細胞移植が移植法上の「自家移植」として把握可能なのであれば，そのような術式は，移植法の適用範囲から除外されることになる。

　しかし，移植法が想定している自家移植においては，そこで用いられる組織の採取と再移植の間に密接な関連性が求められている[39]。その一方で，ヒト iPS 細胞を用いた治療法の全過程を鑑みると，それは，たとえ自家移植的なものであったとしても，その体細胞採取とヒト iPS 細胞の作製は，各々が別個独立した過程として把握されうるものである。すなわち，それは，必ずしも採取と再移植が一体化した外科的侵襲の過程内で行われなければならないものではない。従って，そのようなヒト iPS 細胞を用いた自家移植的な治療は，移植法上，一般的な自家移植において求められている密接な関連性を欠くものとも主張されている[40]。

---

(38)　自家移植的なヒト iPS 細胞治療は，患者における身体的負担の軽減が期待できる。しかし，そのような手法の実施には，長期の時間を要し，また，そのための費用も高額になることが考えられる。このことから，ヒト iPS 細胞を用いた他家移植に関する研究も，その有用性が主張されている。この点に関しては，Jenkins M. J. / Farid S. S., Human pluripotent stem cell-derived products: advances towards robust, scalable and cost-effective manufacturing strategies, Biotechnology Journal 10, (2015), pp. 83 ff.; Knoepfler P. S., Key anticipated regulatory issues for clinical use of human induced pluripotent stem cells, Regenerative Medicine 7, (2012), pp. 713 f.

(39)　Deutscher Bundestag, Drucksache 16/5443, S. 56. ここでは，頭蓋内圧を調整するため，一時的に頭蓋冠の一部を体外に取り出すという事例が紹介されている。このような術式においては，頭蓋内圧が許容範囲になった段階で，当該頭蓋骨に更なる改変を加えることなく，それを元の部分に再移植する。その意味で，組織の採取と再移植の間に密接な関連性が認められる。

(c) 説明と同意に関する特例

　ヒト iPS 細胞を作製する過程に移植法が適用される場合，そこにおいて求められる説明と同意は，同法第 8 条第 2 項各号による特別な内容と水準を満たす必要が生じる[41]。すなわち，そこでは，①侵襲の目的及び態様，②検査及び検査の結果に関して告知される権利，③提供者の保護に資する処置並びに予定されている組織摘出の範囲並びに間接的なものを含め提供者の健康に対して起こりうる結果及び後遺症，④医師の守秘義務，⑤移植において期待しうる成功の見込み及びその他の提供者において提供の意義が認められる事情，⑥個人関連データの収集及び利用というように，様々な項目に関する説明が実施されなければならない。

　更に，同条項により，手続的な保障も高められている。すなわち，そのような説明に際しては，別の医師 1 名の立会いが求められ，必要があれば，その他の専門家の立会いの下で行わなければならない。そして，提供者に対する説明の内容と提供者による同意の意思表示は，文書として記録されなければならず，この文書には，説明を行った医師，立会いの医師及び提供者による署名が求められている。

4　医薬品関連法令上の問題

(a) 先端医療医薬品としての位置付け

　移植医療を超えて，ヒト iPS 細胞を用いた一般的な治療法開発のために臨床研究・臨床試験が実施される場合，「医薬品の流通に関する法律：医薬品法[42]」を中心とした医薬品関連法令の適用範囲内で，ヒト iPS 細胞は取り扱われることになる[43]。すなわち，そのような医療用の細胞は，医薬品法第 4 条第 9 項における「先端医療医薬品（Arzneimittel für neuartige Therapien）」として規制されることになる[44]。このようなドイツ医薬品法上の先端医療医

---

(40)　Faltus, a. a. O. (31), S. 870.

(41)　自家移植に関しても，移植法第 8 条 c 第 1 号第 1 項第 b 号の規定により，同法第 8 条第 2 項と同様の説明を実施し，そこにおける同意を書面化する義務が生じる。

(42)　Gesetz über den Verkehr mit Arzneimitteln (Arzneimittelgesetz – AMG), neugefasst durch B. v. 12. 12. 2005 BGBl. I S. 3394; zuletzt geändert durch Artikel 5 G. v. 20. 4. 2013 BGBl. I S. 868: Geltung ab 1. 1. 1978.

(43)　Faltus, a. a. O. (7), S. 629 ff.; Ders., a. a. O. (31), S. 868.

薬品に関する規定は，EU 法上の規制である「先端医療医薬品並びに 2001
年 83 号 EC 指令及び 2004 年 726 号 EC 規則を修正する 2007 年 11 月 13 日
の欧州議会及び欧州連合理事会 2007 年 1394 号 EC 規則：EU 先端医療医薬
品規則[45]」を国内法化したものである[46]。

　そして，この先端医療医薬品規則により規制された特殊な医薬品がドイツ
を含め EU 域内において流通するような場合，当該医薬品は，ドイツ国内法
上の手続を超えて，EU の機関である欧州医薬品庁（European Medicines
Agency：以下，EMA）により，直接的なかたちで管轄される[47]。このよう
な経緯から，ドイツ医薬品法における先端医療医薬品の取扱いは，EU 法上
の先端医療医薬品規則に従わざるをえない状況が生じている。

　また，この先端医療医薬品は，「先端医療医薬品としてヒトへ使用される
医療製品の共同規約に関する欧州議会及び欧州連合理事会 2001 年 83 号 EC
指令を修正する 2009 年 9 月 14 日の 2009 年 120 号 EC 委員会指令[48]」にお
ける第 1 附則第 4 部により，「遺伝子治療薬（Gentherapeutika）」，「体細胞治
療薬（somatische Zelltherapeutika）」，「組織工学製品（biotechnologisch bear-
beitete Gewebeprodukte）」として，類型化されている。そして，ここでいう

---

(44)　この点に関しては Faltus T., Neue Potenzen – Die Bedeutung reprogrammierter
　　　Stammzellen für die Rechtsanwendung und Gesetzgebung, MedR 26, (2008), S. 547.

(45)　Regulation (EC) No 1394/2007 of the European Parliament and of the Council of 13
　　　November 2007 on advanced therapy medicinal products and amending Directive
　　　2001/83/EC and Regulation (EC) No 726/2004, OJ L 324, 10. 12. 2007, p. 121-137.

(46)　本規則の概要に関しては，梅垣昌士「海外での再生医療の規制」山中伸弥（監修）
　　　『iPS 細胞の産業的応用技術』（シーエムシー出版，2009 年）21 頁以下，佐藤陽治＝鈴
　　　木和博＝早川堯夫「EU における細胞・組織加工製品の規制動向」医薬品医療機器レ
　　　ギュラトリーサイエンス 42 巻 2 号（2011 年）142 頁以下参照。

(47)　Faltus, a. a. O. (7), S. 608. 但し，先端利用医薬品規則第 28 条によれば，EU 加盟国
　　　において，例外的に販売承認権限を留保する場合も規定されている。その例外に関する
　　　具体的要件は，医薬品法第 4 条 b 第 3 項において規定されている。ドイツ国内におい
　　　て，この審査権限を有する公官庁は「パウル＝エアリッヒ研究所（Paul-Ehrlich-Insti-
　　　tut）」である。

(48)　Commission Directive 2009/120/EC of 14 September 2009 amending Directive
　　　2001/83/EC of the European Parliament and of the Council on the Community code
　　　relating to medicinal products for human use as regards advanced therapy medicinal
　　　products, OJ L 242, 15. 9. 2009, p. 3-12.

組織工学製品とは，生物工学的に加工された細胞又は組織を含むか，それに由来するもので，ヒト組織の再生・修復・置換という性質が付与されるか，その目的のために利用されるものとして定められている[49]。そのような性質は，まさにヒト iPS 細胞に当てはまるものとして，ドイツでは，ヒト iPS 細胞を一般的に「組織工学製品」として位置付ける傾向にある[50]。

　しかし，このようなヒト iPS 細胞の EU 法的位置付けは，最近のゲノム編集を巡る急速な技術的進展下において[51]，維持し続けることができるかという疑問も提起されている。なぜなら，ゲノム編集が施されたヒト iPS 細胞は，前掲されたところの「遺伝子治療薬」にも該当する可能性が生じてくるからである[52]。ここでいう遺伝子治療薬とは，前掲した EU 法上の定義によれば，その受容者の疾患に関連する遺伝子配列を調節・修復・置換・追加・削除する目的で使用又は投与されるものとして定められている[53]。

　この点，ヒト iPS 細胞を用いた治療は，例えば，事故又は加齢による変性現象に起因しうる欠損のために，そこでの細胞ないしは組織を代替するものとして把握される。すなわち，ヒト iPS 細胞の作製においてゲノム編集過程が組み入れられていたとしても，そこでは，必然的に遺伝子治療薬の主眼である「遺伝子自体の治療」という特徴が見出されるわけではない。

　従って，EMA による EU 法の解釈指針によれば，この遺伝子治療の概念から鑑みて，治療目的で遺伝子改変された細胞の全てが遺伝子治療薬に当てはまるわけではないと説明されている[54]。そのような見解によれば，ヒト

---

(49)　拙稿・前掲注(5)170 頁参照。この「組織工学製品」の定義は，医療機器としての性質も含んでいる。これに対して，「体細胞治療薬」は，細胞の薬理学的・免疫学的・代謝的機能を高めること（いわば「自己治癒力」）を期待して，体内に取り込まれるものであり，そこに医療機器としての性質は含まれていない。

(50)　Faltus, a. a. O. (31), S. 868.

(51)　このような新しいゲノム編集技術の現況に関しては，Mei Y., et al., Recent Progress in CRISPR/Cas9 Technology, Journal of Genetics and Genomics 43, (2016), 63 ff. 特に，2013 年に報告された CRISPR-Cas9 は，技術的な簡便さから，現在，哺乳類のみならず，様々な生物種において幅広く利用されている。

(52)　Anliker B. / Renner M. / Schweizer M., Genetisch modifizierte Zellen zur Therapie verschiedener Erkrankungen, Bundesgesundheitsbl. 58, (2015), S. 1274 ff.

(53)　拙稿・前掲注(5)169 頁参照。

(54)　EMA: Committee for Advanced Therapies (CAT), Guideline on quality, non-clinical iPS 細胞において，たとえゲノム編集が施されたとしても，その事実だけで自動的に遺伝子治療薬に区分されるわけではないということになる。

　いずれにせよ，このような複合的特殊性を有するヒト iPS 細胞が開発されてきた経緯を受けて，従前における先端医療医薬品の法的枠組みは，十分に対応可能なものであるのかという問題が提起されている[55]。従って，このゲノム編集に関する急速な進展を見越して，そのための将来的な制度設計の構築が EU 法上ひいてはドイツにおいても意識され始めてきている[56]。

(b) 非臨床試験

　ヒト iPS 細胞を用いた先端医療医薬品の非臨床試験は，ドイツ国内における医薬品関連法令の手続に従って実施される。この点，「危険物質からの保護に関する法律：化学物質法[57]」第 19 条 a 第 1 項によれば，「物質又は混合物において，その人間及び環境に対する潜在的な危険性を評価し，そこでの結論を得るために求められるべき免許，許可，登録，届出，通知の手続として，その健康及び環境に関する安全性確保の意味で重要な非臨床試験は，共同体法及び欧州連合法が別に定めない限りで，本法第 1 附属書中の優良試験所基準（GLP）の原則に準拠して実施される」ものと定められている。従って，ヒト iPS 細胞を用いた非臨床試験は，ドイツにおいて，この化学物質法内にある GLP に従うかたちで実施されることが義務付けられている。

(c) 臨 床 試 験

　ヒト iPS 細胞を用いた先端医療医薬品の臨床試験は，その他の医薬品と同様に[58]，医薬品法第 40 条以下において，その一般的要件が規定されてい

---

and clinical aspects of medicinal products containing genetically modified cells, (2012) pp. 8 ff.

(55) 同様に，ゲノム編集による問題の複雑化を指摘するものとして，Braun M. / Dabrock P., "I bet you won't": The science-society wager on gene editing techniques, EMBO reports 17, (2016), pp. 279 f.

(56) Faltus, a. a. O. (31), S. 869. そこでは様々なリスクが見出されることから，それに対処するかたちで安全性・品質保証に関する規定も導入される必要性が述べられている。

(57) Gesetz zum Schutz vor gefährlichen Stoffen: Chemikaliengesetz, neugefasst durch B. v. 28. 8. 2013 BGBl. I S. 3498, 3991; zuletzt geändert durch Artikel 4 G. v. 18. 7. 2016 BGBl. I S. 1666: Geltung ab 26. 9. 1980.

(58) 但し，外科的侵襲を伴う細胞治療薬の臨床試験の枠組みにおいては，通常，第Ⅰ相試験は実施されず，患者が関与するかたちでの第Ⅱ相試験から開始され，そこでは，

る[59]。そして，より具体的な製造手続に関しては，「優良臨床試験基準（GCP）命令[60]」に従うことが義務付けられる。

更に，EU 法上，先端医療医薬品規則第4条第2項においては，先端医療医薬品に特化した GCP 指令の策定が欧州委員会に義務付けられている。しかし，現在のところ，欧州委員会により，その暫定版[61]が公表されたに留まる。

(d) 製　造

ヒト iPS 細胞を用いた先端医療医薬品の製造に関しては，その他の医薬品と同様に，医薬品法第13条第1項による許可が必要とされる[62]。更に，EU 法上，そのような医薬品の製造に関しては，適正製造基準（GMP）[63]に従うことが求められている[64]。この GMP の順守に関するドイツ国内の直接的な

各々の病状に対する有効性が検査される。なぜなら，外科的侵襲を伴うことから，医学的に健康な被検者による第 I 相試験の実施は不適当と考えられているからである。Huber-Lang, M. / Gebhard F., Klinische Prüfung chirurgischer Eingriffe, in: Lenk C. / Duttge G. / Fangerau H. (Hrsg.), Handbuch Ethik und Recht der Forschung am Menschen, Springer, (2014), S. 17, 20 f.

(59)　その管轄官庁は，医薬品法第77条第2項により，前掲注(47)と同様，パウル＝エアリッヒ研究所である。その研究で求められる倫理的評価に関しても，その他の臨床試験と同様，医薬品法第42条により，各州で設置された倫理委員会において審査されなければならない。

(60)　Verordnung über die Anwendung der Guten Klinischen Praxis bei der Durchführung von klinischen Prüfungen mit Arzneimitteln zur Anwendung am Menschen (GCP-Verordnung - GCP-V), V. v. 9. 8. 2004 BGBl. I S. 2081; zuletzt geändert durch Artikel 13 G. v. 20. 12. 2016 BGBl. I S. 3048: Geltung ab 14. 08. 2004.

(61)　Detailed guidelines on good clinical practice specific to advanced therapy medicinal products, Brussels, 03/12/2009, ENTR/ F/2/SF/dn D(2009) 35810.

(62)　Faltus, a. a. O. (7), S. 656 ff. 医薬品法第13条においては，製造許可を必要としない例外的医薬品も規定されている。しかし，先端医療医薬品は，医薬品法第13条第2項b 第2文において，その再例外が規定されていることから，原則に戻り，その製造に関しては，同法第13条の許可を要することになる。

(63)　Commission Directive 2003/94/EC of 8 October 2003 laying down the principles and guidelines of good manufacturing practice in respect of medicinal products for human use and investigational medicinal products for human use, OJ L 262, 14. 10. 2003, p. 22–26.

(64)　ヒト iPS 細胞を用いた医薬品に関して，GMP 上，一般的に考慮するべき観点を述べたものとして，Baghbaderani B. A., et al., cGMP-Manufactured Human Induced

根拠条文は,「医薬品及び作用物質製造令⁽⁶⁵⁾」第 2 条及び第 3 条である。

　(e) 上　市

　ヒト iPS 細胞を用いた先端医療医薬品の上市は, それが EU 域内で一般的に流通するものなのか, 又は単にドイツ国内における医療提供施設で使用するに留まるかに応じて, 手続上の流れが異なる。

　先ず, そのような医薬品が EU 域内全体に販路を求めて産業的に製造される場合, EMA の許可により, 上市が可能となる。しかし, 当該医薬品がドイツ国内の医療提供施設において, 医師の専門的な責任の下で取り扱われる場合, 先端医療医薬品規則第 28 条及び医薬品法第 4 条 b により, ドイツ国内における許可手続だけで足りるものとされる⁽⁶⁶⁾。

　更に, 先端医療医薬品に関しては, 一般的な市販後医薬品安全監視に関する規制に追加して, 先端医療医薬品規則第 14 条及び医薬品法第 63 条 i により, 特別な市販後医薬品安全監視の規定も適用される。

　また, 医薬品を巡る事故責任に関しては, 医薬品法上, そのような先端医療医薬品に特化した規定は置かれていない。従って, 他の医薬品と同様に, 医薬品法第 84 条が問題となる限りにおいて, そこで求められた法的責任が生じることになる。

Ⅳ　ヒト iPS 細胞由来の生殖細胞に関する法的問題

1　胚保護法上の問題

ヒト iPS 細胞から卵子及び精子を分化・誘導する研究に関しては, 既に世

Pluripotent Stem Cells Are Available for Pre-clinical and Clinical Applications, Stem Cell Reports 5, (2015), pp. 647 ff.

(65)　Verordnung über die Anwendung der Guten Herstellungspraxis bei der Herstellung von Arzneimitteln und Wirkstoffen und über die Anwendung der Guten fachlichen Praxis bei der Herstellung von Produkten menschlicher Herkunft (Arzneimittel- und Wirkstoffherstellungsverordnung - AMWHV), V. v. 3. 11. 2006 BGBl. I S. 2523 (Nr. 51); zuletzt geändert durch Artikel 48 G. v. 29. 3. 2017 BGBl. I S. 626: Geltung ab 10. 11. 2006.

(66)　この場合における管轄官庁は, 前掲注(47)と同様, パウル=エアリッヒ研究所である。

界中で実施されている[67]。このような研究により，ヒトの発生過程に関する
科学的な知見が獲得されるだけではない。そこでは，新たな生殖補助医療の
手法として発展していく可能性も示されている。

　そのような意味で，ヒト iPS 細胞による生殖細胞の分化・誘導は，生殖補
助医療との関連性が見出せることから，ドイツにおいて生殖補助医療を規制
する胚保護法との調整が議論されている。

　この点，ドイツの生命倫理的問題に関する政策助言機関であるドイツ倫理
審議会[68]は，ヒト iPS 細胞由来の生殖細胞に対しても，胚保護法の適用を及
ぼすべきであるという見解を主張している[69]。なぜなら，そのような生殖細
胞は，胚保護法内で規定化された生殖細胞と機能的同価値性を有しているか
らである[70]。従って，この見解によれば，ヒト iPS 細胞から生殖細胞を分
化・誘導する研究は，ドイツにおいて，胚保護法の趣旨から禁止される可能
性も生じてくる[71]。

　しかし，このドイツ倫理審議会が採用する見解に対しては，特別刑法的な
意味合いを有する胚保護法の文言を不当に類推解釈するものとして，学説上，
強く反対する見解も主張されている[72]。そして，この見解の帰結によれば，

---

(67)　その概要として，Moreno I, et al., Artificial gametes from stem cells, Clinical and
　　　Experimental Reproductive Medicine 42, (2015), 33 ff.

(68)　この機関が設けられた経緯に関しては，齋藤純子「ドイツ倫理審議会法：生命倫理
　　　に関する政策助言機関の再編」外国の立法 23 号（2007 年）174 頁以下参照。

(69)　Deutscher Ethikrat, Stammzellenforschung – Neue Herausforderungen für das
　　　Klonverbot und den Umgang mit artifiziell erzeugten Keimzellen?, (2014), S. 5.

(70)　卵細胞に関して，同様の解釈論を示唆するものとして，Taupitz J., in: Günther /
　　　Taupitz / Kaiser, a. a. O. (10), C. II. § 8, Rn. 35.

(71)　Faltus, a. a. O. (19), S. 227 ff. 我が国でも同様の議論がなされ，実際に，このような
　　　手法は，「ヒト iPS 細胞又はヒト組織幹細胞からの生殖細胞の作成を行う研究に関する
　　　指針（平成 22 年文部科学省告示第 88 号）」により規制されている。当該指針の内容に
　　　関しては，青井貴之「幹細胞の規制科学」日本再生医療学会（監修）山中伸弥＝中内啓
　　　光（編）『幹細胞』（朝倉書店，2012 年）178 頁以下参照。

(72)　胚保護法は，胚保護の趣旨をドイツ国内全体に及ぼすため，州が管轄権を有する医
　　　療法の領域ではなく，連邦が管轄権を有する特別刑法として制定された。この経緯に関
　　　しては，齋藤・前掲注(9)104 頁参照。従って，基本法第 103 条第 2 項及び刑法第 1 条
　　　による罪刑法定主義の趣旨からは，このような特別刑法上の文言における類推解釈は禁
　　　止される。この点を強調するものとして，Faltus, a. a. O. (31), S. 872.

ドイツにおいて，ヒトiPS細胞から生殖細胞を分化・誘導する研究は，胚保護法の適用を受けないものとなる。

　この反対説は，次のような根拠から，より詳細に論証される。すなわち，胚保護法第8条第3項は，生殖細胞を「受精した卵子を起点として，そこから発生したヒトの卵子及び精子に至るまでの細胞系列にある全ての細胞を意味し，更には精子の挿入又は侵入を起点として，細胞核融合が完了して受精に至るまでの卵子をも意味する」ものであると法的に定義している。この規定によれば，ここでいうヒトの卵子及び精子とは，医学的な意味において自然な生殖過程の系列に属するかたちで発生してきた細胞を指すようにも思われる。これに対して，ヒトiPS細胞から分化・誘導された卵子及び精子は，自然な意味での生殖細胞に属しない体細胞に由来するものである。その点を鑑みれば，たとえ，そこにおいて自然発生的な生殖細胞と同等の機能・性質が見出されたとしても，胚保護法により求められる生殖細胞の自然な発生形態・系列に属するものではないという評価が妥当とされる[73]。

2　医薬品法上の問題

　また，以上のような生殖細胞の法的定義に関する問題は，ドイツの医薬品法において，どのようなかたちで生殖細胞が取り扱われているのかという問題にも関連付けられる[74]。

　先ず，文言上，明確な点として，ヒト卵子及び精子を含め，生殖細胞は，医薬品法第4条第30項第2文により，「医薬品でもなければ，組織加工品[75]

---

(73)　このような観点からFaltus, a. a. O. (7), S. 490; Ders., a. a. O. (31), S. 872によれば，ヒトiPS細胞由来の生殖細胞を胚保護法の適用下に組み込むためには，胚保護法第8条第3項を生殖細胞の機能に着目したかたちで改正するべきであることが主張されている。

(74)　Kreß H., Forschung an pluripotenten Stammzellen: Klärungsbedarf zu induzierten pluripotenten Stammzellen – Öffnungsbedarf beim Stammzellgesetz, MedR 33, (2015), S. 391. そこでは，そのような生殖細胞への分化・誘導が倫理的な理由のみから全面的に禁止されるべきではなく，むしろ，当該手続の安全性確保に着目した新たな法整備の必要性が主張される。

(75)　ここでいう「組織加工品（Gewebezubereitung）」とは，医薬品法第4条第30項第1文により，「移植法第1条a第4号の意味における組織又は当該組織から製造された医薬品」と定められている。ちなみに，移植法第1条a第4号は，組織の定義規定である。

でもない」として，同法の適用対象から除外されている。従って，この適用
除外規定によれば，医薬品法の規定は，少なくとも自然発生的な生殖細胞を
用いた医療に適用されないということになる。

　しかし，ヒトiPS細胞から分化・誘導された卵子及び精子に関して，この
自然発生的な生殖細胞と同様の処理ができるかは必らずしも明らかではない。
例えば，そのようなヒトiPS細胞由来の卵子及び精子が患者へ移植するかた
ちで用いられるのであれば，それは，移植法第1条a第4号の意味における
組織として把握されうることになり，更には，医薬品法第4条第30項第1
文において，組織加工品として取り扱われるものとなる。このことを介して，
ヒトiPS細胞から分化・誘導された生殖細胞は，結果的に医薬品法の適用対
象にも含まれうる。そして，そのような場合，医薬品法第20条bにより，
提供者保護のための特別な規定も適用可能となる[76]。

　従って，ここでは，医薬品法第4条第30項において，ヒトiPS細胞由来
の生殖細胞が同条項第2文で適用除外される生殖細胞に当たるのか，それと
も同条項第1文で適用対象とされる組織加工品に当たるのかという問題が生
じる。

　この点，ヒトiPS細胞由来の生殖細胞が自然発生的な生殖細胞と同等の機
能・性質を有しているのであれば，それは，医薬品法第4条第30項第2文
により，同法の適用除外を受ける生殖細胞として取り扱われる見方が妥当と
される。また，医薬品法は，胚保護法と異なり，発生形態・系列に着目して
生殖細胞を定義しているわけではなく，その機能・性質に応じて区分するこ
とを少なくとも排除していない。更に，行政法として位置付けられる医薬品
法は，特別刑法的な胚保護法と異なり，基本的に類推解釈をする余地もあ
る[77]。このような法的評価によれば，ヒトiPS細胞由来の生殖細胞は，医薬
品法で設定される規範の適用を受けないと解釈することも十分に可能である。

　しかし，以上の解釈論に対しては，次のような反対論も主張されている。
先ず，ヒトiPS細胞から生殖細胞を人工的に分化・誘導する過程は，医薬品
法上の組織加工品ないしは先端医療医薬品を作製する過程と同様である[78]。

---

(76)　同条項の趣旨に関しては，Deutscher Bundestag, Drucksache 16/5443, S. 56 f.

(77)　ドイツの行政法における類推解釈の可能性に関しては，Beaucamp G., Zum Analo-
gieverbot im öffentlichen Recht, AöR 134, (2009), S. 83 ff.

そうであるならば，それは特殊なリスクが考慮されるべき客体でもありうる。それにもかかわらず，ヒトiPS細胞由来の生殖細胞が性質・機能面で自然な生殖細胞と同等であることを論拠として，医薬品法から適用除外されるのであれば，同法の目的である医療の安全性・品質保証が貫徹されなくなる。このことを懸念して，ヒトiPS細胞由来の生殖細胞は，医薬品法における組織加工品ないしは先端医療医薬品と同等のものとして取り扱うべきであるという主張が展開されることになる[79]。

V　おわりに

　初期化された幹細胞を分化・誘導する手法の実用化に向けた試みは，日進月歩で発展している。しかし，このような先端医学領域に対して，ドイツの厳格な法体系が適合的であるかは，本稿で示したように，種々の疑問が示されている。

　その中でもヒト胚に対する厳格な刑事法的保護は，ヒトES細胞研究における障害要因として作用している印象は拭えない。他方で，ヒトiPS細胞の利用に関しては，当地において，医薬品法を中心とした行政法的な運用で現実的な対応を試みようとする傾向が読み取れる。このような枠組みを介して，ドイツにおいてもヒトiPS細胞の研究を患者志向的な医療へと迅速に移行化していく必要性が認識されているだけでなく，同時に，そのような医療に潜むリスクに対処し，その安全性・品質保証を法的に維持していくことも企図されている。

　しかし，例えば，ヒトiPS細胞を巡る手法がゲノム編集のような別個の先端医療技術と様々に組み合わされた場合，ドイツにおける行政法上の対応にも曖昧な部分が散見される。それは，ドイツ国内法の問題だけに留まらず，

---

(78)　Faltus, a. a. O. (31), S. 873. そもそもヒトiPS細胞由来の生殖細胞を獲得するために　は，その材料となる体細胞を採取しなければならない。そして，その体細胞採取の段階において，ヒトiPS細胞由来の生殖細胞は，未だ生殖細胞として存在していない。従って，そのような生殖細胞が獲得される前に先行する段階の全ては，先端医療医薬品を作製する過程としても説明されうる。

(79)　Faltus, a. a. O. (31), S. 873.

EU 法全体に波及する問題としても指摘可能である。今後，分化転換・生体内初期化というようなヒト iPS 細胞を巡る新しい手法の発展が見込まれている中において，ドイツ法の整然とした体系性は，果たして維持できるのか。そこに生じた間隙を埋めることはできるのか。ドイツにおける法的・政治的情勢は，このような観点からも参考となる方向性を示唆しているように思われる。

10　フランスにおける再生医療の現状と課題

小 出 泰 士

Ⅰ　は じ め に

Ⅱ　体性幹細胞

Ⅲ　胚性幹細胞

Ⅳ　iPS 細胞

Ⅴ　バイオバンク

Ⅵ　おわりに —— 幹細胞を用いる

　　　再生医療に関するその他の問題

I　はじめに

　病気とは何か。もちろん病気には様々なタイプのものがあるが，その中の主要な一つの考え方として，次のような考え方がある。人体というものを無数の部品から構成された機械のように見たてた場合，人体とは，固有の機能を備えた多様な組織や臓器の集合体とみなすことができる。そして，機械の場合には，それを構成する部品が損傷することにより機械全体の働きが悪くなるように，人間の場合にも，組織や臓器の機能が衰えたり（機能低下）働かなくなったり（機能不全）した時に「病気」になると考えることができる。機械の場合には，損傷した部品を新しい部品と交換することにより，また元通り働くようになるが，人間の場合には必ずしもそうはいかない。代わりの部品はそう簡単には手に入らないからである。人間が病気になった場合には，例えば投薬等の内科的な治療により，機能の低下した組織や臓器の機能を元通り回復させようと努力する。そして，それらの組織や臓器が再び十全に機能するようになれば，病気は治る。しかし，もはや内科的な対処では機能の改善が望めなくなった場合，組織や臓器の機能を回復させるための外科的な対処の仕方として，2つの方法が考えられる。

　その1つは，その機能が低下したり失われたりした臓器そのものを，機械修理の場合と同じように，まだ機能する別の臓器に交換するという方法である。とはいえ，通常，臓器という人体を構成する部品を，一から作り出すことはできないため，不要となった臓器，あるいは，なくとも生きていける臓器を，他人から譲り受け，患者の臓器と置換することにより，臓器の機能障害を解決する。それが臓器移植という医療にほかならない。

　フランスでは，2004年の生命倫理法改正において，「臓器の摘出と移植は，国家の最重要課題である」[1]と公衆衛生法典に明記し，臓器不全に苦しむ社会の人々を救うための臓器移植の必要性を強調した。フランスにおいて，生命が脅かされている患者を医療技術によって救うことは，善行（bienfaisance）の原則，連帯性（solidarité）の原則に基づく社会の責務である。

（1）　Loi n°2004-800 du 6 août 2004 relative à la bioéthique（Code de la Santé Publique, art.L.1231-1A.）.

　同じ法改正で，民法典 16 条の 3 は，「人体の統合性（intégrité）を侵害することができるのは，本人に医学的必要がある場合，及び，例外的に他者の治療のためにのみである。」と改正された。元々の条文は，「人体の統合性を侵害することができるのは，本人に治療が必要な場合だけである。」(2) となっていて，本人の治療のためであれば例外的に本人の身体を侵害することが許されるという意味で，基本的には人体の統合性を侵害してはならないということの方に重心が置かれていた。ところが，この 2004 年の改正により，「他者の治療のため」という理由が加えられ，本人や他者の治療のためであれば人体の統合性を侵害することも許される，というニュアンスに修正されたように思われる(3)。つまり，他者を治療するために，人体の不可侵の原則よりも連帯性の原則を優先させる場合の正当性を法律に明記したのである。法学者のジャン-ルネ・ビネもまた，2004 年 8 月 6 日法律の第 3 節「人体の要素及び産物の提供及び利用」の諸規定は，「この努力に協力する人々の安全と保護を強化する」一方で，「主として人体の要素と産物の提供と利用を促進することを目指している」(4) と指摘している。

　だがそのようにフランスでは臓器移植を「国家の最重要課題」と宣言したにもかかわらず，移植するための臓器は常に不足してきた。移植するための臓器の数を増やそうと様々な努力がなされたにもかかわらず，あまり効果がなかったばかりか，臓器不足は臓器売買や臓器ツーリズムといった倫理を逸脱する現象すら引き起こしてしまった。こうしたことから，臓器移植に代わる医療として今日期待されているのが，衰えた臓器の機能を回復させるためのもう 1 つの方法である，細胞治療である。

　細胞治療とは，組織や臓器の機能が低下したり働かなくなったりした場合に，臓器そのものを置換するのではなく，新しい細胞を補充してやることで，

（2）　Loi n°94-653 du 29 juillet 1994 relative au respect du corps humain.

（3）　この改正によって，臓器の移植を意味する言葉が，transplantation から greffe へと代えられたことも，小さな変更ではない。というのは，transplantation の接頭語の trans が暗示するのは，あくまでドナーからレシピエントへの臓器の橋渡しであるが，元々「接ぎ木」を意味する greffe が暗示するのは，より即物的な臓器の人体への組み込みだからである。つまり，命のリレーという面よりもむしろ，臓器移植という技術によって臓器不全の患者の命を救うことの方に焦点が当てられているように思われる。

（4）　Jean-René Binet, Le nouveau droit de la bioéthique, Paris, LexisNexis SA, 2005, p.33.

その組織や臓器の機能を元通り回復させようとする「再生医療」である。つまり，組織や臓器を構成する細胞が損なわれたことにより，組織や臓器の機能が衰えた場合に，新しい細胞に入れ替えることによって組織や臓器を若返らせようとするのである。

　その補充するための新しい細胞を入手する方法として今最も期待されているのが，まだ特定の細胞へとは分化していない幹細胞を，患者が必要とする特定の細胞へと人為的に分化させることである。幹細胞とは，これから特定の細胞へと分化する能力を有するが，まだ特定の細胞には分化していない細胞である。近年，様々な幹細胞が発見されたことにより，そうした幹細胞を利用した細胞治療（再生医療）が考えられるようになり，未来を拓く医療として世界の大きな期待を一身に集めるようになった。とはいえ，幹細胞から特定の細胞が分化するメカニズムや，体内における幹細胞の働きについては，まだ科学的に解明されていない部分も多い。幹細胞には，大きく分けて，体性幹細胞，胚性幹細胞，iPS 細胞などの種類がある。以下では，まずそれぞれの幹細胞に分けて，フランスにおける採取の方法，条件，規制，問題点などについて検討し，最後に，それらの幹細胞を含む細胞や組織を保存するバイオバンクのあり方と問題点について考察する。

II　体性幹細胞

　体性幹細胞とは，生体の様々な組織の中に存し，多機能性（multipotent）を有する細胞である。多機能性とは，胚性幹細胞のように身体を構成するあらゆる細胞に分化することのできる多能性（pluripotent）でこそないが，胚の起源を同じくする限られた種類の細胞（形や機能は異なる）へと分化する可能性を持っている。

　その体性幹細胞の中で，今日細胞治療において最も重要な役割を果たしているのが造血幹細胞である。造血幹細胞は，赤血球，顆粒球，血小板，リンパ球などあらゆる血球系列の細胞へと分化する。そのため，白血病，悪性リンパ腫，重篤な再生不良性貧血などの難治性の血液疾患に罹患した患者を治療するために，患者に造血幹細胞を移植することはきわめて有効な治療法である。フランスで初めて，骨髄から抽出された造血幹細胞を骨髄形成不全症

の患者に移植したのは，1950 年代の終わり頃，ジョルジュ・マテ（Georges Mathé）とそのチームであった[5]。

1994 年法では，骨髄は臓器とみなされ[6]，臓器移植の項目で扱われていた。したがって，骨髄の採取についても，第 2 款「生きている者からの臓器の摘出について」というタイトルの下に規定されていた。臓器移植のための臓器の摘出は，一般に，未成年者や法的保護措置の対象となっている成人からは行ってはならない（L.671 条の 4 ）が，骨髄の採取に関しては，例外的に，未成年者から，その兄弟姉妹の治療のために行うことができる。だがその場合には，未成年者の親権者の双方又は法定代理人の承諾が必要であり，未成年者本人が拒否している場合には採取を行うことはできない（L.671 条の 5 ）。

2004 年の生命倫理法改正で大きく修正されたことの一つは，この骨髄に関しては，「臓器」とは切り離し，「骨髄由来の造血細胞」として，第 2 節「人体の要素及び産物の提供及び利用」の第 4 款「人体の組織，細胞，産物及びその派生物」というタイトルの下に移したことである。しかも，「骨髄由来の造血細胞」の採取については，それ以外の組織や細胞の採取とも，取り扱いが区別されている。「骨髄由来の造血細胞」の採取に関しては，他者の治療のために提供することが目的であり，「ドナーが，自分の冒すリスク及び採取により生じるかもしれない結果に関して事前に情報を与えられた上で，大審裁判所裁判長又は裁判長に指名された判事の前で自分の同意を表明したという条件でのみ」（公衆衛生法典 L.1241 条の 1 ）実施することができる。もっとも，属するカテゴリーが変わったとはいえ，生きている人から臓器，骨髄を摘出する場合のこの同意の条件は，基本的には 1994 年法と変わっていない。なお，原則として，生きている未成年者又は法的保護措置の対象である生きている成人から，臓器，骨髄の摘出を行ってはならないが，例外として兄弟姉妹の治療のためであれば行ってもよいという点も，1994 年法と

（ 5 ）　CCNE, Avis N°117: Utilisation des cellules souches issues du sang de cordon ombilical, du cordon lui-même et du placenta et leur conservation en biobanques. Questionnement éthique., 2012, p. 5.

（ 6 ）　L.671 条の 1 　本編の諸規定の適用については，骨髄を臓器とみなす（Loi n° 94-654 du 29 juillet 1994 relative au don et à l'utilisation des éléments et produits du corps humain, à l'assistance médicale à la procréation et au diagnostic prénatal）。

同じである。つまり，骨髄の採取に対するドナーの身体の保護の水準については，フランスの立法府は，法改正に当たっても，生きている人から臓器を摘出する場合と同じ水準を維持しようとした，と言うことができる。

　さらに，2011年の生命倫理法改正において，人体の要素や産物の採取や収集の条件については，それらの利用に関する知見の進歩に伴って，多くの修正が加えられている。2004年法において臓器から独立させられた骨髄に，2011年法では新たに末梢血が付け加えられた。研究の進展により，骨髄だけでなく，末梢血に含まれる造血幹細胞も利用できることが明らかとなったためである。ただし，その扱いは，骨髄と同様である[7]。

　ところで，この骨髄移植という医療は，ドナーにとってもレシピエントにとってもきわめて負担が大きい。というのも，レシピエントにとっては，化学療法により骨髄を破壊された後は，感染症の病原体から身を護るための白血球がもはやないため，密閉された無菌状態に置かれなければならないし，ドナーにとっては，全身麻酔下で腹臥位で腸骨から穿刺により骨髄を吸引するのだが，骨髄移植に成功するかどうかは採取された骨髄の中に存在する造血幹細胞の数にも左右されるため，十分な量の骨髄が得られるまで何度も穿刺を繰り返す必要があるからである。この穿刺の結果，ドナーには痛みが残ることがあるとも言われている。

　ところが，造血幹細胞は，骨髄の中だけでなく，臍帯血や胎盤血にも多く含まれていることが明らかとなった。そのため，臍帯血や胎盤血は細胞治療のための貴重な資源と考えられている。今日フランスでは，臍帯血移植が幹細胞移植全体の22％を占めているという[8]。臍帯血や胎盤血は，出産後の

（7）「治療目的で提供するために，骨髄又は末梢血から抽出することによって収集される造血細胞の採取は，ドナーが，自分の冒すリスク及び採取により生じるかもしれない結果に関して事前に情報を与えられた上で，大審裁判所裁判長又は裁判長に指名された判事の前で自分の同意を表明したという条件でのみ，実施することができる。ただし，大審裁判所裁判長又は裁判長に指名された判事は，その同意が情報を与えられた上で自由になされたものであることを事前に確認する。生命に関わる緊急の場合には，同意は検事があらゆる手段を用いて手に入れる。同意は，正式な手続きを経ずにいつでも撤回可能である。」（公衆衛生法典 L.1241条の1）

（8）　Marie-France MAMZER-BRUNEEL et al., La thérapie cellulaire comme alternative à la greffe traditionnelle, Revue générale de droit médical, 2015; 55: 173., Rapport

後産の際に娩出される臍帯や胎盤に残っている胎児の血液である。したがって，それらを採取する場合には，母体にも胎児にも危害を加えることはない。フランスで初めて，臍帯血から抽出された造血幹細胞を，その新生児の兄の先天性ファンコニ病の治療のために使用したのは，1988 年にエリアンヌ・グリュックマンとそのチームであった[9]。

　2011 年の生命倫理法改正において，「臍帯血及び胎盤血の造血細胞並びに臍帯及び胎盤の細胞」を提供するための条件に関して，次のような項目が 4 項として条文の最後に新たに追加された。

　　臍帯血及び胎盤血の造血細胞並びに臍帯及び胎盤の細胞の採取は，科学目的又は治療目的で，匿名かつ無償での提供のために，女性が妊娠中に，利用の目的について情報を受け取った後に，これらの細胞の採取と利用に関して書面による同意を与えたという条件でのみ，実施することができる。この同意は，採取が行われない限り，正式な手続きを経ることなくいつでも撤回可能である。例外として，提供は，採取の時に確かでかつ正式に正当化された治療の必要性がある場合に，生まれた子又はその子の兄弟姉妹に捧げることができる。（公衆衛生法典 L.1241 条の 1 ）

　従来の考え方からすれば，胎盤及び臍帯の一部を含めたその付属物は，「廃棄物」とみなされる。というのも，それらは，出産後に子宮腔に残っている間は母親の身体の一部であるが，後産の娩出後に，母体と切り離されて廃棄されるものだからである。そのため，それらは，本来，「感染リスクのある医療活動の廃棄物」（DASRI）として取り扱われなければならないだろう[10]。ところが，胎盤や臍帯に関しては，フランスでは現在，一般の「廃棄物」としての扱いはされていない。この点について，以下で順を追って考えていきたい。

　一般に，手術の際に摘出される不要となった組織や臓器は，まさしく「感染リスクのある医療活動の廃棄物」であるが，それを医療目的又は科学目的で提供する場合の条件は，次のように規定されている。

---
　　　médical et scientifique de l'Agence de la biomédecine, 2013.
（ 9 ）　CCNE, op.cit., p. 6.
（10）　Ibid., pp. 8-9.

手術を受ける者の利益のために実施される外科手術の際に摘出された臓器は，この者がその使用の目的について情報を与えられた後に反対を表明しなければ，治療目的又は科学目的で使用することができる。(公衆衛生法典 L.1235 条の2)

つまり，手術の際の「廃棄物」を治療目的又は科学目的で提供するための条件は，本人が拒否の意思を表明していないことである。もし，出産時の後産によって娩出される胎盤及びその付属物が「廃棄物」とみなされるのであれば，手術の際の「廃棄物」と同様に，提供を拒否する本人の意思表示がないことを，提供の条件としてもよいはずである。

他方，「廃棄物」ではなく，一般に，「人体の要素の採取及び人体の産物の収集」については，次のように規定されている。

人体の要素の採取及び人体の産物の収集は，ドナーの事前の同意がなければ実施することはできない。この同意は，いつでも撤回可能である。

人体の要素又は産物を，それらが採取又は収集された目的とは別の医学目的又は科学目的で使用することは，この採取又は収集の対象となった者がこの別の目的に関して事前に十分情報を与えられた上で反対を表明しなければ可能である。

(公衆衛生法典 L.1211 条の2)

このように，人体の要素又は産物を提供するためには，ドナーの事前の同意が必要とされている。ただし，「書面による同意」とはなっていない。また，提供された人体の要素又は産物の使用目的を変更する場合には，ドナーが拒否の意思を表明しないことが条件となっている。これらの提供条件を比較してみると，拒否の意思を表明していないこと，事前の同意，書面による同意，あるいは，大審裁判所裁判長の前での同意の表明といったように，場合に応じて細かく同意の厳格さに差をつけていることがわかる。

そこで，「臍帯血及び胎盤血の造血細胞並びに臍帯及び胎盤の細胞」の提供条件について考えてみると，それは一面では「廃棄物」でもあり，また一面では「人体の要素又は産物」でもあるわけだが，提供のための条件は，きわめて厳格な「本人の書面による同意」となっている。ということは，「臍

帯血及び胎盤血の造血細胞並びに臍帯及び胎盤の細胞」は，「廃棄物」から「治療目的の細胞製剤」へと格上げされた上に，他の「人体の要素又は産物」と比べても，一層厳格な取扱いがなされていることがわかる。そのため，行政機関によって認可された施設でなければ，これらの採取や調整，保存等を行うことはできない[11]。

　骨髄採取と違ってドナーの身体を直接侵害するわけではないにもかかわらず，胎盤や臍帯に関しては，再生医療に使用するための貴重な医療資源として，法律は格別の保護的扱いをしていることがわかる。とはいえ，国家倫理諮問委員会は，「廃棄物」であり，かつ，その提供には無危害，正当性，善行，正義という性格がある以上，単に母親が拒否の意思を表明しないことを提供の条件にしてもよいのではないかと考えている[12]。

　なお，「臍帯血及び胎盤血の造血細胞並びに臍帯及び胎盤の細胞」の採取に関しては，フランスにおいて，別の倫理的問題もある。というのも，フランスの産科の病院では，これらの血液や細胞を採取するために，専門のスタッフはいない。ということは，出産を担当する看護師が，出産直後に，これらの血液や細胞の採取を行うわけである。しかし，出産担当の看護師の主な任務はあくまで産婦および胎児（新生児）の安全，健康に配慮することであるはずである。その看護師が，出産直後に，「臍帯血及び胎盤血の造血細

---

(11)　公衆衛生法典
　　第 2 節　採取を実施する施設の認可
　　L.1242 条の 1　人体の組織を治療目的で提供するために採取できるのは，生物医学局の意見の後に行政機関がこの目的で認可した保健施設においてのみである。自家投与又は同種投与の目的で細胞を採取できるのは，生物医学局の意見の後に地域保健局の局長がこの目的で認可した保健施設においてのみである。
　　第 3 節　組織，細胞及びその派生物の調整，保存及び使用
　　L.1243 条の 1　不安定な血液製剤を除いて，自家治療又は同種治療の目的で使用される人の細胞は，その派生物も含めて，調整の程度にかかわらず，治療目的の細胞製剤である。
　　L.1243 条の 2　自家治療又は同種治療の目的で，組織やその派生物や細胞治療製剤を調整，保存，分配，譲渡を行うことができるのは，生物医学局の意見の後に，本編 1 章の諸規定の尊重を確保する全国医薬品・健康製品安全局によってこの目的で認可された施設又は組織である。

(12)　CCNE, op.cit., p. 16.

胞並びに臍帯及び胎盤の細胞」の採取に従事するとすれば，その間，産婦や胎児に対するケアが疎かになり，不利益が生じる可能性はないだろうか。また，看護師は，産婦の後産が申し分なく完了したことも確認しなければならない。だが，そうして産婦や胎児の世話にかかりきりになっていれば，今度はその間に，採取すべき血液や細胞は，生きた医療資源である以上，劣化を免れないだろう。劣化すれば，もはや再生医療に使用するには適さなくなってしまうかもしれない。

そのため，出産時に臍帯血等の血液や細胞を採取するためには，出産を担当しない採取専従のスタッフを雇うべきであるとする意見もある。ただ，採取専従のスタッフが他の部屋に臍帯や胎盤等を移してそこで採取するのに比べて，看護師が出産を終えたその場でそれらの血液や細胞を採取できるなら，無菌状態でもあり，後産から時間をおかずに採取できるために，それらの試料をよい状態で採取するためには好都合であろう。

さらにまた，そうした再生医療の貴重な医療資源としての血液や細胞の収集に対して，報酬が支払われ，病院が少なからぬ金銭的利益を手に入れるようなことがあれば，ここには利益相反の問題も生じるだろう。

III　胚性幹細胞

胚性幹細胞には，多能性があると言われる。多能性とは，身体中のあらゆる細胞に分化する可能性のことである。さらに，胚性幹細胞は，多能性を維持したまま限りなく増殖するという性質も備えている。これらの性質を利用して，治療に役立てようとするのが，今日最も期待されているタイプの再生医療である。今日利用できる多能性幹細胞には，胚性幹細胞と次節で扱うiPS細胞がある。ヒトの胚性幹細胞を作成する技術は，1998年に，アメリカのトムソンによって確立された。

前節で取り扱った体性幹細胞であれば，幹細胞ではあるものの，多機能性であるので，特定の細胞群しか作り出せないが，多能性を有する胚性幹細胞であれば，理論上は身体中のいかなる種類の細胞であれ作り出すことができる。それを利用すれば，機能の衰えた組織や臓器に，胚性幹細胞から作り出した細胞を補充してやることにより，組織や臓器の低下した機能を回復させ，

病気を完治させることができるかもしれない。そう考えると，多能性幹細胞は，広い範囲での応用が期待でき，将来の医療の大いなる発展の可能性を開示してくれている。

とはいえ，胚性幹細胞は受精後6日目くらいの胚盤胞という発生段階の胚の内部細胞塊から作成されるため，胚性幹細胞を入手するためには胚を破壊する必要がある。体外受精により作成された胚は，子宮に移植されれば，人へと成長する可能性を持っているにもかかわらず，胚性幹細胞を作成するためには，その胚の生命を奪わなければならない。ここに，再生医療によって患者を救うためならば，人となる可能性のある胚の命を奪ってよいのか，という深刻な倫理問題が生じることになる。

フランスでは，ヒト胚を，まだ人権を備えた人間ではないものの人間になる可能性のある潜在的人間（être humain potentiel）と考えて，人間の尊厳の尊重の立場から，2004年の生命倫理法では，下のように，ヒト胚を対象とする研究を原則的に禁止した[13]。ただし，例外として，「胚及び胚の細胞を対象とする研究が，治療上の重大な進歩をもたらす可能性があり，かつ，科学的知見の現状に鑑みて有効性の比肩しうる代替の方法によっては遂行することができない場合」に，「コンセイユ・デタの審議を経たデクレの公布から5年間を限度として」許可された。

　L.2151条の5　ヒト胚を対象とする研究を禁止する。

　　例外として，カップルの男女が同意する時，胚を侵襲しない検査は，4項，5項，6項，7項に定める条件を尊重するという条件で許可することができる。

　　1項の例外として，胚及び胚の細胞を対象とする研究が，治療上の重大な進歩をもたらす可能性があり，かつ，科学的知見の現状に鑑みて有効性の比肩しうる代替の方法によっては遂行することができない場合に，L.2151条の8に規定するコンセイユ・デタの審議を経たデクレの公布から5年間を限度として，それらの研究を許可することができる。この5年間にプロトコルが許可された研究は，たとえそのプロトコルの枠組みの中で

---

(13)　その考え方や経緯については，拙論「フランスにおける「ヒト胚を対象とする研究」」『独仏生命倫理研究資料集（上）』（千葉大学，2003年）122-133頁を参照。

終わらせることができなくとも，本条の諸条件，特に許可規定に関する諸
条件を尊重しつつ，遂行することができる。

この規定は，2011 年の生命倫理法改正によって，次のように修正され
た[14]。

Ⅰ．ヒト胚研究，胚性幹細胞，幹細胞系列を対象とする研究は禁止される。
Ⅱ．Ⅰの例外として，次の条件が満たされた場合，研究は許可される。
　　1° 研究計画の科学的妥当性が証明されること。
　　2° 研究により，重大な医学上の進歩がもたらされる可能性のあること。
　　3° ヒト胚，胚性幹細胞，幹細胞系列を用いない研究によっては期待した
　　　結果を得られないことが明白に証明されていること。
　　4° 研究計画及びプロトコルの実施条件が，胚及び胚性幹細胞の研究に関
　　　する倫理原則を尊重すること。
　　ヒト胚研究に代わる，倫理に適った研究が奨励されなければならない。

さらに，2013 年に，「胚及び胚性幹細胞を対象とする研究をある一定の条
件で許可することによって，生命倫理に関する 2011 年 7 月 7 日法律を修正
することを目的とする 2013 年 8 月 6 日法律 715 号」により，次のように修
正された[15]。

Ⅰ．ヒト胚及び胚性幹細胞を対象とするいかなる研究も，許可なく企てる
　　ことはできない。ヒト胚及びヒト胚由来の胚性幹細胞を対象として行わ
　　れる研究プロトコルが許可されるのは，以下の場合だけである。
　　1° 研究の科学的妥当性が証明されていること。
　　2° 研究は，基礎的なものであれ応用的なものであれ，医学目的に含まれ
　　　ていること。
　　3° 科学的知見の現状において，当該研究が，それらの胚又は胚性幹細胞
　　　を対象とすることなしには実施できないこと。

---

(14)　Loi n° 2011-814 du 7 juillet 2011 relative à la bioéthique.
(15)　Loi n° 2013-715 du 6 août 2013 tendant à modifier la loi n° 2011-814 du 7 juillet 2011
relative à la bioéthique en autorisant sous certaines conditions la recherche sur
l'embryon et les cellules souches embryonnaires.

　　4°プロトコルの実施の計画と条件は，胚及び胚性幹細胞を対象とする研
　　　究に関する倫理原則を尊重すること。

　2 度の修正を経て最も大きく変わった点は，ヒト胚を対象とする研究につ
いて，2004 年，2011 年の法律では原則禁止としていたのが，2013 年法では，
「許可なく企てることはできない」となったことである。いずれの場合でも，
条件を満たせば研究できるという点では，実質的には同じかもしれない。し
かし，2013 年に原則禁止の文言を削除したことの意味は大きい。つまり，
胚を対象とした研究は，それまで基本的にしてはならないこととされてきた
のが，2013 年には原則的に許可されたことになる。原則的には許可するが，
対象は人間になる可能性のある胚である以上，研究は慎重にしなければなら
ないために条件を設けている，という姿勢である。

　また，研究が許可される条件については，2004 年には「研究が治療上の
重大な進歩もたらす可能性」のあることとなっていたのが，2011 年には
「重大な医学上の進歩がもたらされる可能性」のあることとなり，2013 年に
は「医学目的に含まれていること」となった。当初は具体的に「治療上の進
歩」をもたらす可能性がなければならないとされていたのが，次には，必ず
しも「治療上の進歩」は得られなくても「医学上の進歩」が期待できればよ
いと条件が緩和され，最終的には，実際に「医学上の進歩」が得られなくて
も，「医学目的」さえあればよい，とさらに条件が緩和されてきていること
がわかる。

　ヒト胚および胚性幹細胞を対象とする研究が，原則「禁止」から原則「許
可」に変わったことと，研究目的に関する条件が緩和されたこととを考え合
わせると，フランスでは，ヒト胚や胚性幹細胞を対象とする研究については，
国が推進する方向に動いていることがわかるだろう。

　なお，研究の対象とすることができる胚は，「生殖への医学的補助という
枠組みの中で作成されたものの，もはや親になる計画の対象ではない胚」，
つまり，余剰胚のみであること[16]や，研究に使用した胚を懐胎目的で子宮に

---

(16)　つまり，研究のために新たにヒト胚を作成してはならない，とされている。
　　「研究目的で，ヒト胚を体外で作成すること又はクローン技術を用いて作成することを
　　禁止する。」（公衆衛生法典 L.2151 条の 2）

移植することはできない，という点は一貫して変わらない。また，2011 年
法からは，研究の対象として「ヒト胚」だけでなく「胚性幹細胞」もまた並
記されるようになった⁽¹⁷⁾。

Ⅳ　iPS 細胞

　iPS 細胞は，胚性幹細胞と同じ多能性を有する幹細胞であると言われてい
る。ただ，胚性幹細胞の場合には，ヒト胚を破壊して作成しなければならな
いのだが，iPS 細胞の場合には，ヒトの体細胞に 4 種類の遺伝子を組み込む
ことにより作成される。そのため，iPS 細胞の場合には，作成するのにヒト
胚の命を奪う必要がない。その点で，胚性幹細胞を用いた再生医療によって
患者を救うために，胚の生命を犠牲にするは善いことか悪いことか，といっ
た深刻な倫理問題を回避することができる。この iPS 細胞を作成する技術は，
2007 年に山中伸弥が開発し，彼は，その功績により，2012 年のノーベル生
理学・医学賞を受賞した。

　iPS 細胞は多能性幹細胞であるので，胚性幹細胞の場合と同じように，
iPS 細胞を患者が必要とする特定の細胞へと分化させて，それを患者に注入
するという細胞治療により，組織や臓器の低下した機能を回復させようとす
る再生医療に利用することが期待されている。

　さらに，胚性幹細胞の場合には，患者と注入する細胞の遺伝子が同じでな
いため，細胞治療を行った際に拒絶反応を起こす可能性がある。そのため，
臓器移植の場合と同じように，細胞の注入と同時に，免疫抑制剤も投与する
必要があるかもしれない。ところが，iPS 細胞を使用する場合には，出発点
として患者の体細胞を用いてそこから iPS 細胞を作成することにより，患者
と遺伝子が同じ iPS 細胞が得られるので，それを患者が必要とする細胞へと
分化させれば，患者と同じ遺伝子を持つ細胞が得られる。こうして作成され
た細胞を患者の細胞治療に用いれば，拒絶反応のない再生医療が実現できる
のではないか，と期待されている。もっとも，iPS 細胞に関連した技術につ

---

(17)　ただし，2004 年法でも，節のタイトルは「胚及び胚の細胞を対象とする研究」と
　　なっていた。2011 年法以降，タイトルは「胚及び胚性幹細胞を対象とする研究」とさ
　　れた。

いては，現在進行形で改善する努力が続けられており，日進月歩の状況にあると言ってよいので，まだ確定的な評価を下すことはできない。

　ただし，同じ多能性幹細胞と言われていても，胚性幹細胞は胚盤胞という時期の胚から元々多能性を備えている細胞が取り出されるのに対して，iPS細胞はすでに分化して特定の機能を果たしている体細胞に遺伝子を組み込むことにより作成される。つまり，胚性幹細胞の持つ多能性は，胚の細胞が有するいわば本来の働きであるが，iPS細胞の場合には，すでに働いている本来の機能を「初期化」により人為的に操作して，多能性を取り戻させたものである。したがって，iPS細胞に関しては，そのように技術を用いて人為的に細胞の運命を修正することにより，細胞の劣化が生じる可能性や，細胞の不安定化や癌化が起きるリスクについても，それらをいかに回避するかを，治療に応用する場合には特に考慮しなければなるまい。今日では，ほとんどどんな種類の体細胞も「初期化」（体細胞に多能性を取り戻させること）することができると言われているが，iPS細胞をいかなる種類の体細胞から作成するか，また，いかなる年齢の人の体細胞から作成するかによって，多能性幹細胞としての機能に違いは生じないのだろうか？　また，iPS細胞は，すでに固有の機能を持つ特定の体細胞から「初期化」によって作成されるために，元の細胞の機能が「記憶」として残っている可能性も指摘されている。それらのことが完全な初期化に対する障害となったり，iPS細胞の増殖能力が胚性幹細胞より早く衰えたりする可能性はないであろうか？　結局のところ，4つの遺伝子を導入するという人為的操作によって作成されるiPS細胞について「初期化」は完全であるのかどうか，つまり，その性能は胚性幹細胞と同じなのかどうか，また，もし異なるとすればどのように異なるのか，が評価されなければならない。そして，安全な治療のためには，何よりもまず，様々なiPS細胞の「品質」を判別するための基準を見出されなければならないだろう[18]。

　また，倫理的に特に重大な問題を孕んでいると思われるのが，現在世界中で行われているiPS細胞から生殖細胞を作成する研究である。実際に，マウスでは，マウスの皮膚の細胞から作成したiPS細胞から精子や卵子を作成し，

---

(18)　Agence de la biomédecine, Rapport d'information au Parlement et au Gouvernement, 2015, pp. 53-54.参照。

それらを受精させることによってすでにマウスを誕生させることに成功している[19]。もっとも，この研究で用いた精子と卵子は，マウスのiPS細胞から生殖細胞の元になる始原生殖細胞を作成し，それを一旦成体のマウスの精巣や卵巣に戻して，生殖器の力を借りて精子や卵子へと分化させた。つまり，この時は，身体の自然の力を借りなければ，生殖細胞を作成することはできなかった。

　もちろん，そのような操作は，人間の場合には倫理的に許されないので，すぐにはiPS細胞から作成された精子や卵子によって人間の子どもが誕生するという事態には至らないだろう。とはいえ，世界中で研究は進められており，技術は時間とともに進化している。すでに，マウスを用いて，身体の力を借りずに体外における培養だけでiPS細胞から生殖細胞を作成することに成功したという報告もある[20]。この技術が実現すれば，iPS細胞から1個の個体を誕生させることができるわけであるから，それは究極の再生医療と言えるだろう。そしてこうした想像は，決して単なる絵空事ではないのである。実際，遺伝病の患者から体細胞を採取し，そこからiPS細胞を作成し，その遺伝子から遺伝病の遺伝子と言われている部分を取り除き，健常な遺伝子を持つiPS細胞へと修復するという研究は，日本でも行われている[21]。もしこうした技術が実用可能なほどに完成すれば，この技術を，患者を治療する再生医療のためにだけでなく，人の遺伝子を操作したり新たに生命を誕生させたりするために使用することも，技術的には可能である。いずれにせよ，こうした技術は今のところまだ実現にはほど遠いため，フランスにおいて，iPS細胞から生殖細胞を作成することに関する固有の具体的な法規制はない。わが国においても，同様に，実際の規制はなされていない[22]。

---

(19)　D.Cyranoski, Stem cells: Egg engineers, Nature, 2013.8.21; 500: 392-394.

(20)　D.Cyranoski, Mouse eggs made from skin cells in a dish, Nature, 2016.10.17.

(21)　「筋ジストロフィー患者由来のiPS細胞における遺伝子修復に成功」（ヒト人工染色体ベクターによる新たな遺伝子治療戦略の可能性）http://www.jst.go.jr/pr/announce/20091209/を参照。

(22)　わが国の生命倫理政策に関する内閣の諮問機関である，内閣府の総合科学技術・イノベーション会議の生命倫理専門調査会においても，多能性幹細胞から精子・卵子を作成する技術の実現はまだ当分先のことと考えて，当面は，生殖細胞の作成のみを容認し，胚の作成を禁止する，としている。しかし，作成されたものが生殖細胞かどうかを知る

しかし，細胞の遺伝子を操作するという点で，再生医療のための技術は，クローン技術や生殖細胞系列遺伝子治療の問題とも無関係ではありえない。したがって，それらの技術と同じ土俵で倫理問題を考察する必要があるし，何らかの法的規制をするのであれば，それらを包括的に考慮するのでなければならない。さもなければ，使用される技術間で規制に間隙や齟齬が生じる可能性があるだろう。

この問題に関わりがあると思われるフランスの条文は，何よりもまず，次の民法典16条の4の3項である。同じ文言は公衆衛生法典 L.2151 条の1にも掲げられている。

> 生きている人にせよ死んだ人にせよ，他の人と遺伝子が同じ子どもを誕生させることを目的とする一切の医療処置は禁止される。（民法典16条の4）

この規定を作成した時に立法者たちの念頭にあったのは，クローン技術によるクローン人間の産生を禁止することであった。さらに，2004年に生命倫理法を改正した時，刑法典に「ヒトという種に対する罪」という新しいカテゴリーの罪を創設した[23]。「優生学及び再生クローニングの罪」という節のタイトルからもわかるように，ここには2つの罪が含まれている。一つは優生学的行為の罪であり，もう一つはクローン人間産生の罪である。

だが，上の民法の規定では，多能性幹細胞から生殖細胞を作成し，そうして作成した精子と卵子を受精させて子どもを誕生させることを禁止することはできない。なぜなら，そのようにして誕生させた子どもは，減数分裂によってできた生殖細胞の受精を経るため，厳密には，iPS 細胞を作成するために体細胞を提供した者と遺伝子が同じではないからである[24]。

には，受精して胚を形成できるかどうかを確認しなければわからない。したがって，生殖細胞の作成を容認しながら，研究目的での胚の作成を禁止していることは，矛盾している。この点に関しては，フランスでも事情は同様である。

(23)　Code Pénal 214-1〜215-4.

(24)　もっとも，iPS 細胞から直接受精卵や胚を作成する技術が開発されれば，その場合には，体細胞の提供者と遺伝子が同じ子どもを誕生させることとなり，現行の民法典16条の4の3項で禁止することができる。さらに言えば，クローン技術では，核内の遺伝子のみが体細胞提供者と同じである（ミトコンドリアの遺伝子は，体細胞提供者と

　実は，この民法典16条の4の3項が作られた時，当初の法案では，「男女の配偶子に直接由来するものではない子どもを誕生させたりヒト胚を成長させたりすることを目的とする一切の医療処置」を禁止の対象としていたのだが，議会での修正を経て結果的に現行の文言による規制となった。だが，この当初の案であれば，クローン技術によって子どもを誕生させることだけでなく，iPS細胞から作成された生殖細胞や全能細胞を用いて子どもを誕生させることについても禁止することができただろう。

　この問題を検討するためには，もう一度原点に立ち返って考える必要があるだろう。クローン技術によって子どもを誕生させたりiPS細胞から作成した生殖細胞を使って子どもを誕生させたりすることの，一体何が倫理的に問題なのだろうか。法は何を規制したいのだろうか。遺伝子が同じ人間を誕生させることなのだろうか。だが，遺伝子が同じということなら，一卵性双生児も遺伝子がまったく同じである。他人と比べれば互いに確かによく似てはいるが，同じ身体を持つわけでも，同じことを考えているわけでもない。たとえ遺伝子が同じであっても，当然人間は別である。人格も別である。遺伝子が同じであることの一体何が人間の尊厳を侵害するのであろうか。むしろ，倫理問題の重心は，人間の発明した人為的な技術を使って，真正の受精によらずに，人間を誕生させることにあるのではないだろうか。クローン技術の場合には，卵子に体細胞の核を移植することによって，iPS細胞の場合には，体細胞から作成したiPS細胞から作成した生殖細胞を受精させたり，iPS細胞から直接受精卵や胚を作成したりすることによって，子どもを誕生させることこそが，問題となるのではないだろうか。かりに同じ遺伝子を持つ人間を誕生させることが問題であるとしても，そのことを人間の発明した技術によって実現するから問題なのではないだろうか。もしそうだとすれば，法的規制は，生まれた結果としての子ども（遺伝子が同じ）の方ではなく，子どもを作成しようとする技術（男女の配偶子に直接由来するものではない）の方を向いたものでなければならないだろう。その点から考えれば，当初案の方が適切ではなかっただろうか。

───────

は異なり，卵子提供者と同じである）が，iPS細胞から直接受精卵や胚を作成した場合には，核内遺伝子もミトコンドリア遺伝子も，体細胞提供者と同じということになり，クローン技術よりも一層完璧なクローン人間が誕生することになる。

　ヒト iPS 細胞の作成やヒト iPS 細胞を対象とした研究については，まだこの技術が開発されてから 10 年ほどしかたっていないために，iPS 細胞の取り扱いに特化した法的規制はなされていない。しかし，この技術が生まれたことで，様々なヒトの体細胞から iPS 細胞が作成され，その iPS 細胞から今度は生殖細胞や胚が作成される可能性があるのだとしたら，早晩何らかの法的規制が必要となるだろう。というのも，今後，iPS 細胞を思い通りの細胞へと分化させる技術が向上するにつれて，iPS 細胞の持つ道徳的重要性が増すことは明らかだからである。

　これまで生殖細胞，受精卵，胚，体細胞の間には，当然のことながら，道徳的重要性において違いがあると考えられてきた。受精卵や胚は，子宮にあれば人を生み出す可能性があるという点で，単独では人とはなりえない生殖細胞とは道徳的の地位が異なる。しかし，他方，生殖細胞は，受精することによって人となる可能性があるという点で，人を生み出すことのできない体細胞とは道徳的地位が異なる。体細胞から生殖細胞，受精卵，胚と順を追うにつれて，道徳的に重要性が増し，人間に近付いていく。この系列の中で，フランスでは，胚を潜在的人間と考えて，人間の尊厳を保護するために，それらを尊重する義務が導き出される。逆に言うと，胚を研究や治療の単なる道具として扱うことは，人間の尊厳を侵害するので，してはならないことになる。ここからヒト胚に関する次の規定が生まれる。

　　研究目的で，体外で胚を作成することも，クローン技術によりヒト胚を作成することも，禁止する。（公衆衛生法典 L.2151 条の 2）

　では，iPS 細胞の道徳的地位はどうか。

　もし人類が今後，iPS 細胞を生殖細胞や全能細胞へと分化させる技術を獲得したならば，体細胞はこれまでの体細胞の地位にとどまることはできなくなるだろう。というのも，体細胞から生殖細胞や全能細胞を作成する可能性があるとなると，体細胞とそれらの細胞の地位の境界が曖昧にならざるをえないからである。それらの境界が曖昧になることによって，体細胞の管理は今後一層厳重にしなければならないことになるだろう。採取された血液や手術の際の廃棄物も，本人の知らぬ間に iPS 細胞を経て生殖細胞や全能細胞として使用されないとも限らないからである。

　さらに，多能性幹細胞の遺伝子操作は，マウスなどですでに行われている。また，上で紹介したように，ヒト iPS 細胞の遺伝子を操作する研究もすでに行われている⁽²⁵⁾。ヒトの遺伝子操作に関しては，これまで世界で一般的に，体細胞に関しては遺伝子を改変してもよいが，生殖細胞系列に関しては安全性が確立するまで改変してはならない，という共通の了解ができていた。iPS 細胞を体細胞とみなすならば，遺伝子操作は許されるのかもしれない。だが，上で言及したように，iPS 細胞と生殖細胞，受精卵，初期胚等の生殖細胞系列との境界が曖昧になってくると，iPS 細胞の遺伝子改変は，そのまま生殖細胞系列の遺伝子改変につながる可能性がある。そのため，今後は，従来のクローン技術や遺伝子治療に関して行われてきた規制を，その対象として iPS 細胞や体細胞まで含めるのかどうか，改めて検討し直す必要があるだろう。

V　バイオバンク

　今日，必要な時に必要な試料が治療や研究に有効に活用できるように，臍帯血等を収集，保存するバイオバンクが，フランスではすでに設置されている。そのバイオバンクは，どのような性格を備えたものでなければならないか，フランスでの議論を参考にして考えてみたい。

　フランスで，人体の要素の採取および人体の産物の収集に関して，公衆衛生法典で規定されていることの要点を以下に列挙する⁽²⁶⁾。

---

(25)　前掲注(21)参照。

(26)　公衆衛生法典

　L.1211 条の 1　人体の要素及び産物の譲渡及び使用は，民法典 1 編 1 章 2 節の諸規定及び本巻の諸規定によって規制される。

　本巻に掲げる要素及び産物に関する活動は，それらの輸出入も含めて，医学目的又は科学目的を追求し，それらに適用できる諸規定に従った法的手続きの枠組みの中で行われなければならない。

　L.1211 条の 2　人体の要素の採取及び人体の産物の収集は，ドナーの事前の同意がなければ実施することはできない。この同意は，いつでも撤回可能である。

　人体の要素又は産物を，それらが採取又は収集された目的とは別の医学目的又は科学目的で使用することは，この採取又は収集の対象となった者がこの別の目的に関して事前に十分情報を与えられた上で反対を表明しなければ，可能である。採取又は収集の対

・医学目的又は科学目的（公衆衛生法典 L.1211 条の 1）

象となった者が被後見未成年者又は被後見成年者の場合には，反対は親権者又は後見人
によってなされる。情報を与える義務が関係者を見つけ出せないことと対立した場合，
又は，L.1123 条の 1 に掲げる人保護諮問委員会が，研究責任者に意見を求められて，
この情報を不要と判断した場合には，情報を与える義務に違反することができる。しか
し，この違反は，はじめに採取された要素が胚の組織または細胞である場合には認めら
れない。胚の組織または細胞に関しては，当事者が死亡した場合には，はじめの採取の
目的とは別の目的で使用することは一切禁止される。

　解剖は，司法手続きの際の証人尋問又は証拠調べに必要な措置としてではなく，死亡
原因を診断する目的で実施される場合には，医学的なものと言われる。解剖は，同意を
得る必要性並びに本編 3 章 2 節に規定する他の条件に従って実施されなければならない。
しかし，例外として，公衆衛生にとって緊急の必要性がある場合，及び，死亡原因を確
実に診断できる方法が他にない場合には，たとえ死亡した者の反対があっても，解剖を
実施することができる。保健担当大臣のアレテは，こうした条件において医学的解剖の
実施を正当化する病理及び状況を明確にしている。

L.1211 条の 3　特定の個人の便宜のために又は特定の施設又は組織の便宜のために，
人体の要素又は産物を提供するための広告は禁止される。ただしこの禁止は，人体の要
素及び産物の提供のために公衆への情報提供を妨げるものではない。

　この情報提供は，国民教育担当大臣と協力して，保健担当大臣の責任の下に実施され
る。

　医師は，16 歳から 25 歳までの自分の患者が，移植目的で臓器提供に同意する方法に
ついて情報を与えられていることを確認する。さもなければ，医師は，その患者に個人
的にできるだけ早くこの情報を知らせる。

L.1211 条の 4　人体の要素の採取又は人体の産物の収集に協力する者に対しては，ど
のような形であれ，いかなる報酬も支給してはならない。

　採取又は収集にかかる費用はすべて，採取又は収集を担当する保健施設が負担する。

　本法典の 1 部 1 編 4 章 2 節の諸規定を適用するなら，ある生きている人がレシピエン
トの治療のために臓器又は組織又は細胞の提供をする場合，その人からの臓器又は組織
又は細胞の採取は，治療行為とみなされる。

L.1211 条の 5　ドナーはレシピエントの身元を知ることはできないし，レシピエント
もドナーの身元を知ることはできない。人体の要素又は産物を提供した者とそれを受け
取った者を特定することのできるいかなる情報も漏らしてはならない。

　この匿名の原則に違反することができるのは，治療の必要性がある場合のみである。

L.1211 条の 6　人体の要素及び産物は，レシピエントとなる者の冒すリスクが，科学
的及び医学的知識の現状において予測しうる限りで，レシピエントとなる者にとって期
待される利益を上回る場合には，使用することはできない。

　治療目的で人体の要素の採取及び産物の収集，並びに，本巻に掲げるそれらの要素及
び産物に関する同じ目的を有する活動は，とりわけ感染症を調べる検査に関して，現行

・ドナーの事前の同意（公衆衛生法典 L.1211 条の 2）
・特定の個人や特定の施設又は組織の便宜のために，人体の要素又は産物
　を提供するための広告は禁止（公衆衛生法典 L.1211 条の 3）
・人体の要素の採取又は人体の産物の収集に協力する者に対して，報酬を
　支給してはならない（公衆衛生法典 L.1211 条の 4）
・ドナーもレシピエントも互いの身元を知ることができず，また，人体の
　要素又は産物のドナーやレシピエントを特定できる情報を漏らしてはな
　らない（公衆衛生法典 L.1211 条の 5）
・レシピエントのリスクが利益を上回る場合には，人体の要素及び産物を
　使用してはならない。治療目的での人体の要素の採取及び産物の収集は，
　とりわけ感染症を調べる検査に関して，現行の衛生安全規則に従う（公
　衆衛生法典 L.1211 条の 6）

　これでわかる通り，人体の要素の採取及び人体の産物の収集は，医学目的
または科学目的，同意，連帯性，無償，匿名，安全性が条件である。さらに，
人体の細胞や組織やその派生物に関して，採取，調製，保存，分配，譲渡等
を行うことができるのは，生物医学局の意見の後に行政機関によって認可さ
れた施設に限られる[27]。

　とりわけ臍帯血や胎盤血に関して言えば，認可された施設に凍結保存され
るが，この保存は，同種移植（greffe allogénique 他者への移植）の目的でのみ
許可される。「自家移植（greffe autologue）の目的で，すなわち，自分自身や
自分の子どものために臍帯血を保存することは，フランスの法律で禁止され
ている（出生時に治療の必要が認められるのでなければ）。」[28]このことを規定
しているのは，すでに 180 ページで引用した公衆衛生法典 L.1241 条の 1 の
4 項の条文である。

　この条文によれば，臍帯血等を「生まれた子又はその子の兄弟姉妹」の治
療のために使用することはむしろ例外である。原則は，他者の治療の目的か
科学目的で，妊婦の書面による同意を条件として，匿名かつ無償により提供

の衛生安全規則に従う。
(27)　前掲注(11)参照。
(28)　Marie-France MAMZER-BRUNEEL et al., op.cit., p. 175.

されなければならない。フランスの医療の考え方は，あくまでも社会的連帯
性に基づいている。「いかなる社会であれ，連帯性がなければ，社会の存続
はありえない。」[29] したがって，提供は原則として他者を救うためであり，
それと同時に，ドナー本人の自律や尊厳の尊重，無償，匿名等の倫理原則に
十分配慮しようとしているのである。

　たしかに，臍帯血等に含まれる造血幹細胞が，重篤な血液疾患の治療に有
効で貴重な医療資源であることを考えれば，自分の子どもが万一病気になっ
た場合のことを考えて，臍帯血等を自分や家族のためにバイオバンクに保存
しておきたいという気持ちはわからないではない。だが，実際問題として，
そのような使用の機会はめったにあることではない。したがって，臍帯血等
がそのような私的な用途のためのバイオバンクに保存されてしまうと，たい
ていはいつまでも使用されないまま保存され続けるだけで，たとえ適合する
患者が他にいたとしても，使用することはできないため，公衆衛生の観点か
らは，社会から失われた移植組織となってしまうだろう[30]。

　もっとも，自家移植のための私的なバイオバンクではなく，たとえ公的な
同種移植のためのバイオバンクに保存された場合であっても，もし万一提供
者やその子どもに移植の必要が生じた際には，その試料が使われずに残って
いさえすれば，当然，提供者やその子どもも移植の対象となれることに，国
家倫理諮問委員会は注意を促している[31]。

　医療とは，病気で苦しむ人々を救済するという「公共への貢献」「共通善」
を目的としているため，自家移植目的で運営される営利目的の私的な臍帯血
バイオバンクは，フランス社会としては受け入れ難い。他方，造血幹細胞に
ついては，ドナーとレシピエントとの HLA 型が一致することがきわめて稀
であるため，HLA 型の異なる多様な移植組織をできるだけ多く保存するこ
とが，同種移植により他者を救済するためには有効である。さらに，その目
的のためには，フランス国内だけでなく，他の国々との国際的な協力体制も
必要となる。そのため，国家倫理諮問委員会は，連帯性の原則に基づき，私

---

(29)　CCNE, Avis N°74, p. 12.

(30)　CCNE, Avis N°117, pp. 13.

(31)　CCNE, Avis N°74 : Les banques de sang de cordon ombilical en vue d'une utilization
　　　autologue ou en recherche, 2002, p. 13.

的なバイオバンクの発展に反対を表明し，同種移植のための公的バイオバンクの設立を呼びかけ，また，妊婦に対する情報提供の仕方を改善して臍帯血等の提供数を増やすことを提言している[32]。

　憲法院もまた，2012年5月16日の判決の中で，胎盤血細胞保存協会によって提起された合憲性の問題に回答して，公衆衛生法典L.1241条の1の4項の適合性を再確認した[33]。ヨーロッパでは，イタリア（2006年）とベルギー（2009年）が商業目的のバイオバンクを禁止した。さらに，欧州議会は，2012年9月11日の判決で，加盟国に対し，無償で自発的な提供を奨励するために必要な対策をし，細胞や組織を提供する際の金銭的動機付けを禁止するように勧告した[34]。

　とはいえ，ヘモグロビン異常症のような遺伝性の先天性疾患を治療するために，家族内で造血幹細胞移植をするために，家族用のバイオバンクを望む人々が存在することは事実である。また，今後の研究次第では，修復医学，新生児学，人生の晩年の医学の分野で，もしかしたら自家治療における臍帯血等の有益性が科学的に証明される日が来るかもしれない。その時には，自家治療のための造血幹細胞バイオバンクの意義が，社会的に認められるようになるかもしれない[35]。この点は，再生医療の技術が日々進展する最先端の技術である以上，その展開を見守り続けなければ，速断することはできない。

Ⅵ　おわりに ── 幹細胞を用いる再生医療に関するその他の問題

　幹細胞を用いた再生医療の臨床応用のためには，幹細胞から必要な細胞を分化させる技術だけでなく，幹細胞の自己更新と分化と増殖のメカニズム，すなわち，幹細胞を移植したいと思う組織における幹細胞のライフ・サイクルを詳しく理解するために，前もって基礎研究を行う必要がある[36]。とりわ

---

(32)　CCNE, Avis N°74, pp. 12-13., CCNE, Avis N°117, pp. 12-14.

(33)　CC 16 mai 2012, Société Cryo Save France, n°2012-249 QPC.

(34)　Marie-France MAMZER-BRUNEEL et al., op.cit., p. 175., Résolution du Parlement européen du 11 septembre 2012 sur les dons volontaires et non rémunérés de tissues et de cellules（2011/2193（INI）P7_TA（2012）0320.

(35)　CCNE, Avis N°117, p. 13.

(36)　Marie-France MAMZER-BRUNEEL et al., op.cit., p. 178.

け，iPS 細胞を用いる場合には，成人の細胞に 4 つの遺伝子を導入すること
で細胞の運命を変えたことにより，それらの細胞が，体内に注入された後に，
組織や身体にどのような影響を及ぼすのかについても，解明しなくてはならない。

　また，細胞治療としてヒトの細胞を注入する場合には，そのことにより新
たな病気を患者に感染させる危険性もあるので，移植や輸血の場合と同じよ
うに，感染の危険性を明らかにしてそうした危険性を排除するための対策が
とられなければならない。また，多能性幹細胞が意図していない細胞に分化
したり，当初から言われているように，癌化したりする危険性もあるため，
そうした事態を回避するための研究を継続させる必要がある。

　フランスの生物医学局（Agence de la biomédecine）[37]の 2015 年度の調査報
告書によれば，1998 年にアメリカで最初の胚性幹細胞である H1 系列が発
表されてから 17 年後の 2015 年に，胚性幹細胞に由来する前駆体を使用する
再生医療の臨床試験が，網膜の病気，虚血後心臓病，糖尿病といった 3 種類
の病気に関して，世界で 12 件実施されている。フランスでは，心臓血管適
応症に関して，胚性幹細胞に由来する心臓遺伝子前駆体を使用する初めての
臨床試験が，フィリップ・ムナシェ教授とそのチームにより 2014 年に始
まった[38]。

　とはいえ，そうして 15 年以上研究の努力を続けてきたにもかかわらず，
例えば，胚性幹細胞からインシュリンを分泌する膵臓の細胞を獲得すること
はできても，それがブドウ糖による生理的刺激に反応して十分な量のイン
シュリンを生み出すといった本来の働きを果たすことはまだできないように，
成人の身体の発する刺激に十分応えられる細胞を，多能性幹細胞から分化さ
せて獲得することはきわめて困難である。

　インド，中国，タイ，メキシコ，パナマ，東ヨーロッパのある国々，ロシ
ア，ドミニカ共和国では，ある種の神経変性疾患，白血病，関節症の治療の
ために，すでに細胞治療の処置が提案されているが，フランスでは，臨床研

(37)　「生物医学局は，保健担当大臣の監督下に置かれた国の公的行政機関である。この
　　機関は，臓器移植，生殖，発生学，ヒト遺伝学の分野を管轄する。」（公衆衛生法典 L.
　　1418 条の 1 ）

(38)　Agence de la biomédecine, op.cit., 2015, p. 52.

究以外には許されていない[39]。

　以上述べたように，多能性幹細胞を対象にした研究は推進されてはいるのだが，かりにそれが臨床応用に結び付くことがあるとしても，実際に実現するのははるか遠い先の話であろうという事情は，どこの国も同じである。それにもかかわらず，フランスでもやはりマスコミは，再生医療について，大きな成果の期待できる夢の治療として伝えている。

　A.クラエイと J.-S.ヴィアラットは，議会報告書の中で，今の段階で再生医療に関して治療上の利益を強調することに対して，次のような疑問を投げかけている。「研究計画が臨床試験の許可を受けるやいなや重大な治療上の進歩を信じ込ませることは，私たちには，現実的根拠に乏しい上にほとんど道徳的ではないように思われる。こうした研究は，重篤な病気に罹患している患者に対して大きな希望を抱かせるが，短期的に，目の見えない人が再び目が見えるようになるとか，麻痺した人が歩けるようになるとかいったことを信じ込ませてはならない。誤った希望を抱かせてはならない。」[40]たしかに多能性幹細胞を用いた再生医療の臨床応用の可能性については目を見張るものがあるとはいえ，実際の治療に用いるまでにはまだ乗り越えなければならない問題があまりにも多く，その実現は相当先の話である，と研究者の多くは考えている。それにもかかわらず，治療上の利益を強調しすぎることは，患者に現実とはかけ離れた幻想を抱かせ，場合によっては患者を欺くことにもなりかねないだろう。今のうちから，技術的問題についてだけでなく倫理的問題についてもまた，冷静で客観的な検討の積み重ねが必要である。

参考文献

Agence de la biomédecine, Procès-verbal du Conseil d'orientation : Séance du jeudi 6 février 2014.

Agence de la biomédecine, Rapport médical et scientifique de l'Agence de la biomédecine, 2013.

Agence de la biomédecine, Rapport d'information au Parlement et au Gouvernement, 2015.

---

(39)　Marie-France MAMZER-BRUNEEL et al., op.cit., p. 179.

(40)　Alain Claeys, Jean-Sébastien Vialatte, Rapport sur la recherche sur les cellules souches, 2010.7.8, p. 141.

Jean-René Binet, Le nouveau droit de la bioéthique, Paris, LexisNexis SA, 2005.

Jean-René Binet, Droit Médical, Montchrestien, Paris, 2010.

Jean-René Binet, La réforme de la loi bioéthique, Paris, LexisNexis SA, 2012.

CC 16 mai 2012, Société Cryo Save France, n°2012-249 QPC.

CCNE, Avis n°74 : Les banques de sang de cordon ombilical en vue d'une utilization autologue ou en recherche, 2002.

CCNE, Avis n°93 : Commercialisation des cellules souches humaines et autres lignées cellulaires, 2006.6.22.

CCNE, Avis n°112 : Une réflexion éthique sur la recherche sur les cellules d'origine embryonnaire humaine, et la recherche sur l'embryon humain in vitre, 2010.10. 21.

CCNE, Avis n°117 : Utilisation des cellules souches issues du sang de cordon ombilical, du cordon lui-même et du placenta et leur conservation en biobanques. Questionnement éthique., 2012.

Alain Craeys et Jean Leonetti, Rapport d'information, Assemblée nationale N°2235, 2010.1.20.

Alain Claeys et Jean-Sébastien Vialatte, Rapport sur la recherche sur les cellules souches, Assemblée nationale N°2718, Sénat N°652, 2010.7.8.

Bettina Couderc, Cellules iPS : la panacée des cellules souches?（http://bioéthique. com）

D.Cyranoski, Stem cells: Egg engineers, Nature, 2013.8.21; 500: 392-394.

L.David et J. De Vos, La reprogrammation, un jeu de hasard?, médecine/sciences n° 4, vol.29, 2013.4, pp. 405-410.

J.A.Denis, Thèse : Applications médicales et pharmaceutiques des cellules souches pluripotentes : vers un changement de paradigme ?, 2011.10.27.

Grégoire Hélène, Thèse : Comparaison de deux types de cellules souches pluripotentes : embryonnaires et induites, 2014.

Xavier Lacroix, Naissance : pourquoi valoriser le corps?, Laennec, 2013, 4.

Virginie Larribau-Terneyre et Jean-Jacques Lemouland, La revision des lois de bioéthique, L'Harmattan, 2011.

Thomas Leclerc, Reprogrammation cellulaire : perspectives scientifiques et implications éthiques, Centre Laennec Tome 61, 2013.1, pp.40-50.

Mireille Leduc, Le clonage à visée thérapeutique devenu une réalité?, Laennec Tome62, 2014.2, pp. 29-42.

Bérengère Legros, Droit de la bioéthique, Les Études Hospitalières, 2013.

Marie-France MAMZER-BRUNEEL et al., La thérapie cellulaire comme alternative à la greffe traditionnelle, Revue générale de droit médical, 2015; 55.

P. Merviel, Les recherches sur l'embryon et les cellules souches embryonnaires：avant et après la loi de bioéthique de 2011, Cynécologie Obstétrique & Fertilité 40, 2012, pp. 16-19.

Jean-Yves Nau, Cellules souches：progrès scientifiques et manœuvres commerciales, Revue Médicale Suisse, 2013.10.2, pp. 1794-1795.

B. Qiang, S. Homamah, et J. De Vos, iPS：des erreurs de jeunesse?, médecine/sciences n°10, vol.27, 2011.10, pp. 805-807.

L.Tosca, A.-M. Courtot, A.Bennaceur-Griscelli, et G.Tachdjian, Production in vitro de cellules germinales à partir des cellules souches pluripotentes, médecine/sciences n°10, vol.27, 2011.10, pp. 866-874.

拙論「フランスにおける「ヒト胚を対象とする研究」『独仏生命倫理研究資料集（上)』（千葉大学, 2003 年）122-133 頁。

拙論「ヒト多能性細胞から生殖細胞や胚を作成することをめぐる倫理問題」生命倫理 26 巻 1 号（2016 年）178-187 頁。

11　日本における再生医療の課題と今後の展望

松 山 晃 文

Ⅰ　は じ め に
Ⅱ　再生医療規制の枠組みと歴史的背景
Ⅲ　再生医療 —— その課題
Ⅳ　再生医療 —— 課題解決のための考察
Ⅴ　今後の展望

Ⅰ　はじめに

　「再生医療」は，疾病や事故により損傷や機能不全を起こした組織・器官・臓器に対して，組織・器官・臓器形成の過程を人為的に再現することにより修復・再生を図り，機能を回復する医療として期待されている。1980年代初頭のマウス胚性幹細胞（ES 細胞）の樹立以来，造血幹細胞，神経幹細胞，間葉系幹細胞など様々な幹細胞が見出され，その効率的な分離及び培養法が確立，それがヒト由来幹細胞へと外挿されてきた。こうして得られた幹細胞関連知見は，細胞の分化・個体の発達といった生命のメカニズムを探索する基礎研究を大いに発展させるとともに，iPS 細胞樹立法確立をもたらしたといえる。山中伸弥京大教授による iPS 細胞樹立法の発見は，再生医療にとって epoch making であった。続いて，iPS 細胞や ES 細胞を利用した立体構築技術は世界に先駆け，細胞を再生するという発想から組織・臓器を再生するという概念の展開は，iPS 細胞樹立技術の発見と相俟って再生医学・医療の礎となった。これら科学技術の発展は，国民の期待を高揚させ，再生医療への期待から多くの立法へと潮流を作ることとなった。

Ⅱ　再生医療規制の枠組みと歴史的背景

1　再生医療関連３法

　2013 年 4 月に成立し，5 月施行された「再生医療を国民が迅速かつ安全に受けられるようにするための施策の総合的な推進に関する法律（再生医療推進法）」[1]の施行にともない，「再生医療等の安全性の確保に関する法律（再生医療安全性確保法）」[2]と薬事法改正（医薬品医療機器等法）[3]が行われ

（1）　再生医療を国民が迅速かつ安全に受けられるようにするための施策の総合的な推進に関する法律　law.e-gov.go.jp/htmldata/H25/H25HO013.html
（2）　再生医療等の安全性の確保に関する法律　law.e-gov.go.jp/announce/H25HO085.html
（3）　医薬品医療機器等法　law.e-gov.go.jp/htmldata/S35/S35HO145.html

た（2013 年 11 月成立，2014 年 11 月 25 日施行）。再生医療安全性確保法は，従来，臨床研究（ヒト幹指針等のルール有）と自由診療（事前規制なし）に分かれていた再生医療等技術をまとめて法規制するものである。臨床研究又は医療（自由診療を含む）としての再生医療を規制対象としていて，実施状況の把握と安全性担保のための仕組みを作る法律であるといえる。薬事法改正では，医薬品，医療機器に加え新たなカテゴリーとして「再生医療等製品」が置かれ，その特性に応じた条件期限付き承認制度（特別に早期に承認する制度）が明文化された。

2　再生医療関連 3 法の成立

2012 年 6 月の医療イノベーション 5 カ年戦略，同 7 月の日本再生戦略を受けて，2012 年 8 月 20 日厚生科学審議会科学技術部会再生医療の安全性に確保と推進に関する専門部会が設置され，同年 9 月に専門委員会の第 1 回会合が開催された。再生医療安全性確保法の立法にむけた初動においては，ヒト幹細胞臨床研究指針の改定で対応するのか，あるいは立法を行うのかの方向性は明確ではなく，2013 年夏を目処に取りまとめをすることとされていた。同年 10 月 8 日の山中伸弥教授ノーベル賞受賞が転換点となったといって過言ではなく，わずか 15 日後の 10 月 23 日，3 党有志議員が「再生医療推進法案」の次期通常国会提出で合意，再生医療に関する個別法の翌年度通常国会提出に向け話し合いが行われ，これに呼応する形で 11 月第 2 回会合ではガイドラインに止まらず法制化に向けて議論を加速することとなった。12 月の第 3 回会合で法制化の方針が確認され，2013 年 4 月には 7 回の議論を経て，報告書「再生医療の安全性確保と推進のための枠組み構築について」が取りまとめられ，再生医療安全性確保法案は 2013 年 5 月に薬事法改正法案とともに提出され，満場一致で成立した。再生医療安全性確保法と薬事法改正が同日成立，同日施行であることは，わが国の再生医療が当面この 2 つの path を通るということを明確化したメッセージであるといえよう。

3　再生医療推進法

「再生医療を国民が迅速かつ安全に受けられるようにするための施策の総合的な推進に関する法律」（いわゆる再生医療推進法）は，超党派議員による

議員立法として提案可決された法律である。その立法の目的は、「再生医療
を国民が迅速かつ安全に受けられるようにするために、その研究開発及び提
供並びに普及の促進に関し、基本理念を定めて、国、医師等、研究者及び事
業者の責務を明らかにするとともに、再生医療の研究開発から実用化までの
施策の総合的な推進を図り、もって国民が受ける医療の質及び保健衛生の向
上に寄与することにある。」とされる。

　再生医療推進のための責務として、国には施策の総合的な策定・実施、国
民に対する啓発、関係省庁の協力体制の確立と、再生医療の迅速かつ安全な
研究開発及び提供並びに普及の促進に関する基本方針の公表を求めている。
医師等及び研究者に対しては、国が実施する施策への協力、事業者には国が
実施する施策への協力が求められている。

　国に求められ、施策として実施されるべきこととして、

① 法制上の措置等

② 先進的な再生医療の研究開発の促進

③ 再生医療を行う環境の整備

④ 臨床研究環境の整備等

⑤ 再生医療製品の審査に関する体制の整備等

⑥ 再生医療に関する事業の促進

⑦ 人材の確保等

が明示されている。本法律の成立をもって、再生医療関連法として医師法
医療法のもと行う医療行為としての再生細胞治療技術の法的裏づけのため再
生医療等安全性確保法が立法化され、薬事法改正（医薬品医療機器等法）に
再生医療等製品として再生・細胞治療が新たな章として建てられ、薬事法改
正の一部として取り込まれたという経緯がある。なお、再生医療では、これ
までの医薬品や医療機器と大きく異なり、「生きた」細胞・組織をその原材
料として用い、「生きた」細胞・組織を投与・移植する。この特異性が、再
生医療3法の成立にむけた思想的な拠り所となっているが、同時に再生医療
に特異的な課題を生み出しているため、再生医療の課題の項で後述したい。

4 医薬品医療機器等法（改正薬事法）

(a) 法律策定の経緯

平成24年薬事法改正（医薬品，医療機器等の品質，有効性及び安全性の確保等に関する法律：医薬品医療機器等法：薬機法）の概要は，医薬品，医療機器等の安全かつ迅速な提供の確保を図るため，添付文書の届出義務の創設，医療機器の登録認証機関による認証範囲の拡大，再生医療等製品の条件及び期限付承認制度の創設等の所要の措置を講ずることにある。公布の日から1年を超えない範囲内において政令で定める日に施行予定とされ，平成26年11月25日施行された。

(b) 法律の概要

製造販売される医薬品等においては，「物」の製造販売等として「業」規制をうけるとされる（流通規制）。かつての薬事法においては，有効性，安全性，品質の三要件を満たしていることを担保するため，業として反復継続して医薬品等を製造・販売する「者」を規制することとしていたが，薬事制度について国際的な整合性や，科学技術の進展，企業行動の多様化など社会経済情勢の変化を踏まえて，平成14年の大改正により，頒布されたのちの安全性確保が肝要であるとの観点から，市販後安全対策の充実と承認許可制度の元売り販売制度への転換がはかられている。換言すると，「物」が安全かつ有効に利用されるための規制が強化され，「物」の流通とその後の副作用などのフォローアップに軸足がおかれた，ということとなろう。

特に再生医療に関しては，「再生医療等製品」が新たに定義され，その研究の進展に対応し迅速な実用化を円滑に進める施策が講じられるよう，従来の医薬品・医療機器と異なる再生医療製品の特性を踏まえた安全性と倫理性の確保を通じ，国民の安全・安心を実現することが重要との議論を踏まえ，再生医療製品の特性を踏まえた規制・制度が設けられた。再生医療等製品に関しては，細胞製剤，*ex vivo* gene therapy のみならず，遺伝子治療（gene therapy）も対象となっており，この点が後述の再生医療安全性確保法と異なった点である。

特筆すべきは，均質でない再生医療等製品にあっては，有効性が推定され，安全性が認められれば，特別に早期に，条件及び期限を付して製造販売承認

を与えることを可能としていることにある。特別早期条件付承認制度は従前の薬事法にも条項が存在していたが，再生医療等製品として新たなカテゴリーが置かれるにともない，明文化された。「均質でない」再生医療等製品というのが，自己由来細胞製剤を指すのか，再生医療等製品はそもそも均質でないと解釈するのか明確にはされていない。また，「有効性の推定」をどのように解釈すべきかは難しい問題で，多数症例のなかに複数例確実な有効反応症例があればよしとするのかもこれから議論されていくと思われる。なお，特別早期承認の場合，承認後に有効性，安全性を改めて検証することとされ，医薬品での再審査に相当するフレームで有効性と安全性を再評価し，有用性が認められなければ特別早期承認の取り消しを行うこととなっており，その活用にはこの点について配慮が必要であろう。特別早期条件付承認制度の制定こそ，改正薬事法（薬機法）の大きな論点であるとともに，課題となっており，後述したい。

　一般的な医薬品医療機器に関しては，薬事承認にむけ治験届，治験，承認申請という流れにそって実用化されてゆく。再生医療等製品にあっては，申請にかかる製品の安全性・品質の基本資料作成の基準である平成 12 年医薬発 1314 号通知別添 1 と別添 2 の改定通知（平成 24 年 5 指針）に留意する必要がある。平成 12 年医薬発 1314 号通知別添 1 はいわゆる米国の Good Tissue Practice（GTP）に相当するもので，細胞組織利用医薬品等による感染症の伝播を抑止するとの公衆衛生上の思想を具現化したものといえる。平成 24 年 5 指針は，再生医療等製品の加工プロセスにおける形質等の不適切な変化・変性等を防ぎ，医薬品等としての品質・有効性・安全性を担保することを目的としている。

　再生医療そのものが若い領域の医療であり，がん化や未知の感染症伝播のリスクも否定しえないことから，使用成績に関する調査，感染症定期報告や使用の対象者等に係る記録と保存など，市販後の安全対策を講じることを求めている。特にトレーサビリティについては重要な課題であり，原料を提供した者の健康状態や遺伝病などの追跡，感染症の発症について，また同一ロットから有害事象が発症した場合の対策と考えてよい。厚生労働大臣が指定した再生医療等製品については（ほぼすべてがそうなるが），製造販売業者は長期に記録を保存するとともに，医療機関は使用の対象者等について記

録・保存することが義務付けられている。なお，再生医療等製品による健康
被害について，副作用被害救済制度及び感染等被害救済制度の対象となって
いる。

(c) 承認取得の実際

これまでわが国で製造販売承認を受けたのは，自己培養皮膚である JACE，
自己培養軟骨である JACC，同種骨髄由来間葉系幹細胞であるテムセル HS，
ならびに条件付早期承認をうけた自己骨格筋芽細胞シートであるハートシー
トの4品目である。JACE，JACC は冷蔵保存であり，テムセル HS は液体
窒素保存にて出荷され，解凍後投与される。ハートシートにおいては，凍結
状態の細胞が病院に輸送され，院内でシート化されるという特異な製造手法
をとっている。なお，JACE は Harvard 大学の Green 教授らにより開発さ
れた手法を導入したものであり，テムセル HS は Osiris（当時）からの導入
品であり，ハートシートも筋芽細胞の基本シーズは米国からの導入である。
JACC は広島大学越智学長（開発時は島根大学）のシーズをベースとした，
純国産の製品である。

5 再生医療安全性確保法

(a) 法律策定の経緯

再生医療推進法の成立に伴い，再生医療の推進のために国が行うべき法制
上の手当ての一環として，「再生医療等の安全性の確保等に関する法律」（再
生医療安全推進法）が成立した。再生医療安全性確保法は，再生医療等に用
いられる再生医療等技術の安全性確保及び生命倫理への配慮に関する措置そ
の他の再生医療等を提供しようとする者が講ずべき措置を明らかにするとと
もに，特定細胞加工物の製造の許可等の制度を定めること等により，再生医
療等の迅速かつ安全な提供及び普及の促進を図り，もって医療の質及び保健
衛生の向上に寄与することを目的としている（第1条）。薬事法との切り分
けについては，医師法医療法下で行われる医療技術の一環という取り扱いで
薬事法の規制にかからない。行政施策としては，「ヒト幹細胞を用いる臨床
研究に関する指針」の精神を引き継ぐものと解すれば理解しやすいと思われ
る。なお，本法の施行に伴い，ヒト幹細胞を用いる臨床研究に関する指針は
廃止された。本法律成立の背景は，韓国 RNL バイオ社が我が国で死亡事故

を起こしたことが一つの契機である。美容形成外科でも再生医療という言葉が用いられることもあり，再生医療を行う医療機関のすべてに届け出を義務づけた法律である。

　再生医療安全性確保法が「ヒト幹細胞を用いる臨床研究に関する指針」の流れを汲むため，簡単にその歴史に触れる。再生医療にかかる指針として平成 18 年に厚生労働省告示第 425 号として「ヒト幹細胞を用いる臨床研究に関する指針」が発出された。平成 22 年には厚生労働省告示第 380 号として全部改定され，iPS 細胞を用いた再生医療研究を認め，平成 25 年には，条件付きながらも ES 細胞を用いる再生医療の実施を可能とする告示第 317 号が発出された。研究責任者たる医師は，当該臨床研究プロトコールの研究機関倫理委員会等での審査・研究機関の長の承認ののち，「ヒト幹細胞を用いる臨床研究に関する指針」に基づき厚生労働大臣の意見を聴き，再生医療臨床研究に着手しようと試みることとなっていた。当然，この段階では，保険医療機関及び保険医療養担当規則第 18 条において禁止されている特殊療養にあたり，一般医療を含めすべて保険給付の対象とならない。説明と同意がなされたとしても，医師と患者の情報の非対称のおそれは厳然とあり，それによる不当な患者負担は抑止されなければならないし，実施時に有効性・安全性の確立していない診療行為も回避されるべきだからである。

(b) 法律の概要

　再生医療安全性確保法の大きなポイントは 2 つある。ひとつは「再生医療等提供基準」（省令）の遵守義務と大臣の中止・改善等命令違反に罰則規定を備えたことであり，もうひとつは「再生医療等委員会」による事前審査制をしくこととしたことにある。再生医療提供基準は，法第 3 条に規定のとおりで，具体的には法第 42 条および法第 44 条の委託による省令（各々いわゆる 42 条基準および 44 条基準）に則らなければならない。この基準については，平成 26 年 10 月 31 日付け医政研発 1031 第 1 号通知「「再生医療等の安全性の確保等に関する法律」，「再生医療等の安全性の確保等に関する法律施行令」及び「再生医療等の安全性の確保等に関する法律施行規則」の取扱いについて」をご参照いただきたい。また，法第 3 条には，再生医療等について，人の生命及び健康に与える影響の程度に応じ，「第 1 種再生医療等」「第 2 種再生医療等」「第 3 種再生医療等」に 3 分類して，それぞれ必要な手続を定

めている。第 1 種再生医療は同種由来細胞を用いた場合と，多能性幹細胞あるいはその類似細胞を利用した再生医療と解し，第 3 種再生医療はがん免疫療法および minimal manipulation での再生医療と考えると，理解しやすい。その考え方は，フローチャートとして可視化され，QA 通知として発出されている。立法過程での議論では，科学的合理性・倫理性を検討してリスクをマネジメントするためのリスク分類として理解されていた。すなわち，iPS 細胞を用いる再生医療（研究）である第 1 種では，未知のリスクもあるために充分な議論が必要であることから中央審査が求められるのである。第 2 種ではこれまでのヒト幹細胞臨床研究指針審査での経験からマネジメントすべきリスクが課題として抽出されているため，特定認定再生医療等審査委員会での議論で十分であり，第 3 種ではマネジメントすべきリスクが大きくないために，機関内倫理委員会である認定再生医療等審査委員会で議論されれば十分とされたという経緯がある。

　再生医療等の提供に係る手続については以下のとおりである。第 1 種再生医療等提供計画については特定認定再生医療等委員会の意見を聴いた上で，厚生労働大臣に提出して実施されることとなっている。90 日間の実施制限期間が設けられており，その期間内に，厚生労働大臣が厚生科学審議会の意見を聴いて安全性等について確認し，安全性等の基準に適合していないときは，計画の変更を命令できることとなっている。すなわち，①特定認定再生医療等委員会による審査，②再生医療等提供計画を大臣に提出，③ 90 日間待って実施（厚生科学審議会再生医療等審査部会による中央審査）が注目すべき点であり，ヒト幹細胞臨床研究指針での審査と大幅な変更はないといえる。実質的な許可制であるともいえる。第 2 種再生医療等提供計画は，特定認定再生医療等委員会の意見を聴いた上で，厚生労働大臣に提出して実施される。第 2 種は前述の①，②のみで現行の二重審査を緩和しているといってよく，実質的な届出制となっている。なお，特定認定再生医療等委員会は，特に高度な審査能力と第三者性を有するものと定義されており，すべての医療機関が設置するものとは想定されておらず，central IRB としての運用がなされ，有償で審査を請け負うこととなった。第 3 種再生医療等提供計画については，認定再生医療等委員会の意見を聴いた上で，厚生労働大臣に提出して実施することとなっている。認定再生医療等委員会は，医療機関ごとに設置可能で

あるため，適正な審議が行われているのか，その担保は，再生医療の未来を左右すると考える。このように，（特定）認定再生医療等委員会の質の担保が喫緊の課題となっており，後述することとする。

　再生医療の適正な提供のための措置等として，インフォームド・コンセント，個人情報保護のための措置等について定められるとともに，有害事象の発生においては，厚生労働大臣への速やかな報告を求め，厚生労働大臣は，厚生科学審議会の意見を聴いて，必要な措置をとることとしており，再生医療が未だ確立した医療ではないことに対する手当てをしている。厚生労働大臣は，安全性確保等のため必要なときは，改善命令を発出し，改善命令違反の場合は再生医療等の提供を制限するとともに，保健衛生上の危害の発生拡大防止のため必要なときは，再生医療等の提供の一時停止など応急措置を命令することができるとされた。医療法上で立ち入り権限が与えられたことは，これまでの自由診療などでの死亡事案への反省がこめられている。

　細胞製剤（法令では特定細胞加工物と定義）の製造に関し，法第42条は，細胞培養加工施設の構造設備は，厚生労働省令で定める基準に適合したものでなければならないと規定しており，製造にかかる構造設備の基準が省令委託されることが明示されている（いわゆる42条基準）。法第44条では，厚生労働大臣は，厚生労働省令で，細胞培養加工施設における特定細胞加工物の製造及び品質管理の方法，試験検査の実施方法，保管の方法並びに輸送の方法その他特定細胞加工物製造事業者がその業務に関し遵守すべき事項を定めることができると規定され，特定細胞加工物製造事業者の遵守事項を省令で定めることを明示している（いわゆる44条基準）。これら基準は，ヒト幹細胞臨床研究に関する指針とほぼ同等の水準であるため，これまで当該指針にのっとってヒト幹細胞臨床研究を行ってきた研究機関，医療機関にとって，新法施行で負担が増加しているわけではない。一方で，これら細胞加工施設の設置や維持は非常にコストがかかることから，再生医療安全性確保法では特定細胞加工物製造の委託を行えることとした。製造能力のある外部機関が受託するほうが，品質の安定した特定細胞加工物の患者さんへの適用が可能であるとの想定による。そのため，受託製造機関に求められる水準は高くならざるを得ず，法の枠組みとして，医療機関では届出制となっているのに対し，受託製造機関では許可制がとられているのである。また，医療機関が特

定細胞加工物の製造を委託する場合には，許可等を受けた者又は届出をした者に委託しなければならないこととなっている。なお，特定細胞加工物製造の委託に関し，投与するのは医師であるため，すべての責任は投与医師と医療機関の管理者にあるのであり，特定細胞加工物の瑕疵を医師等が証明できなければ，民事上・刑事上のすべての責任は医師が負うこととなる。ここに，企業と投与する医師（病院）の法的責任（刑事，民事，特許法，個人情報保護法を含む）など，検討すべき課題がある。

Ⅲ　再生医療 ── その課題

1　再生医療 ── その課題

　再生医療の課題には，再生医療そのものが宿命としてもつ課題と，規制制度により生み出されたる課題の 2 つがある。

2　再生医療 ── そのものがもつ課題

　再生医療そのものが抱える課題は，再生医療がこれまでの医薬品や医療機器と大きく異なり，「生きた」細胞・組織をその原材料として用い，「生きた」細胞・組織を投与・移植することに起因する。ヒトから組織あるいは細胞を治療目的で摘出あるいは採取（procurement）することが必須であるために生じる課題であり，procurement により侵害される者（自己・同種）の守られるべき法益と患者の利益とのトレードオフについて議論する必要があるということである。

　自己（自家）から細胞組織を採取し，それを治療目的に利用するのであれば，医学的にみて採取による侵襲程度が予測される健康回復の程度を凌駕すると科学的合理的に判断できるとの担保の上で医師が実施するのであれば，その採取に違法性はない。Procurement において，非自己よりの細胞組織の獲得の場合は，違法性阻却事由にあたるか議論する必要がある。治療のためとはいえ自己に投与されない健常者から細胞組織を得ることは，外形的には傷害を構成する。精神的にも生計的にも一体化した親族からの獲得であれば，これは患者が得られる健康という法益を共有することが可能である。ま

た，採取された細胞組織が一定程度の時間が経過すれば自然経過として回復するものであるなら，失われる法益も速やかに回復される。非親族第三者から再生医療の原材料となる細胞や組織を Procurement する場合は議論を要する。患者にとっては健康という利益が得られると想定される医療であるが，第三者にとって利益はない。むしろ，生体であれば健康体にメスを入れるわけであるし，一定程度の時間が経過すれば自然経過として回復するものであるとしても，健康を損ねる危険性は皆無ではない。社会全体から見て，患者の健康が得られ社会的遺失利益が回復されるのであればその法益はまぎれもなく大きいが，ミクロの視点では触法行為となる可能性もある。このような議論を背景とし，わが国内では軽微な侵襲により得られる細胞（採血による白血球の採取）や手術時の余剰試料（廃棄される試料）の提供は可能となっている。このように，非自己（同種）細胞を用いる再生医療においては，procurement により侵害される他者の守られるべき法益とのトレードオフについては，生命倫理の観点から再生医療の課題として大きな主題となっている。

3　再生医療 —— 制度により生み出される課題

再生医療にかかる規制制度は国ごとに異なるため，わが国の再生医療関連3法の解説で言及した課題，(a)薬機法における特別早期条件付き承認，(b)再生医療安全性確保法における（特定）認定再生医療等委員会，の2点に関する課題について議論したい。

(a) 薬機法における特別早期条件付き承認により生じた課題

特別早期条件付承認制度は，安全性が担保できているという前提で，治験において有効性が認められていなくともその推定ができるのであれば，仮承認を与えるという制度である。一定期間後の再審査があるが，仮承認の期間においても薬価が付くため，実質的な承認と遜色はない。本承認をうけた製品でも市販後前例調査を求められている状況から見ると，再生医療等製品の販売業者からみれば，大きな差異はない。学会，研究者，企業団体等からの強い働きかけがあって明文化された制度であるため，歓喜をもって受け容れられた。一方で，効果のない再生医療の蔓延のリスクを内在しているとの指摘もあり，光と影であるとも言える。日米欧三極の1極であるわが国が，この制度を明文化したことは国政的にもセンセーショナルであり，Nature 誌

は反駁した論説を掲載した。

　米国でもこの流れが受け容れられ，2016年12月，米国両院は21st Century Cures Act を成立させた[4]。この法は，先端的医療の社会実装をより加速化することを目的とし，低分子医薬品，医療機器に加えて再生医療に関する承認を促進する規制を整備するための措置も盛り込まれている。再生医療に焦点を絞ると，FDA の医薬品カテゴリーに「Regenerative Advanced Therapy Designation：RATD」がおかれ，新薬についてこの指定を請求できるようになり，RATD への申請時においては前臨床試験結果を提出するのみで良いこととなり，申請者にとって IND（臨床試験）を実施しやすくしている。申請後60日以内に，FDA に新設された Office of Tissues and Advanced Therapies （OTAT）から申請者に RATD への指定の結論が伝達される。このように21st Century Cures Act では，FDA の医薬品承認プロセスが改正され，新薬承認がより迅速に行われると期待されている。一方でこれら規制緩和が，産業界のロビー活動によってなされたものであり，議論は不十分であるとして安全面から反対する声もあるのも事実である。生命倫理の観点からの議論を後ほど進めたい。

　特別早期条件付承認については，「有効性を推定できる」という文言をどのように理解し，法解釈を運用するかが議論となる。再生医療等製品にかかる治験は，低分子化合物でのそれとは異なり，重篤な患者が被験者となることから治験症例数を稼げないことが多く，二重盲検試験や2 arm 試験の設定が困難な場合もあることから，結果的に統計的有意差を検出できない場合が想定される。そのため，有効性を認める傾向がある（推定できる）場合は，仮承認をあたえ，市販後調査で統計的も有効性を検証するという議論で立法がなされた。しかしながら，企業等が当初から有効性が確認できないことを理解しつつも，仮承認期間での売り上げを期待している場合があるとされる。これが，医療としてあるべき姿であるか，生命倫理的に議論すべきである。

(b) 再生医療安全性確保法における(特定)認定再生医療等委員会制度により生じた課題

　（特定）認定再生医療等委員会の質の担保が喫緊の課題となっていると述

（4） H. R. 34 - 21st Century Cures Act 114th Congress （2015-2016） https://www.congress.gov/bill/114th-congress/house-bill/34

べた。法律の条文には，安全性の担保という term は出現するものの，有効性を確保したもののみ投与できるといった記載はない。有効性の変わりに，倫理という term が使われており，倫理性という概念から有効性についてどこまで申請者に求めうるか，という論点がある。特に，認定再生医療等委員会は，小さなクリニックやベンチャー企業等が医療機関に間借りして設置していることが多く，効果のない再生医療の蔓延のリスクを内包している。また，審査委員の質の問題であると思われるが，申請された再生医療がなぜ効果を発揮するのかを理解せずに議論が進んでいるのが実情である。倫理性は，（特定）認定再生医療等委員会にて審査される内容であるため，当該委員には，倫理を深く理解し，科学的合理性，病態生理への深い理解と洞察を持って審査されることが望まれている。実際，再生医療領域でもっとも欠乏している人材は，委員会の事務局スタッフ，委員会委員としての人材である。

認定再生医療等委員会での限界を越え，適切な再生医療を国民に届けるには，科学的合理性を理解できかつ作用機序を深く洞察できる委員会委員の質の確保ともに，生データを確認し，negative data を議論して，倫理的観点から患者に投与することが適切であるのかを誠実に議論するリソースの提供が求められる。企業が医療機関内に認定再生医療等委員会を立ち上げているケースもある。また，大学等が特定認定再生医療等委員会を設置していることが多いが，寄附講座や機関との包括協定との距離感も問われかねない。利益相反の観点から，襟を正した議論が望まれる。

再生医療は若い領域であり，本当に効果があるのか，どうような患者さんなら適応となるのか，どのように副作用や有害事象が発生しそれを見出すのか，手探りの状態にある。だからこそ，多様な視点からの議論が必要である。再生医療等製品にも，併用禁忌薬剤があるかもしれないが，臨床利用経験が乏しく，それを見出しえない可能性もある。実際，オプシーボとガン免疫療法との併用による死亡例も報告されている。免疫活性が増強されすぎたとも想像でき，Mode of Action（作用機序）を理解していればその副作用は避けられたかもしれない。また，原材料の特性を理解することで副作用の想定も可能である。例えば我々は，脂肪幹細胞やそれを脂肪分化誘導かけた細胞は心臓へのシートなどでの適用後に脂肪変性を起こし，不整脈原性右室心筋症様の病理組織を呈する個体があることをブタ試験で経験している。これらは，

想像力を持って，予断なく審査を行うことで避けられるかもしれない。

認定再生医療等委員会それぞれの質の向上は，前述のような手当てが必要であるが，個々の委員会だけでなく，全体の審査の質の向上が望まれている。これは，いわゆる IRB shopping といわれる課題である。悪貨は良貨を駆逐するように，審査が甘い委員会に審査が集中し，適切な審査を行っている委員会が淘汰されるのでは，法の鼎の軽重が問われる。

IV　再生医療 ── 課題解決のための考察

1　課題解決のために

再生医療その課題の本質は，再生医療も医療の一つとしてあるべきであり，患者に対してどのような態度で医療を行うべきかという，本質的な議論であり，生命倫理を学ぶことは必須である。

2　再生医療と生命倫理

再生医療は，たとえそれが実験的あるいは研究的であったとしても，医療を目指しているとことを鑑みれば，医の理念・倫理を内包していると考えることができる。医師に課せられる努力は，「自らの体におよぶ人格権の尊重とボディーイメージの自己実現のためには，患者が自律的に判断し，その判断・選択に責任を持つべき」とのテーゼから導かれるべきものであり，再生医療を含めた先端的あるいは実験的医療にあっても，患者あるいは被験者の自律性が重要であることは論をまたない。「個人の尊重，生命・自由・幸福追求の権利の尊重」による他者への respect こそ「人格の尊重」であり生命倫理の本質であると考えれば，再生医療もまた生命倫理の実践であるといえる。

世界的に見ても経済成長は鈍化し，今後の社会の在り方として，持続的な緩やかな成長が目指されている。「社会の利益」が大きくなり続けると想定されていた時代から，「社会の利益」の質が変化していくと思われる時代の到来といえる。功利主義的に解説するなら，最大多数の最大幸福のため，成長することで大きくなる「社会の利益」の分配による公平性（正義）を担保

してきた時代といえる。一方，「社会の利益」が大きくならない現在では，正義の確保は既存の「社会の利益」の再分配によらざるを得ない。ここで考える「社会の利益」を功利主義にいうところの「幸福」と考えるならば，共同体の中の「社会の利益」あるいは「幸福」は，ひとつの尺度で示されねばならないという限界がある。「社会の利益」の質が変化する時代であると想定することも可能だが，「社会の利益」に多様性を期待することは，功利主義の根本的原則からは離れていく。倫理の一つの柱である社会正義は，「社会の利益」の分配の公平性に依存する，あるいは「社会の利益」の質的変化を期待するなら，再生医療にかかる生命倫理を議論するにあたって，上記のような社会背景の変化も考慮しなければならない。

　再生医療を提供する医師と社会とのかかわりについて生命倫理の観点から若干の議論をしておきたい。ロバート・ヴィーチによれば，生命倫理理論は契約説に求めることができ，三重契約との概念で説明し得る[5]。一番目の契約は一般的な社会契約で，分別のある共同体が，どの人の福祉も等しく重要であるという道徳的観点に立って，共生するために選択した幾つかの根本的原則に同意する，という社会契約である。二番目の契約においては，第一番目の社会契約の下で，専門職と共同体がお互いの責任を確立する契約を工夫する。三番目の契約は，専門職と素人の間の関係を規定する条件を確定する，というものである。仮説的な契約ではあるが，三重契約によって，現実の人々が互いに関係し合いながら接近できる諸理想を，これら契約は造りだす，と彼は主張する。医の倫理の状態をこの三重契約に求めるなら，三番目の契約がそれにあたると考えられる。すなわち，専門職たる医師と患者としての素人の関係を規定する契約である。広く医療に目を移せば，それがより上位の契約である二番目の契約に踏みこんでいくことが分かる。専門職たる医師と共同体がお互いの責任を確立する契約を工夫する，すなわち，個々人が得られる利益については，第三の契約で議論されているという前提の上で，共同体の構成員を再生医療により治療することで社会が利益を得るという契約が結ばれる，ということである。ここでいう，「社会の利益」とは何で，それがそのように分配されるのが倫理的なのか，という疑問が生じる。条件付

（5）　Veatch, Robert M. *The Basic of Bioethics* (*3rd ed.*), Prentice Hall, 2011.

承認によって患者は自らに恩恵がないのに，「社会の利益」のために再生医療に参加させられるのではないか，という危惧である。再生医療を行う医師も共同体の一員である，と先に述べた。分配の公平性という正義を考えるため，ジョン・ロールズが述べるように原初状態を想定してみよう[6]。自己を犠牲にして，社会の利益を最大化することを，共同体の構成員は望むだろうか。生命倫理の大きな潮流の一つである功利主義は，道徳（倫理）とは幸福やその他の目的を最大化するためのものである，と主張する。ベンサムのいうところの，最大多数の最大幸福である。当時の社会背景をみるに，功利主義は産業革命により「社会的利益（パイ）」が大きくなり続ける時代に構築された哲学である。今日の様に成長の限界が自覚される時代にあっては，修正が余儀なくされるだろう。ここで主張したいのは，再生医療を施す医師も属する共同体が医療に求める成果は，経済的に発展途上にある共同体と経済的に成熟し質的変化による持続的成長が求められる社会では，求められることが異なる，ということである。成熟した社会のなかで希求される再生医療における生命倫理を考えるには，求められるところの生命倫理の「再構築」が必要となろう。

　再生医療での生命倫理の「枠組み」として，「人格の尊重」，「善行」，そして「正義」の観点からアプローチをかけ，生命倫理の観点から，そのあるべき姿を議論したい。

2　再生医療とは何か

　再生医療も，当然のことながらメディシン（医療）の一つである。メディシンは個人にとっても共同体（社会）にとって道徳的な営みであり，人間にとって善を求める営みである。であるなら，再生医療が奉仕する善とは何か，より大きな人間の善の追求において再生医療の担うべき役割とは本来何でありうるか，を問うべきであろう。

　古くは，ペニシリンの発見が多くの感染症の克服という福音を社会にもたらし，ストレプトマイシンの発見は不治の病とされた結核を減少させ，これら感染症により不利益をこうむってきた大多数の患者に還元されてきた。メ

（6）　Rawls, John B. *A Theory of Justice*, The Belknap Press of Harvard University Press, 1971.

ガファーマは，ブロックバスター（年間 10 億ドル以上の売り上げを期待できる医薬品）を目指した医薬品の研究開発に鎬をけずり，多くの患者を救ってきた。功利主義的に考えれば，最大多数の最大幸福は満たされつつある。一方で，いわゆるオーファンといわれる希少疾病の患者の治療法の開発はなかなか進んでいない。再生医療が求められているのは，これまでの医療では治療できない疾病があるという，共同体の社会的不満の反映であると考えてよいだろう。従って，再生医療における生命倫理を議論するには，共同体（社会）が，メディシンに何を求めているか，あるいは何を求めるべきか（当為）と考えることが，重要である。メディシンとしての展開（行方）が希少疾病患者への還元であるべきなのか，あるいは最大多数患者への展開を目的とした稀少疾病患者を利用したメカニズムの理解・新規治療のトライアルなのか，を含めてである。

　再生医療が求められるようになったのは，社会が経済的に成熟し，質的な転換による持続的成長社会が求められるようになった，つい最近である。低分子化合物のように 1 世紀にわたる研究に蓄積があるわけではなく，医療者にとっても経験が浅く，非常に primitive な領域であり，実験的医療である。そのことにより，再生医療による治療に伴って発生するかもしれない害（harm）が，予期できないあるいはコントロールが困難であることが，危険性（risk）の本質である。この点から，自発的参加という人格の尊重は必須であり，害のコントロールは利益（benefit）の観点から善行を求める。稀少疾病であるということは，功利主義者が主張するように，再生医療とは，最大多数の最大幸福のために，最大多数患者への展開を目的とした稀少疾病患者を利用したメカニズムの理解・新規治療法のトライアルと想定するなら，被験者を，「希少な資源」と捉えられかねず，負担と受益の観点から，我々は正義について議論しなければならない。

3　医学にかかる生命倫理の歴史

　ここで，生命倫理（学）がたどってきた歴史を振り返ってみよう。医学史の大部分で，実験は治療と別れては存在せず，患者は医師が治療しようとするときのみ，実験の被験者となった（実験的治療）。19 世紀末から感染症研究を契機とし，健康な自発協力者という新たな要素が加わる時代となり，20

世紀初頭10年で，自発的協力者の存在は当たり前のものとなり，ヒポクラテスの誓いへの追加が求められた。それが，自発的合意の原則である。

　時は下り，第2次世界大戦において行われた「医科学の名の下で侵された，殺人，拷問，残虐」が白日のもとにさらされ，ニュルンベルク軍事法廷において加担した専門職たる医師らは告発され，後にニュルンベルク綱領として知られる行為の後に考案された基準にのっとって裁かれた。ここに，メディシンを取り巻く倫理の萌芽をみることができる。ニュルンンベルク法廷は，一般に医の専門職の倫理に調和するある種の医学的実験を容認し，その条件として，道徳的，倫理的，法的な概念を満たすために遵守すべき10の原則を上げた。これらは後にニュルンベルク綱領として知られることとなる。第二次世界大戦後に創設された世界医師会は，ニュルンベルク法廷での判決とニュルンベルク綱領を受け，1954年ローマ総会にて「研究と実験に携わる人々の原則」を承認，この原則を拡大させ，1964年にヘルシンキ宣言を発した。

　米国では，リビングストン委員会の結論において，医学者の良心のみが研究倫理の十分な審判であるという，研究倫理を長きにわたって支えてきた原理そのものが非難されたことに着目すべきである。この報告を受け，危険と利益を公平に評価し，被験者の自発的な同意を担保するため，研究を実施する医師の判断は事前に同僚の評価を受けなければならないこととした。次いで，米国では，タスキーギ事件を契機に国家研究法を議会通過させ，「生物医学・行動科学研究協力被験者保護のための国家委員会」を設立した。この委員会は，議論の成果をベルモントレポートとして報告し，いくつかの貢献を行った。すなわち，実験的要素を含む医療はすべて「研究」であるという概念の明確化，人格の尊重・善行・正義という生命倫理の原則の提示と，その医学研究への適用の枠組みである。

　従前は，「研究」の定義と範囲が不明確であったため，そこにある倫理的問題の輪郭もあやふやであった。「研究」とは仮説を検証し，導かれるべき結論を可能とし，それによって，一般化可能な知識を展開させたりその知識に貢献するように，工夫された営みを意味する。このように定義された意義は，「治療的研究」と「非治療的研究」という，従前の研究についての区別を克服した。研究の範囲を，「行為の中にいかなるものでも研究の要素が含

まれているのであれば、その行為は被験者を保護するために審査をうけるべきである」とすることで、患者の危険性への配慮を求めたのである。

2つめの貢献として挙げられる、人格の尊重・善行・正義という生命倫理の原則の提示と、その医学研究への適用の枠組みのなかでも、特筆すべきは、「同意」を得ることが、単なる形式的行為ではなく根本的な道徳原則である人格の尊重そのものであると示したことにある。同意の重要性の再喚起と同意能力の減退した被験者を用いる研究の矛盾の解決の方向性が示されたのである。ここに、社会の利益に対する人格の自律性の優位を示し、生命倫理が功利主義を超え、「最大多数の最大幸福」のための被験者の利用の正当化を克服した。

4 「人格の尊重」・「善行」・「正義」の原則から見た再生医療

これら生命倫理学の歴史のなかで再確認された、医学研究への適用としての「同意」とその原則としての「人格の尊重」、医学研究への適用としての「リスク・ベネフィット評価」とその原則としての「善行」、医学研究への適用としての「被験者の選択」とその原則としての「正義」について、再生医療に焦点を絞って議論したい。

(a)「人格の尊重」の観点から見た再生医療

「人格の尊重」という原則は、次の2つの倫理的要件に分けられる。すなわち、人間の自律性（autonomy）を認めること、そして弱くなっている自律性を保護すること、である。

「自律や自律尊重の原則」は、個人の独創性の哲学的強調との源泉よりなる。それは、カントに遡ることができる[7]。カントが「純粋理性批判」にて述べているように、人間は理性的な存在であり、尊厳と尊敬に値するがゆえに、道徳（倫理）とは人格そのものを究極目的として尊重することである。人格の尊重とは、人間性そのものへの尊敬であり、すべての人に平等に備わっている理性的な能力への尊敬である。だから自分自身の人間性を侵害するのは、他者の人間性を侵害するのと同じように好ましくない。ただ、人間は合意理的推論能力を備えた存在だから、人格は尊重されるべきなのである。

（7） Kant, Immanuel（波多野精一他訳）『実践理性批判』（岩波書店，1992 年）。

自由放任主義（レッセフェール）では，自らの身体は自らの所有物であるとし，いかなる危険性の高い研究であっても，参加は自由であり（自らの身体の手段としての処分），他者の介入を拒むことができると主張する。合意（契約）さえあれば何をしてもよいという価値観である。しかし，人格を単なる手段ではなく究極目的として扱うべきとの倫理原則は，みずからの身体や自分自身を扱う方法も制限するはずである。

「人格の尊重」の原則から導かれる倫理的要件のもう一つは，弱くなっている自律性を保護すること，である。再生医療においては，特に代諾による同意について議論される。ヘルシンキ宣言も，我が国の多くの臨床研究関連指針も法定代理人による代諾（同意）を認めているが，法的保護者（法定代理人）により被験者（被後見人）が危険にさらされることについての権利については，明確にされていない。あくまで，法定代理人は，被後見人の「権利を守る」ためにおかれているものであるからあり，「権利が侵害される危険性についての権能」を認めるかは，十分な議論がなされていない。代諾の法令面での正当化根拠は，被後見人が自分自身のために何を望んでいるかを考えることである。人は誰でも，成熟度は問わず，ある種の善，その一つとしての健康やあるいは疾病からの回復への性向を具有している。したがって，人は誰でもこのような善を保持する手段を求める「義務（当為）」がある。ゆえに，これら善を他者のために求める義務がある。善の希求の意図から当為への転換である。故に，生命倫理ではもっと深く，被後見人が何を「望むべき」か（当為），に基づいて立てられる想定によって，その同意は倫理的に有効とすべきであろう。

再生医療における「同意」，ことに再生医療等製品の原材料となる組織・細胞の提供に関する「同意」は，提供者をあたかも道具のように使用することから，提供者を目的として尊重することへの転換を正当化する。しかし，これだけでは不十分で，真の自発的協力とは，他者の目的に能動的に参加し，その目的を自信の目的と同一化することであり，それが本来の再生医療の正当化であろう。

(b)「善行」の観点から見た再生医療

「人間は物ではないのだから，自分を意のままにすることはできない。人は自分自身の所有物ではないのだから」[8]。人は所有物として勝手気ままに

は扱えない，だからこそ害を与えてはいけないのであり，善行の観点が重要なのである。ベルモントレポートによれば，善行を言い表す補足的な表現として2つの一般性のあるルールが表明されている。すなわち(1)害をなしてはならない（do no harm），(2)利益をできる限り大きくし，害をできる限り小さくする（maximize possible benefits and minimize possible harms），ということである。善行という責務が再生医療において重要なのは，第一にそれがprimitive な領域であり，低分子医薬品の様に社会に経験・知見が十分に蓄積している訳ではないため，do no harm の原則が貫けるのか，という疑念があるからである。第二に，得られた知見が，知識の蓄積として再生医療の発展に寄与するとして，その利益を被験者においても共同体においてもできる限り大きくし被験者の害をできる限り小さくするという責務の範囲が，個別の再生医療と再生医療全般とに及ぶからである。この議論によって初めて，個別の再生医療が正当化されるのである。

　再生医療で遺伝性小児疾患を対象とした臨床研究や医療の社会実装が，間もなく行われることとなるだろう。解決の難しい倫理的問題として残るのは，たとえば，直接的な利益をすぐに得られる見込みはなく，最低限以上のリスク（more than minimal risk）が伴う再生医療で稀少疾病の小児が被験者となる場合である。特に，First-in-Man では，安全性の評価を第一義にするため，有効容量よりも著しく低い用量で臨床研究が開始される。リスクを最小にし，利益を最大化するのが生命倫理の本義であるとしても，このように利益がないかあるいは期待できない場合もある。そうした実験的医療を認めるべきでないという主張もなされてきたが，一方では制限を設けることで実験的医療により将来稀少疾病の小児が得られるはずの大きな利益を排除してしまう，との指摘もされてきた。善行の原則は，被験者が害を受けるリスクから守ることを求めるが，同時に，研究から得られるかもしれない重要なベネフィットを失う可能性について考慮することも求めている。最終的に，再生医療を正当化できるかどうかの評価にあたっては，被験者に対して過酷な非人間的な扱いをしていないか，リスクは研究の目的を達成するのに必要な範囲まで減少させられているか，弱者が再生医療を受けること自体の適切性が

（8）　Kant, Immanuel（波多野精一他訳）『道徳形而上学原論』（岩波書店，1992 年）。

証明されているか，個々人の患者を考えるのみでなく，未来の患者のためという考え方もある。再生医療における善行とは，被験者への善行のみならず，時列的に見て将来への善行，将来の患者への善行の比重が大きいという意味で，これまでの多くの介入研究と異なる。特別早期条件付承認制度や特定認定再生医療等委員会における議論，特に有効性でないかもしれない再生医療について，善行の観点から，十分な議論を期待する。

　再生医療にともなって得られる利益が最大となり，危険が少なくなるように事前に考慮し検討する責務があるのは当然として，善行の原則に該当する様々な要件によって葛藤が生じ，難しい選択を迫られる。この場合，リスクを被験者に負わせて，それで得られるベネフィットの分配の在り方に議論が至る。正義の論点である。

(c)「正義」の観点から見た再生医療

　研究によって誰が利益を受け，誰が負担を負うべきか？これは「分配の公平性」（"fairness in distribution"）もしくは「その人にふさわしい利益や負担とは何か」（"what is deserved"），という意味において，「正義」の問題である。再生医療においてはその特性が，現実的な課題を引き起こすかも知れない。高価な治療法であるため，対象とできる被験者も，あるいは臨床応用されたのちの患者も限定されるのではないか，という危惧である。再生医療においては，細胞を製造・調製するという工程を経るため，高コストな医療となるため，その医療利用可能性をいかに公平に分配するか，というのはまさに再生医療における生命倫理の中核的課題である。

　正義は，生命倫理の原則の中でもこれまで深くは顧みられてこなかった。ベルモントレポートの中でも3つの原則のうちの一つであったにも関わらず，である。従前の生命倫理学は，医療倫理からの派生という流れをくむため，患者・医師（医療関係者）という「個人的な」相互関係にのみ関心を寄せ，公平，公正に分配するという対社会あるは共同体とのかかわりには関心が寄せられていなかった。生命倫理学のなかで唯一「正義の原則」が議論されていたのは，ドナーから procurement（獲得）された臓器の分配という問題もあった臓器移植であり，そこでは正義の原則が中心課題であった。社会還元のキープレーヤーである企業・産業界・投資家，研究者，周辺産業の企業，被雇用者，保険の加入者，そして患者あるいは被験者が，みな自分に「正

当」な分配を求めるのであるから，需要，貢献などを考慮に入れつつ，どのように患者を扱えば正義の実践と言えるのだろうか。

マイケル・サンデルによれば，正義へは3つのアプローチがある[9]。一つ目は，福祉すなわち社会全体の幸福を最大化する方法を考えることで正義を定義し，なすべきことを見極めるという功利主義的アプローチ。二つ目は，正義を自由と結び付け，選択の自由こそが正義であると考えるアプローチ。三つ目は，道徳的な観点からみて人々にふさわしいものを与えることを正義とみなすアプローチである。再生医療を受ける患者の選抜の基準として，平等主義的基準と功利主義的基準を対比させてみよう。平等主義では，治療受療候補者の平等と人格の尊重からくじ引きのような無作為抽出を求めるであろう。これは，個人への絶対的道徳的要求である。一方，功利主義的観点から考えると，被験者あるいは治療対象患者の命が社会に貢献するような人を選択することを求めるであろう。これは社会的有用性であり，それは最大多数幸福の実現である。しかし，功利主義の限界は，社会あるいは共同体への貢献という，直接的利益によってのみ評価している点にある。研究により，適正な知見が蓄積されることこそ，当為であり社会が望むべきことと考えれば，研究の成果が適切に評価されるべき被験者を選択することこそ，道徳的であり，希少資源の有効利用の観点からも社会への貢献となる。人格の尊重とその担保としての正義は，サンデルが示す3つのアプローチの中でも，彼が主張するように，3つめ，すなわち道徳的な観点からみて人々にふさわしいものを与えることを正義とみなすことが望ましい[9]。仮に，臓器を必要とする人々への臓器の配分を，市場要求額の支払い能力に基づいて配分するなら，それは貧しい人々にとって端的に不公平であり，正義の原則に反する。これは直感的に理解できるだろう。この直感こそが，生命倫理における普遍原理である。それを説明するのが，ジョン・ロールズが平等論のなかで仮定する，原初状態である。

共同体を構成する我々一人ひとりが，あたかも目隠しをされたような状況で，知識も生きてきた背景も均一であるという状況におかれたと仮定しよう。決して出し抜くことはできない。この状態をジョン・ロールズは原初状態と

（9）　Sandel, Michel J. *Justice: What's the Right Thing to Do?*, Farrar, Straus and Giroux, 2009. マイケル・サンデル『これからの「正義」の話をしよう』（早川書房，2010 年）。

仮定した。ある健康な一人から臓器を取り出せば，5人の患者が助かるとしよう。しかし，臓器を摘出された健康な一人は死ぬこととなる。原初状態のなかで，我々共同体の構成員は，そのような社会を望むだろうか。再生医療を考えれば，ある稀少疾患患者（自分がもしかしたらその疾患なのかもしれないが，知らされていない）を犠牲にして得られた研究成果で，経済的に恵まれた患者だけが治療される，そういう共同体が指向されるだろうか。直感から言って，稀少疾患患者という弱者が被験者の集まりとして扱われ，より優位な立場の人々が再生医療による利益を受けるのであれば，それは不公正と感じるだろう。なぜなら，人格の尊重の担保としての正義が侵されていると感じるからである。

　再生医療は与える負担が大きい研究である。であるからこそ，分配の公平性としての「正義」は，人格の尊重の観点から，再定義されるべきである。

V　今後の展望

1　再生医療 ── その光と影

　再生医療は，医薬品や医療機器と同じように医療として定着していくのか，あるいは10年後には歴史として語られることとなるのだろうか。これまで治療し得なかった重篤な患者さんに福音となるのかによるのだろう。重篤な患者さんの中でも，とりわけ難病患者さんを治療できるかが，その存在意義を示す試金石となる。CRISPR/Cas9 の発見によって，希少遺伝子難病の患者さんの治療は，遺伝子治療へと大きくシフトチェンジしている。*ex vivo therapy* のための vehicle （乗り物）としては生き残りうるかもしれない。

　本当に有効で，その作用機序（Mechanisms of Action）が明確で，安価で持続社会の構築に寄与できるのであれば，再生医療は医薬品，医療機器と同じように，これからも患者さんを救い続けることとなる。社会の期待のなかで，それに応えうるかもしれないという光と，有効性が示し得ない再生医療が患者さんに提供されるかもしれないという影。再生医療は若い領域であり，本当に効果があるのか，どうような患者さんなら適応となるのか，どのように副作用や有害事象が発生しそれを見出すのか，手探りの状態にある。だから

こそ，多様な視点，多様な立場からの議論が必要である。影を理解しつつ，光に身を委ねたい。

2　再生医療 —— その光　再生医療 2.0（version2）

　再生医療はその研究の歩みを止めない。その医療応用への流れを，細胞製剤投与後のケア，社会復帰という切り口で検討してみる。パーキンソン病や脊髄損傷，脳梗塞への再生医療では，神経回路再生リハビリ，高次脳機能リハビリが必要なのは明白である。心不全治療であれば，心臓リハビリも必要だろう。痛みを伴うかもしれない，人類が経験したことのない苦痛があるかもしれない。これらを乗り越えても，患者さんが想起する自らのありたい姿（ボディーイメージ）を調達するため，社会参画を目指されるだろう。であれば，治療後に患者さんを受け入れる社会システムの構築・調達という気の遠くなるような作業が待っている。リハビリ・プロトコール策定，そして患者さんの社会受容システムの構築・調達・変革という目標を，再生医療の先に私たちは射程にいれなければならない。

　これらは，再生医療に限ったことではない。むしろ，再生医療は，これからの医療のあり方，医療研究と社会の調和を達成する pilot case に成りうる。これら社会のあり方を変革する医療としての再生医療を，ここで「再生医療2.0」と定義し，再生医療研究の方向と社会へかかわりとして提言したい。再生医療は，その生命倫理的観点からの議論でも理解されるように，倫理の実践であるメディシンそのものである。そして，イノベーションが社会とどのように調和するのか，社会のあるべき姿とどのように調和していくべきなのか，という議論を想起させている。

　再生医療には，自らを隗として，社会を変革する。より良い社会，あるべき社会を作って欲しい。その無限の可能性に期待し，展望としたい。

　（謝辞）　本章に用いた情報は，日本医療研究開発機構　再生医療実現拠点プログラム　再生医療の実現化ハイウエイ事業により収集・解析がなされたものである。

〈編　者〉

甲斐克則（かい・かつのり）

1954年10月　大分県朝地町に生まれる
1977年 3 月　九州大学法学部卒業
1982年 3 月　九州大学大学院法学研究科博士課程単位取得
1982年 4 月　九州大学法学部助手
1984年 4 月　海上保安大学校専任講師
1987年 4 月　海上保安大学校助教授
1991年 4 月　広島大学法学部助教授
1993年 4 月　広島大学法学部教授
2002年10月　法学博士（広島大学）
2004年 4 月　早稲田大学大学院法務研究科教授（現在に至る），広島大学名誉教授
　　　　　　日本刑法学会理事，日本医事法学会前・代表理事，日本生命倫理学会前代表理事

〈主要著書〉

アルトゥール・カウフマン『責任原理──刑法的・法哲学的研究』（九州大学出版会，2000年，翻訳）
『海上交通犯罪の研究［海事刑法研究第 1 巻］』（成文堂，2001年）
『安楽死と刑法［医事刑法研究第 1 巻］』（成文堂，2003年）
『尊厳死と刑法［医事刑法研究第 2 巻］』（成文堂，2004年）
『医事刑法への旅Ⅰ』（現代法律出版、2004年）
『責任原理と過失犯論』（成文堂，2005年）
『被験者保護と刑法［医事刑法研究第 3 巻］』（成文堂，2005年）
『医事刑法への旅Ⅰ［新版］』（イウス出版，2006年）
『遺伝情報と法政策』（成文堂，2007年，編著）
『企業犯罪とコンプライアンス・プログラム』（商事法務，2007年，共編著）
『終末期医療と生命倫理』（太陽出版，2008年，共編著）
『ブリッジブック医事法』（信山社，2008年，編著）
『企業活動と刑事規制』（日本評論社，2008年，編著）
『企業活動と刑事規制の国際動向』（信山社，2008年，共編著）
ペーター・タック『オランダ医事刑法の展開──安楽死・妊娠中絶・臓器移植』（慶應義塾
　　大学出版会，2009年）
『医事法講座第 1 巻 ポストゲノム社会と医事法』（信山社，2009年，編著）
『医事法六法』（信山社，2010年，編集）
『レクチャー生命倫理と法』（法律文化社，2010年，編著）
『生殖医療と刑法［医事刑法研究第 4 巻］』（成文堂，2010年）
『新版 医療事故の刑事判例』（成文堂，2010年，共編著）
『医事法講座第 2 巻 インフォームド・コンセントと医事法』（信山社，2010年，編著）
『中華人民共和国刑法』（成文堂，2011年，共編訳）
『医事法講座第 3 巻 医療事故と医事法』（信山社，2012年，編著）
『現代社会と刑法を考える』（法律文化社，2012年，編著）
ウルリッヒ・ズィーバー『21世紀刑法学への挑戦──グローバル化情報社会とリスク社会の
　　中で』（成文堂，2012年，共監訳）
『シリーズ生命倫理学第 5 巻 安楽死・尊厳死』（丸善出版，2012年，共編著）
『医療事故と刑法［医事法研究第 5 巻］』（成文堂，2012年）
『医事法講座第 4 巻 終末期医療と医事法』（信山社，2013年，編著）
アルビン・エーザー『「侵害原理」と法益論における被害者の役割』（信山社，2014年，編訳）
『医事法講座第 5 巻 生殖医療と医事法』（信山社，2014年）
『刑事コンプライアンスの国際動向』（信山社，2015年，共編著）
『刑法実践演習』（法律文化社，2015年，編著）
『医事法講座第 6 巻 臓器移植と医事法』（信山社，2015年，編著）
『海外の安楽死・自殺幇助と法』（慶應義塾大学出版会，2015年，編訳）
『臓器移植と刑法［医事刑法研究第 6 巻］』（成文堂，2016年）
『医事法講座第 7 巻 小児医療と医事法』（信山社，2016年，編著）
『終末期医療と刑法［医事刑法研究第 7 巻］』（成文堂，2017年）
『ブリッジブック医事法（第2版）』（信山社，2018年予定，編著）
『〈講演録〉医事法学へのまなざし──生命倫理とのコラボレーション』（信山社，2018年予定）
『医事法辞典』（信山社，2018年予定，編集代表）

◆ 医事法講座　第8巻 ◆
再生医療と医事法

2017年12月25日　第1版第1刷発行

編　　者　　甲　斐　克　則
発 行 者　　今　井　　貴
発 行 所　　株式会社 信山社
〒113-0033 東京都文京区本郷6-2-9-102
Tel 03-3818-1019
Fax 03-3818-0344
info@shinzansha.co.jp
出版契約 No. 2017-1208-2-01010　Printed in Japan

医事法六法 甲斐克則 編
学習・実務に必備の最新薄型医療関連法令集

ブリッジブック医事法 甲斐克則 編 （第2版近刊）

刑事医療過誤Ⅲ 飯田英男 著

医事法講義(新編第3版) 前田和彦 著

町野朔先生古稀記念　　　岩瀬徹・中森喜彦・西田典之 編集代表

刑事法・医事法の新たな展開 上・下

生と死、そして法律学 町野 朔 著

町野 朔・水野紀子・辰井聡子・米村滋人 編

生殖医療と法
生命倫理・医療と法を考える素材を提供する重要資料

◆目　次◆
第Ⅰ章　政府の報告書等
　解　題（辰井聡子）
1　厚生省／厚生労働省
2　法務省［平成15年7月15日、法制審議会生殖補助医療関連親子法制部会第18回会議］
第Ⅱ章　弁護士会の意見書
　解　題（辰井聡子）
1　生殖医療技術の利用に対する法的な規制に関する提言［平成12年3月、日本弁護士連合会］
2　「厚生科学審議会先端医療技術評価部会生殖補助医療技術に関する専門委員会報告書」に対する意見書［平成13年3月9日、日本弁護士連合会］
3　「生殖医療技術の利用に対する法的規制に関する提言」についての補充提言
　　―死後懐胎と代理懐胎（代理母・借り腹）について―
第Ⅲ章　医学会の指針等
　解　題（町野 朔）
1　日本医師会「生殖医療」『医師の職業倫理指針［改訂版］』
2　日本産科婦人科学会会告
3　日本生殖医学会
4　日本生殖補助医療標準化機関（JISART）
第Ⅳ章　日本学術会議の報告書等
　解　題（辰井聡子）
1　代理懐胎を中心とする生殖補助医療の課題―社会的合意に向けて〈対外報告〉
2　日本学術会議からの法務大臣、厚生労働大臣への回答
第Ⅴ章　親子関係をめぐる裁判例
　解　題（水野紀子）
1　法律上の親子関係と血縁上の親子関係
2　AID児
3　凍結精子による死後懐胎
4　ドナーの卵子を用いた借り腹型代理懐胎
5　借り腹型代理懐胎
第Ⅵ章　臨床前診断、ロングフル・バースに関する裁判例
　解　題（米村滋人）
1　着床前診断の学会規制
2　ロングフル・バース訴訟

生殖補助医療―生命倫理と法　基本資料集

神里彩子・成澤光　編

第1章　生殖補助医療とは―岡垣竜吾・石原理／第2章　日本における生殖補助医療の規制状況と実施状…神里彩子／第3章　諸外国における生殖補助医療の規制状況と実施状況

信山社

〈編集〉本堂毅・平田光司・尾内隆之・中島貴子

科学の不定性と社会
現代の科学リテラシー
Scientific Incertitude and Society

多様な分野の執筆者が集い、
それぞれの経験から問題を提起し、「不定性」概念を説く

・はじめに〔本堂毅〕
◆第Ⅰ部◆ 科学の不定性に気づく
第1章 科学の卓越性と不定性〔平田光司〕
第2章 科学と防災── 地震学を例に〔纐纈一起〕
第3章 "メタボ"の誕生── 医学的診断の社会性〔辻内琢也〕
第4章 犯罪捜査と科学── DNA型鑑定をめぐる諸課題〔鈴木舞〕
第5章 科学と裁判〔渡辺千原〕
第6章 家族概念の科学と民法〔水野紀子〕
◆第Ⅱ部◆ 科学の不定性と向き合う
第7章 「科学の不定性」に気づき、向き合うとは〔中島貴子〕
第8章 理科教育における不定性の取り扱いの可能性〔笠潤平〕
第9章 教養教育への東北大学の挑戦── 実験を通して学ぶ科学の営み〔関根勉〕
第10章 法教育における科学リテラシーの展望と課題〔米村滋人〕
第11章 学習、コミュニケーション、意思決定のための不定性評価の新手法〔吉澤剛〕
第12章 科学の不定性と市民参加〔尾内隆之〕
・おわりに〔尾内隆之〕
■ Appendix 1 オーストラリアでのコンカレント・エビデンスの経験から／ピーター・マクレラン（本堂毅訳）
■ Appendix 2 「不定性マトリックス」の舞台裏／アンディ・スターリング（吉澤剛訳）
■ Appendix 3 Qマッピング／吉澤剛

科学の不定性と社会
現代の科学リテラシー

本堂　毅・平田光司
尾内隆之・中島貴子　編

Scientific Incertitude and Society

科学を「開く」！
科学は頼りになりますが、なんでも解決してくれる
わけではありません。ときどき暴走もしてそうです

「科学」を過信せず、しかし科学を活かす社会とは？

信山社

ドイツ憲法判例研究会 編
◆ **講座 憲法の規範力** ◆
〔全5巻〕

第1巻 **規範力の観念と条件**
編集代表 古野豊秋・三宅雄彦

第2巻 **憲法の規範力と憲法裁判**
編集代表 戸波江二・畑尻剛

第3巻 **憲法の規範力と市民法**〔続刊〕
編集代表 小山剛

第4巻 **憲法の規範力とメディア法**
編集代表 鈴木秀美

第5巻 **憲法の規範力と行政**
編集代表 嶋崎健太郎

憲法の発展Ⅰ－憲法の解釈・変遷・改正

鈴木秀美　M・イェシュテット　小山剛　R・ポッシャー 編

毛利透 /川・フォルクマン /C・ブムケ / 林知更 /C・シェーンベルガー
/ 高田篤 / 西原博史 /C・ヴァルトホフ /C・ヒルグルーバー / 川又伸彦
/ 三宅雄彦 /R・ポッシャー /M・ネッテスハイム / 松原光宏

信山社

◆医事法講座◆

甲斐克則 編

法理論と医療現場の双方の視点から、また、日本のみならず、
広く世界の最新状況も見据え、総合的に医事法学の深化を図る待望のシリーズ

◆第1巻 ポストゲノム社会と医事法

◆第1部◆医事法学の回顧と展望／1 日本の医事法学—回顧と展望／甲斐克則 2 医事（刑）法のパースペクティブ／アルビン・エーザー〔訳：甲斐克則・福山好典〕◆第2部◆ポストゲノム時代に向けた比較医事法学の展開—文化葛藤の中のルール作り／〈序論〉現代バイオテクノロジーの挑戦下における医事法のパースペクティブ／アルビン・エーザー〔訳：甲斐克則・新谷一朗・三重野雄太郎〕◆第1編 人体利用と法的ルール／4 人体商品化—人体商品化は立法によって禁止されるべきか／粟屋剛 5 フィリピンにおける腎臓提供／ララーイン・シルーノ〔訳：甲斐克則・新谷一朗〕6 人格性と人体の商品化：哲学的および法倫理学的パースペクティブ／ジョージ・ムスラーキス〔訳：一家綱邦・福山好典・甲斐克則〕7 日本法における人体・臓器の法的位置づけ／岩志和一郎 ◆第2編 ゲノム・遺伝情報をめぐる比較医事法—生命倫理基本法への途／8 ポストゲノム時代における遺伝情報の規制：オーストラリアのおよび国際的なパースペクティブ／ドン・チャーマーズ〔訳：新谷一朗・原田香菜〕9 日本における遺伝情報の扱いをめぐるルール作り—アメリカ法との比較憲法的視点から／山本龍彦 10 人体組織・遺伝情報の利用に起因する紛争等の処理のための法的枠組みについて／手嶋豊 11 比較法的観点からみた先端医療・医学研究の規制のあり方—ドイツ・スイス・イギリス・オランダの議論と日本の議論／甲斐克則 12 ポストゲノム社会における生命倫理と法—わが国における生命倫理基本法の提言／位田隆一

◆第2巻 インフォームド・コンセントと医事法

1 インフォームド・コンセント法理の歴史と意義／手嶋豊 2 インフォームド・コンセントの法理の法哲学的基礎づけ／野崎亜紀子 3 治療行為とインフォームド・コンセント（刑事法的側面）／田坂晶 4 終末期とインフォームド・コンセント／加藤摩耶 5 生殖医療とインフォームド・コンセント／中村恵 6 遺伝子検査とインフォームド・コンセント／永水裕子 7 臨床研究とインフォームド・コンセント／甲斐克則 8 疫学研究とインフォームド・コンセント／佐藤恵子 9 ヒトゲノム研究とインフォームド・コンセント／佐藤雄一郎 10 高齢者医療とインフォームド・コンセント／寺沢知子 11 精神科医療とインフォームド・コンセント／神野礼斉 12 小児医療とインフォームド・コンセント／多田羅竜平

◆第3巻 医療事故と医事法

1 未熟児網膜症姫路日赤事件最高裁判決と医療現場感覚との落差—司法と医療の認識統合を求めて／川崎富夫 2 医療事故に対する刑事処分の最近の動向／押田茂實 3 医療事故に対する行政処分の最近の動向／勝又純俊 4 医療水準論の機能について—医療と司法の相互理解のために／山口斉昭 5 診療ガイドラインと民事責任／手嶋豊 6 注意義務論と医療慣行—日米比較の視点から／峯川浩子 7 術後管理と過失／小谷昌子 8 看護と過失／和泉澤千恵 9 診療録の記載内容と事実認定／鈴木雄介 10 医療過誤紛争におけるADR（裁判外紛争解決）／大澤一記 11 医療事故と刑事過失責任—イギリスにおける刑事医療過誤の動向を参考にして／日山恵美 12 刑事医療過誤と過失の競合及び管理・監督過失／甲斐克則 13 医療事故の届出義務・医事審判制度・被害者補償／甲斐克則

◆医事法講座◆

甲斐克則 編

法理論と医療現場の双方の視点から、また、日本のみならず、
広く世界の最新状況も見据え、総合的に医事法学の深化を図る待望のシリーズ

◆第4巻 終末期医療と医事法

1 終末期医療における患者の意思と医療方針の決定—医師の行為が法的・社会的に問題にされた事例を踏まえて/前田正一　2 安楽死の意義と限界/加藤摩耶　3 オランダにおける安楽死論議/平野美紀　4 医師による自殺幇助（医師介助自殺）/神馬幸一　5 人工延命処置の差控え・中止（尊厳死）論議の意義と限界/秋葉悦子　6 アメリカにおける人工延命処置の差控え・中止（尊厳死）論議/新谷一朗　7 イギリスにおける人工延命措置の差控え・中止（尊厳死）論議/甲斐克則　8 フランスにおける人工延命処置の差控え・中止（尊厳死）論議/本田まり　9 ドイツにおける治療中止—ドイツにおける世話法改正と連邦通常裁判所判例をめぐって/武藤眞朗　10 終末期医療とルールの在り方/辰井聡子　11 成年後見制度と終末期医療/神野礼斉　12 認知症の終末期医療ケア—"認知症ケアの倫理"の視点から/箕岡真子　13 小児の終末期医療/甲斐克則

◆第5巻 生殖医療と医事法

1 生殖補助医療と医事法の関わり/岩志和一郎　2 医療現場からみた生殖医療技術の現実と課題/石原理　3 日本における挙児希望年齢の高齢化をめぐる生殖補助医療の実際/片桐由起子　4 生殖補助医療と法/中村恵　5 人工妊娠中絶と法/石川友佳子　6 出生前診断と法/丸山英二　7 アメリカにおける生殖補助医療の規制—代理母契約について考える/永水裕子　8 イギリスにおける生殖医療と法的ルール/甲斐克則　9 ドイツにおける生殖医療と法的ルール/三重野雄太郎　10 フランスにおける生殖医療と法規制/本田まり　11 スウェーデンにおける生殖医療と法的ルール/千葉華月　12 韓国における生殖医療と法的ルール/洪賢秀　13 生殖ツーリズム構造の背景に潜む国内の実情—始動する当事者/起動する支援/荒木晃子　14 晩産化時代の卵子提供ツーリズムと国内解決法/日比野由利　15 養子縁組と生殖補助医療/野辺陽子

◆第6巻 臓器移植と医事法

1 臓器移植と医事法の関わり/甲斐克則　2 臓器移植をめぐる法と倫理の基礎/旗手俊彦　3 脳死・臓器移植と刑法/秋葉悦子　4 生体移植と刑法/城下裕二　5 生体臓器移植と民法/岩志和一郎　6 アメリカにおける臓器移植/丸山英二　7 イギリスにおける臓器移植/佐藤雄一郎　8 ドイツ・オーストリア・スイスにおける臓器移植/神馬幸一　9 フランスにおける臓器移植/磯部哲　10 小児の臓器移植の法理論/中山茂樹　11 臓器売買と移植ツーリズム/栗屋剛　12 臓器移植制度の運用と課題/朝居朋子　13 臓器移植医療に見る課題と展望/絵野沢伸

信山社